사례로 풀어보는

공무원
역량평가
A to Z

사례로 풀어보는

공무원
역량평가
A to Z

엄현택 지음

개정판

ee

개정판을 내면서

이 책이 출간된 지 5년 만에 개정판을 내놓는다. 필자는 역량에 관한 강의를 10여 년 넘게 하면서 많은 공무원들이 제한된 시간 내에 논리적인 발표자료를 어떻게 작성해야 하는지, 어떻게 해야 서류함기법에서 답안지를 잘 작성할 수 있는지를 고민하는 모습을 많이 보게 된다. 본 개정판은 이런 고민에 대한 해결방안을 제시하는 데 가장 큰 의미가 있다.

이 책에 수록되어 있는 모의과제와 피드백에 관한 내용은 실제 평가를 앞둔 분들이 실전연습을 하는 데는 도움이 되겠지만 어떤 식으로 발표문안이나 답안지를 작성해야 하는지에 대해 막막하게 느끼고 있는 분들에게는 실질적인 도움이 되는 데 한계가 있었다. 이러한 한계를 극복하고자 필자는 모의과제보다는 비교적 적은 내용으로 구성된 연습사례를 통해 발표문안 작성이나 서류함기법의 답안 작성에 필요한 생각(사고)의 흐름을 제시하고 발표문안 작성과 서류함기법의 답안지 작성에 필요한 노하우를 제공하는 데 초점을 맞추어 연습사례 풀이과정을 비교적 자세하게 설명하였다.

아울러 제2장(역량개발의 노하우)에 역량별 긍정적 행동특성과 부정적 행동 특성을 이해하기 쉽게 표로 정리하여 수록하였으며, 제3장 개인발표 이하 각 장별로 Q&A 세션을 두고 강의과정에서 학생들이 궁금해하는 사항에 대한 필자의 의견을 담았다.

독자들이 본 개정판에 수록된 연습사례를 통해 역량평가에 필요한 발표문안이나 답안지 작성에 자신감을 갖게 되면 뒤이어 나오는 모의과제들도 비교적 용이하게 풀어낼 수 있을 것이고, 자연스럽게 역량평가를 대비하는 방법에 대한 시사점을 얻게 되어 역량평가에 대한 부담감이 크게 줄어들 것이다. 본 개정판이 역량평가를 대비하는 독자들에게 실질적으로 유용하게 활용되길 바란다.

2022년 4월에
엄현택

머리글

불과 10년 전 도입된 고위공무원 역량평가제도가 2015년부터는 중앙부처 과장급 승진에도 의무화되었고, 환경부·고용노동부 등 중앙행정기관, 서울특별시를 비롯한 지방자치단체, 교육청에서도 사무관 승진 또는 그 이하 직급의 승진에 역량평가제를 활용하는 경우가 증가하고 있다. 역량평가를 직원 승진에 활용하지 않는 기관도 승진의 참고자료로 삼거나, 직원의 역량을 개발하는 교육을 실시하기도 한다. 이러한 추세는 역량평가제도가 기존의 객관적 승진 시험, 주관식 승진 시험, 또는 근무평정에 의한 승진심사제를 대체하고 있음을 잘 보여주고 있다.

이처럼 역량평가제도가 공무원 승진에서 차지하는 비중이 커짐에 따라 승진을 앞둔 공무원들이 역량평가제도에 지대한 관심을 쏟고 있는데 막상 역량평가제도에 관한 안내나 정보는 생각보다 많지 않다. 인사혁신처 홈페이지를 보면 역량평가제도에 대해 비교적 친절하게 안내하고 있지만 역량평가를 앞둔 많은 공무원들은 "준비하기 막막하다. 무엇부터 어떻게 해야 할지 감이 오지 않는다"는 반응을 보인다. 국가공무원인재개발원, 지방행정연수원 등 공무원 대상 교육기관은 물론 여러 부처에서 자체적으로 실시하는 역량교육과정에서 만나게 되는 많은 공무원들이 역량평가제도 자체에 대해 낯설어하고 막연해한다. 역량평가의 대상이 되는 역량 그 자체에 대한 막연함도 크지만 역량을 측정하는 평가기법에 대한 낯설음에서 오는 불안감도 적지 않아 보인다.

역량은 고성과자(高成果者)의 행동특성이고, 행동특성을 관찰·측정하는 것이 역량평가제도이므로 행정목표를 달성하기 위해 성실하게 근무하는 대다수 공무원들에게 역량평가 자체는 별로 걱정할 대상은 아니다. 다만, 역량평가에 통과할 정도의 역량을 갖추고 있는 공무원이라도 평가기법을 제대로 이해하지 못하면 역량평가 시 당황하게 되어 뜻하지 않은 낭패를 경험할 수 있다. 이러한 문제를 극복하기 위해서는 평가기법에 친숙해져야 하는데 그러려면 다양한 모의사례를 가지고 반복해서 연습하는 길 외에 다른 왕도가 없다. 또, 연습을 한다 하더라도 모의사례 연습만으로는 어떠한 행동특성이 바람직한 역량을 보여주고 어떤 행동특성이 역량을 제대로 보여주지 못하는지를 확인할 길이 없으므로 모의사례 연습과정에서 나타나는 언행에 대한 전문적인 피드백을 받는 것이 필요하다. 역량평가 시 접하게 되는 역량평가기법 사례와 유사한 형태의 모의사례를 바탕으로 연습과정에서 보이는 행동특성에 대한 직접적인 피드백이 역량평가에 대비하는 데 도움이 되겠지만 이런 맞춤형 피드백을 받기가 쉽지 않은 것이 현실이다. 그러므로 모의사례 연습에서 다른 피평가자들이 보여주는 행동특성에 대한 피드백을 접하게 되면 비록 직접적인 피드백을 받는 것보다는 미흡하지만 상당한 참고가 될 것이고, 역량평가를 준비하는데 다소나마 도움이 될 것이다. 이런 점에 착안하여 역량평가를 앞둔 공무원들이 역량평가제도에 대해 느끼는 막연함과 불안감을 해소하고, 효과적으로 역량평가를 준비하는 데 도움을 주기 위한 마음에서 이 책을 집필하게 되었다.

이 책은 총 6장으로 구성되어 있다. 제1장은 역량과 역량평가에 대해 간략하게 현황을 소개한다. 제2장은 국가공무원인재개발원과 지방행정연수원에서 모델링한 역량 중 문제해결, 성과관리 등 대표적인 8대 역량을 중심으로 해당 역량의 본질이 무엇이고, 어떻게 역량을 개발하는 것이 바람직한가에 대해 설명한다. 특히, 각 역량별로 그 의미를 제대로 파악하고, 어떻게 역량을 개발하는 것이 효과적인지에 대한 독자의 이해를 돕기 위해 필자 나름대로의 노하우를 생생한 실전 사례에 담아 풀어내고 있다. 제3장부터 마지막 제6장까지 총 4장은 4대 역량평가기법에 대한 기본 설명, 모의사례, 사례연습과 그에 대한 피드백 순으로 구성되어 있다. 각 장은 필자가 직접 개발한 모의사례를 토대로 모의사례 연습과정에서 나타나는 참가자들의 행동특성에 대하여 전문적인 피드백을 제시하고 있으며, 특히 제3장 개인발표와 제4장 현안업무처리는 모의사례를 각각 2개씩 수록하여 독자의 사례연습 기회를 확대하는 한편, 필자가 피평가자라면 이런 식으로 대응하겠다는 답안내용도 수록하여 독자들이 참고할 수 있게 하였다.

역량평가를 사례로 풀어보는 이 책이 역량평가를 대비하고 있는 공무원들에게 도움이 되고, 나아가 공무원의 역량이 향상되는 데 밑거름이 될 수 있다면 그보다 더 큰 보람이 없을 것이다. 이 책이 출판되기까지 큰 힘이 된 교보문고 출판관계자들에게 감사드린다.

2017년 성하에
엄현택

목차

제1장   역량과 역량평가

제2장   역량개발의 노하우

제3장   개인발표

제1장

역량과 역량평가

제1장 역량과 역량평가

1 역량의 정의

역량은 조직의 목표달성과 연계하여 높은 성과를 나타내는 사람의 행동특성이다. 이러한 역량은 지식, 기술, 가치관, 사고유형, 성격, 태도 등 다양한 요소를 포함하고 있다. 이중 지식이나 기술은 관찰되기 쉽고 측정하기도 용이하지만 가치관이나 사고유형, 성격, 태도 등은 관찰이나 측정하기 어렵기는 하나 관찰되는 역량에 매우 중요한 영향을 준다. 역량은 행동으로 나타나기 때문에 관찰 가능하며, 측정할 수 있고, 훈련을 통해 개발도 가능하다고 할 수 있다.

역량이라는 용어는 미국에서 동기와 성취에 관한 연구로 유명한 하바드대의 맥클리랜드 교수가 처음 사용하였다. 맥클리랜드 교수는 미 국무성 정보처의 해외공보관 선발방안 연구과제를 맡게 되었고 높은 성과를 내는 해외공보관 50명과 그렇지 않은 공보관 50명을 대상으로 행동사건면접기법을 활용한 심층 인터뷰를 통해서 우수 성과자는 보통의 성과자에 비해 '다른 문화에 대한 수용성', '타인에 대한 긍정적 기대', '정치적 네트워크 파악'과 같은 특성들이 있음을 발견하였다. 그는 이러한 특성을 역량이라고 정의하였으며 이러한 특성들은 전통적인 지능검사나 적성검사 또는 시험으로 파악되지 않는 것들이라고 주장하였다. 맥클리랜드 교수의 연구결과를 계기로 하여 역량에 대한 사회적 관심이 크게 증가하고 역량모델을 개발하기에 이르렀으며 맥클리랜드교수가 활용한 행동사건면접기법은 역량모델 개발프로세스의 핵심단계가 되었다.

2 역량의 특징

첫째, 역량은 높은 성과와 연계된 특성이다.

역량과 자질은 유사한 뜻을 지니고 있으나 역량은 직무연관성을 전제로 하는 특성이라는 점에서 구별된다. 의사소통 능력이 뛰어나다 하더라도 그러한 자질이 해당 직무의 성과창출에 직접적으로 기여하는 원인행동이 아니라면 일반적 의미에서 '의사소통' 자질이 뛰어나다고 할 수 있지만, 해당 직무에 적합한 '역량'이라고 할 수는 없다.

둘째, 역량은 성과와 연동되기 때문에 직무마다 다르고, 동일 직무라고 하더라도 상황이 바뀌면 요구되는 역량이 다를 수 있다.

같은 정책기획업무라도 기획의 분야나 관련 이해관계자, 환경이 다르기 때문에 필요한 역량이 다를 수밖에 없게 된다. 또한, 직급이나 직위 고하를 막론하고 직무수행에 요구되는 특성이 역량이므로 마치 역량은 고위직에 요구되는 고차원적 특성이고 스킬은 하위직에 필요한 저차원적 특성이라는 견해는 잘못된 것이다. 다만, 직위나 직급에 따라 직무수행에 필요한 역량이 다를 뿐이다.

셋째, 역량은 행동특성이다.

역량은 행동을 통해 관찰 가능하며, 그 행동이 높은 수준의 행동인지, 아닌지를 측정할 수 있다. 역량은 행동으로 표출되기 때문에 자신의 행동이 갖는 장단점에 대한 명확한 인식만 이루어진다면 바람직한 행동에 대한 학습과 지속적인 훈련을 통해 변화가 가능하다. 행동 그 자체가 역량은 아니다. 따라서 조직 구성원이 높은 성과를 내기 위해서는 본인의 역량을 조직이 의도하는 방향으로 행동을 통해 표현하고 강화해야 한다. 이런 맥락에서 볼 때, 역량을 관찰·측정하고 바람직한 역량을 개발하는 교육훈련은 매우 중요하다.

3 역량모델

1) 국가공무원인재개발원의 직급별 역할과 역량

우리나라 역량교육의 메카인 국가공무원인재개발원(전 중앙공무원교육원, 이하 국가인재원이라 한다)은 공무원 직급별 역할을 정의하고 이에 따른 직급별 역량을 매칭시키고 있다. 5급 이상 공무원에 필요한 역량을 각각 5~6개로 하되 그 구성은 직급별로 구분하여 달리 정하고 있다. 5급 사무관에 필요한 역량으로 기획력, 논리적 사고역량, 상황인식·판단력, 의사소통능력, 조정능력을 들고 있으며, 4급 서기관에 필요한 역량으로 정책기획, 조직관리, 성과관리, 의사소통, 이해관계 조정을 들고 있다. 이러한 내용을 표로 정리하면 다음과 같다.

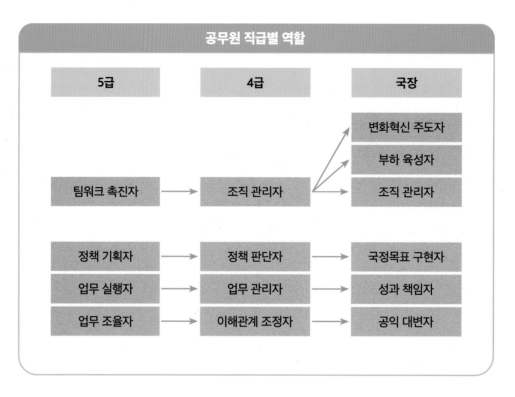

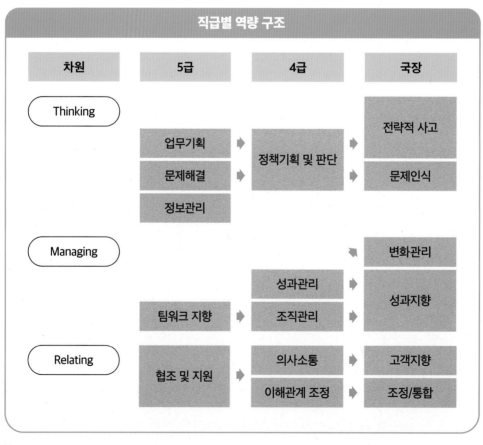

2) 지방행정연수원의 직급별 역할과 역량

지방자치단체 공무원 역량교육을 총괄하고 있는 지방행정연수원도 공무원 직급별로 역할을 정의하고 이에 따른 직급별 역량을 매칭시키고 있다. 5급 이상 공무원에 필요한 역량을 각각 6개로하되 그 구성은 직급별로 구분하여 달리 정하고 있다. 예컨대, 5급 사무관에 필요한 역량으로는 문제해결, 주민지향, 성과관리, 팀워크 지향, 협의/조정, 의사소통을 들고 있지만 4급 서기관에 필요한역량으로는 전략적 사고, 주민지향, 조직관리, 성과관리, 공익대변자, 조정/통합을 들고 있다. 국가인재원은 중앙부처에 근무하는 국가공무원을 1차 고객으로 하지만 지방행정연수원은 지방자치단체에서 일하는 지방공무원을 주된 고객으로 하기 때문에 필요로 하는 역량이 다소 다르게 나타난다.이러한 내용을 표로 정리하면 아래와 같다. 그러나 큰 틀에서 보면 두 교육기관이 지향하는 역량의내용은 대동소이하다.

직급별 역량 구조

	5급 사무관	4급 서기관	3급 부이사관
공통 역량	주민지향	주민지향	주민지향
	성과관리	성과관리	성과관리
직급 역량	문제해결	전략적 사고	전략적 사고
	의사소통	위기관리	위기관리
	팀워크 지향	조직관리	조직자원관리
	협의/조정	조정/통합	관계지향

4 역량평가

1) 역량평가의 특징

첫째, 역량평가는 구조화된 모의상황을 설정하여 현실적 직무 상황에 근거한 행동을 객관적으로 관찰·평가하는 방식이다. 역량평가는 기존의 다면평가나 인터뷰, 서류심사 방식의 평가체계와는 달리, 심사관의 추측이나 직관에 의존하지 않는다. 피평가자가 보여 주는 직접적인 행동들을 관찰함으로써 평가자의 주관성을 배제한다.

둘째, 역량평가는 대상자의 과거 성과를 평가하는 것이 아니라 미래행동에 대한 잠재력을 측정하는 것이다. 성과에 대한 대외변수를 통제하여 환경적 변인을 제거함으로써 개인의 역량에 대한 객관적 평가를 도모한다는 특성을 가지고 있다.

셋째, 역량평가는 다양한 실행과제(기법)을 종합적으로 활용한다. 복수의 과제를 활용함으로써 단편적으로 진행하는 개별 평가기법들의 한계를 극복하고 피평가자들의 몰입을 유도하여 피평가자가 보여 주는 다양한 역량을 측정할 수 있게 한다.

끝으로 역량평가는 다수 평가자가 참여하여 합의로 평가결과를 도출하는 체계이기 때문에 개별 평가자의 오류를 방지하고 평가의 공정성을 확보하게 된다는 특징도 있다.

2) 역량평가기법

역량평가는 일반적으로 4가지 기법으로 구성된다. 개인발표, 역할연기, 집단토론, 현안업무처리가 그것이다. 이 4가지 평가기법을 일하는 사람의 관점에서 분류하면 혼자 일하기와 관련된 기법과 함께 일하기와 관련된 기법으로 구분할 수 있다.

혼자 일하기 평가기법은 말 그대로 혼자서 처리하여야 하는 과제이므로 개인발표와 현안업무처리가 이에 해당된다.

함께 일하기 평가기법은 역할연기와 집단토론이다. 역할연기는 기자와의 인터뷰나 상하 직원 간 면담 형식을 취하는 1:1 방식과 이해관계가 상충되는 두 집단의 대표자를 대상으로 갈등을 조정통합하는 형식으로 진행되는 1:2 방식 두 가지가 있다.

현재 인사혁신처의 역량평가센터에서 활용하는 평가기법은 고위공무원단의 경우 역할연기 2가지, 집단토론, 현안업무처리 4가지이며, 과장후보자의 경우 역할연기(1:1), 현안업무처리, 개인발표 3가지이다.[1] 고위공무원단과 과장후보자대상의 평가기법상 차이는 고위공무원단에 조정/통합 역량을 평가하기 위한 1:2 역할연기와 집단토론이 추가되어 있고 개인발표는 생략되어 있는 반면에 과장후보자 평가기법에는 1:2 역할연기와 집단토론은 제외되고 대신에 개인발표가 포함되어 있다.

사무관 승진을 위한 역량평가기법은 과장후보자 평가기법보다는 다소 용이하게 구성되는 경우가 일반적이다. 역량평가를 앞두고 있는 피평가자들은 함께 일하기 기법 2가지, 혼자 일하기 기법 2

---

1) 과장후보자에 대한 역량평가 시행 초기인 2015년부터 2021년 4월까지는 집단토론이 포함되어 있었으나 2021년 5월부터 집단토론이 제외되어 3개 기법으로 축소되었다.

가지 총 4가지 평가기법에 대해 친숙해질 필요가 있다. 피평가자에 따라 어느 평가기법이 더 어려운지는 개인별로 차이가 있겠지만 '혼자 일하기 평가기법'을 상대적으로 더 어렵게 느끼는 것 같다. 집단토론이나 역할연기는 상대방에 따라 묻어갈 수도 있지만, 혼자 과제를 수행해야 하는 개인발표나 현안업무처리는 주어진 짧은 시간 내에 보고서를 작성하거나 보고서에 준하는 발표자료를 작성하는 것이 벅차기 때문이다.

(1) 현안업무처리 (서류함기법, 미결업무처리)

현안업무처리는 개인발표와 함께 '혼자 일하기 평가기법'에 해당되며, 3~4개의 현안업무를 50분~60분이라는 비교적 짧은 시간 내에 처리하여야 하는 상황을 설정하고 업무처리 내용을 보면서 관련 역량을 평가하는 기법이다.

피평가자는 통상적으로 처리대상 업무의 처리방법을 문서로 작성·제출하고 평가자는 제출된 처리방안을 보면서 피평가자를 대상으로 20분~30분 간 인터뷰를 진행하면서 역량을 평가한다. 문서로 작성할 때 평가실에 비치되어 있는 노트북을 사용하거나 필기도구를 활용해서 작성할 수 있다. 본인이 악필임을 걱정하는 피평가자들의 경우 평가자가 알아볼 정도면 문제가 없으므로 걱정하지 않아도 된다.

3~4개의 현안업무 중 1개 업무는 보고서 작성에 관한 사항이 주로 제시되는데 그 비중은 40~50% 정도로 매우 큰 편이다. 보고서 분량은 한쪽 내지 한 쪽 반 정도면 충분하며 개조식으로 핵심 위주로 작성하여야 한다. 나머지 2~3개 과제는 다양한 상황으로 제시되는데 직원 간 갈등 등의 애로사항, 민원 대응, 업무 분장이나 조직 개편 관련 사항, 신문보도 대응 등이 주종을 이룬다. 이 소과제들의 처리분량은 반쪽에서 한쪽 이내가 적당하며 보고서 작성과 마찬가지로 개조식으로 작성한다.

(2) 개인발표 (구두발표, 프리젠테이션, 발표)

개인발표는 피평가자가 상급자에게 특정 정책문제의 원인과 해결방안을 발표토록 하는 상황을 설정한 후 피평가자의 발표내용을 보면서 관련 역량을 평가하는 기법이다.

30분 정도의 짧은 시간에 제시된 정책문제에 관한 자료를 숙지하고 5~7분 동안 발표한 후 평가자와 15분 정도 질의응답시간을 갖는 형식으로 진행된다. 발표할 때 평가실에 비치되어 있는 화이트보드를 활용하여 발표내용 목차나 주요 내용을 적어둘 수도 있다.

개인발표에서 제공하는 상당한 분량의 참고자료를 일독하는 데에도 많은 시간이 소요된다. 자료를 읽고 난 후 발표내용을 정리하다 보면 시간에 쫓겨 미처 주요부분을 파악하지 못하여 정책현안의 핵심원인과 대안을 명쾌하게 밝히지 못하는 경우가 발생한다. 주어진 시간을 효과적으로 사용하여야 한다. 그리고 발표할 내용을 정리한 문서를 평가자에게 제출하는 것은 아니므로 본인이 알아보기 쉽게 키워드 중심으로 정리하면 된다.

(3) 역할연기 (역할수행)

역할연기는 집단토론과 함께 '함께 일하기 평가기법'에 해당되며, 피평가자가 특정 역할을 수행하는 과정을 평가하는 기법으로 역할 상대방이 한 명이면 1:1, 두 명이면 1:2라 한다.

1:1 역할연기는 부하(드물게 상사)를 면담하거나 기자 인터뷰를 진행하는 상황 설정이 일반적이며, 1:2는 이해관계가 상충되는 두 집단을 대상으로 갈등을 조정해야 하는 상황을 설정한다. 인사혁신처의 1:1 역량평가는 직급별로 상황설정을 달리하고 있는데 고위공무원을 대상으로 하는 역량평가에서는 기자 인터뷰를, 과장후보자를 대상으로 하는 경우에는 직원 면담을 평가기법으로 활용하고 있다.

기자 인터뷰는 특정 현안 정책이슈를 (예컨대, 한류활성화 대책이나 청년고용 활성화방안 등) 대상으로 기자의 인터뷰 요청에 응하는 방식으로 진행되며, 사전에 주요 질문서를 제시하고 있으므로 질문내용을 중심으로 주어진 자료의 핵심내용을 잘 파악하여 인터뷰에 응하면 된다.

반면, 직원 면담은 여러 가지 사유로 성과가 부진한 직원을 대상으로 일이 부진한 원인을 파악하고 그에 걸맞은 해결방안을 제시하는 구성으로 진행되는 경우가 일반적이다.

1:2는 이해관계를 달리하는 두 집단을 상대로 조정과 통합을 어떻게 이루어 내는가를 보고자하는 평가기법이므로 상대방의 페이스에 말려 단순한 사회자 역할에 그치는 경우 실패한 역할연기가 된다. 경청하면서 상대방 주장을 고려하는 가운데 적절한 대안을 제시하는 등 양 당사자 모두 원원할 수 있는 해결방안을 도출하는 것이 1:2 역할연기의 핵심이다.

(4) 집단토론

부서나 부처를 대표하는 3명이 특정 현안을 놓고 (주로 예산 삭감이나 증액, 조직통폐합 등) 합의·조정하는 상황을 설정하고 토론참가자의 발언 내용과 태도를 통해 관련 역량을 평가하는 기법이다.

역량평가에서 집단토론은 사회자 없이 진행되는 경우가 일반적이다. 평가자가 토론장소에 같이 있지만 토론의 진행을 주관하지는 않는다. 인사혁신처 의 고위공무원단 역량평가에서는 50분의 토론시간이 주어진다. 토론 참가자들에게는 토론에 필요한 공통자료와 개별자료가 제공되므로 이를 숙지하고 토론에 임하여야 한다.

3) 평가기법과 역량의 관계

특정 평가기법은 특정 역량과 연계되어 있는가? 역할연기는 의사소통역량을, 개인발표나 현안업무처리는 정책기획이나 문제해결 역량과 상관관계가 클 것 같다고 볼 수도 있다. 그러나 특정 평가기법과 특정 역량이 기계적으로 연결되어 있는 것은 아니다.

평가대상 역량은 평가기법에 활용되는 사례내용에 따라 달라진다. 역할연기의 경우 사례가 부하직원의 부진한 업무처리의 원인을 파악하고 장애요인을 해결하여 적기에 성과를 내도록 하는 것이 주된 면담의 내용이라면 성과관리나 문제해결 역량을 보는 것이 되고, 직원의 업무부진 원인이 직원 간 갈등이나 부적응 등과 관련된 것이고 이를 해결하는 것이 면담의 주된 내용이라면 동기부여나 팀워크 지향, 협조 및 지원 역량을 보는 것이 된다. 요컨대, 평가기법에 활용되는 사례의 내용에 따라 평가하는 역량이 달라지는 것이지 평가기법 자체로 평가 역량이 결정되는 것은 아니다. 다만, 1:2 역할연기는 조정·통합역량, 현안업무처리의 보고서 작성과제는 정책기획역량, 집단토론은 고객지향이나 조정·통합역량을 평가하기 적합한 기법이므로 평가기법과 역량 간에는 다소의 상관관계는 있다.

앞에서 역량평가 대상 역량은 직급별로 그 내용은 다소 다르지만 일반적으로 5-6개로 구성되어 있다고 설명한 바 있다. 평가하고자 하는 역량을 한 번만 관찰하고 평가하는 것은 다소 위험이 따르므로 실제 역량평가에서는 하나의 평가기법으로 3개의 역량을 평가하여 역량당 두 번씩 관찰하고 평가하는 방식을 취하고 있다. 따라서 평가 초반부에 역량을 제대로 보여 주지 못했다고 당황하지 말고 한 번 더 역량을 평가받을 기회가 있으므로 자신감을 갖고 차분하게 만회하도록 한다.

4) 인사혁신처의 역량평가 현황

인사혁신처에서 운영하는 역량평가기관은 과천 국가인재원 분원에 소재한 "역량평가센터"이며, 역량평가 1회당 피평가자 6명을 대상으로 6명의 평가자가 참여한다. 평가자는 고위공무원단 소속 현역 공무원과 교수, 민간전문가로 구성된다.

평가기법의 난이도는 과장후보자의 경우 고위공무원단을 100으로 보면 70정도라고 보면 무방할 것이다. 역량평가 결과는 각 역량별 5점 척도[매우 우수, 우수, 보통, 미흡, 매우 미흡]로 평가하며 역량의 전체 평균이 2.5점 이상이 되어야 역량평가를 통과한 것으로 본다. 다만, 과장후보자의 경우 전체 평균이 2.5점 이하이더라도 2개 역량이 3점을 넘고 전체 평균이 2.3점 이상이면 통과한 것으로 본다. 어느 한 역량이 2.5점 이하라도 다른 역량에서 만회할 수 있으므로 포기하지 말고 끝까지 최선을 다하여야 한다. 역량평가를 통과하지 못한 경우 재평가를 받을 수 있다. 다만, 2회 연속 미통과하게 되면 6개월, 3회 연속 미통과 시 1년간 재평가를 받을 수 없다. 이러한 장치는 미통과자에게 시간을 주어 역량을 보완하도록 하기 위한 것으로 보인다.

2007년도에 종전 국장급인 고위공무원 진입대상자를 대상으로 처음 실시한 역량평가제도는 2015년도에 중앙부처 과장진입 대상자에게도 확대되어 운영 중인데 역량평가를 받은 피평가자들은 역량평가 자체에 대해 공정성, 타당성, 객관성에서 높은 점수를 주고 있어 역량평가제도는 공직사회에 건강하게 뿌리내리고 있는 것으로 보인다.

(표 1) 고위공무원단 평가기법

실행과제	모의 직무상황 예시	소요 시간
1:1 역할수행	현안 과제에 대해 기자와 인터뷰하는 상황	준비시간 30분 평가진행시간 30분
1:2 역할수행	부서간 갈등을 조정하는 상황	준비시간 30분 평가진행시간 30분
현안업무처리	여러 현안과제들을 처리하는 상황 (1+2 형태로 제시되는 과제를 해결)	준비시간 50분 평가진행시간 30분
집단토론	부처 내지 부서 대표자로서 현안과제 합의 및 조정을 위해 회의하는 상황	준비시간 40분 평가진행시간 50분

(표 2) 과장후보자 평가기법

실행과제	모의 직무상황 예시	소요 시간
1:1 역할수행	현안문제에 대해 부하직원과 면담하는 상황	준비시간 30분 평가진행시간 20분
개인발표	현안 업무에 대한 현황과 해결책을 발표하는 상황 (화이트 보드 활용가능)	준비시간 30분 평가진행시간 20분 (5분 발표, 15분 질의응답)
현안업무처리	여러 현안과제들을 처리하는 상황	준비시간 50분 평가진행시간 20분

제2장 역량개발의 노하우

제2장 역량개발의 노하우

역량은 행동을 통해 관찰 가능하므로 자신의 행동이 갖는 장단점을 제대로 인식할 수 있으면 바람직한 행동에 대한 학습과 훈련을 통해 높은 수준의 역량을 보여 줄 수 있다. 행동 그 자체가 역량은 아니지만, 본인의 행동에 대한 정확한 인식을 바탕으로 조직이 의도하는 방향으로 바람직한 행동을 보일 때 좋은 평가를 받게 된다. 역량은 개발될 수 있는 것임을 명심하고 훈련하면 할수록 역량은 높아진다는 자신감을 가질 필요가 있다.

역량은 직무관련성을 전제로 하고 있으므로 자연스럽게 성과와 연동되어 있다. 따라서 직무나 직위가 다르면 필요로 하는 역량이 다르게 되며 또 같은 직무라고 하더라도 상황이 바뀌면 요구되는 역량이 달라지게 된다.

현재 국가인재원과 지방행정연수원에서 개발하거나 평가하고 있는 역량은 아래 표에서 보는 바와 같다. 직급이나 직위에 따라 관찰 대상이 되는 역량이 다르기는 하지만 역량 간 유사성도 적지 않다. 이하에서는 편의상 국가공무원 과장 직위에서 필요로 하는 역량을 중심으로 하고 5급직에 필요한 역량을 다소 덧붙여 총 8개 역량을 대상으로 역량개발에 도움이 되는 노하우를 정리하고자 한다. 8개 역량에 대해서 충분히 학습하고 훈련한다면 다른 분야의 역량에서도 충분히 높은 수준의 역량을 보여 줄 수 있을 것이다.

(표 1) 국가 및 지방 공무원 직급별 역량모델

	국가공무원			지방공무원	
	5급	과장	국장	5급	3~4급
사고역량군	문제 해결 업무 기획 정보 관리	정책 기획	문제 인식 전략적 사고	문제 해결 주민 지향	문제 해결 전략적 사고
업무역량군	팀워크 지향	성과 관리 조직 관리	성과 지향 변화 관리	성과 관리 팀워크 지향	변화 관리 조직 관리
관계역량군	협조 및 지원	의사소통 이해관계 조정	고객 만족 조정/통합	의사소통 협의/조정	관계 형성 조정/통합

1 문제해결 역량

문제해결 역량을 강화하기 위해서는

① 무엇이 문제인지를 명확하게 하고,

② 왜 그러한 문제가 발생하였는지를 분석하는 한편,

③ 그 문제의 해결방안이 무엇인지 모색하는 능력을 향상시켜야 한다.

④ 수립한 해결방안이 갖는 한계나 부작용이 무엇이며 이를 완화하는 방안이 무엇인지를 제시한다.

일반적으로는 ①~③만 작성하여도 충분히 높은 수준의 문제해결 역량을 보여 주는 것이므로 ④에 대해서는 너무 걱정할 필요는 없다.

1) 해결할 문제를 명확히 파악하라

문제해결 역량에 대한 평가는 일반적으로 '○○제도 개선방안'이나 '○○방안 수립' 등의 제목으로 제시되는 과제들을 통해 이루어진다. 이러한 과제들은 일반적으로 구두발표나 현안업무처리에서 자주 활용된다. 그렇다고 해서 구두발표나 현안업무처리는 문제해결 역량을 평가하는 평가기법이라고 단정 짓는 것은 곤란하며, 대체로 그렇다는 의미로 이해하면 무난하다.

해결대상 문제들은 제시되는 과제 제목에서 추정할 수 있다. 예를 들어 『오존경보시스템 구축사업 개선방안』이라는 과제는 오존경보시스템 구축사업의 문제점을 파악하여 개선방안을 마련하라는 것이므로 '시스템 구축사업'이 해결할 문제라고 생각하면 된다.

그렇지만 『스쿨존 단속 및 계도방안 수립』이라는 과제는 위 과제와는 달리 해결대상이 복수로서 단속상의 문제와 계도상의 문제 두 가지다. 따라서 해결방안도 단속과 계도 두 가지 차원에서 제시되어야 한다는 점을 놓치지 말아야 한다.

2) 발생한 문제의 원인을 규명하라

무엇이 문제인지 명확하게 파악하였다면 그다음 단계는 '왜 그러한 문제가 발생하였는지'를 분석해야 한다. 평상시 늘 분석업무를 하는 공직자는 분석과정이 낯설지 않지만 실전에서 집행업무와 대민업무를 주로 담당하는 공직자는 상당히 어렵고 머리 아프게 느껴지는 과정일 수 있다. 그렇다고 지레 포기하면 좋은 평가를 받을 수 없는 것은 자명하므로 심기일전하여 어떻게든지 분석의 과정을 돌파하여야 한다. 어떻게 하면 될까? 정답은 '어렵지 않다'이다. 주어진 자료를 잘 찾아보기만 하면 된다. 대부분의 과제는 문제와 답을 다 포함하고 있기 때문이다.

역량평가를 하는 평가위원이나 피평가자 모두 해당 분야에 대한 비전문가들이다. 역량평가에서 관찰하고자 하는 것은 해당 문제에 대한 전문적 식견과 적용 가능한 대안을 구하고자 하는 것이 아니다. 중요한 것은 해결방안의 적합성이 아니라 자료의 경중과 맥락을 파악하고 문제가 발생한 원인을 재구성하여 해결방안을 제시하되 주장의 근거나 논리를 제시할 수 있는 역량을 가지고 있는가를 보여 주는 것이다.

문제가 발생한 원인을 찾으려면 제시되는 자료의 앞부분을 잘 살펴보아야 한다. 예컨대, 앞에서 언급한 『오존경보 시스템 구축사업 개선』과제가 아래와 같이 7개의 자료로 구성되어 있다고 가정하자.

〈표 2〉 자료 목록

번호	자료	주요 포인트
1	과장 이메일	구축사업의 현황, 문제점 파악 후 개선방안 수립토록 지시
2	신문기사 1	오존경보시스템 활성화 공청회 개최
3	보고서	오존경보시스템 구축사업 개요(주요사업내용, 주요사업실적, 사업평가 및 향후 사업계획 등)
4	신문기사 2	정부, 오존경보시스템 구축사업 제대로 추진되고 있나?
5	신문기사 3	A시 오존경보시스템 엉망, 경보시스템 나아갈 방향
6	특별기고	환경산업의 미래, 어디로 가야 하나?
7	해외사례	A국 성공 사례, B국 사례

위 자료에서 문제가 발생한 원인을 알아보기 위해서는 자료 2~자료 5를 잘 검토하여야 할 것 같다. 문제점과 그 원인이 집중해서 들어 있는 자료도 있지만 위 자료처럼 여기저기 분산해서 들어 있을 수도 있다. 이런 경우 얼마 안 되는 시간 내에 해결방안까지 제시하기 위해서는 우선 자료를 다 읽어 보고 다시 정독하면서 정리하는 것은 시간이 부족해져서 본인의 역량을 다 펼칠 수 없게 된다. 시간 부족 문제에 대처하려면 처음 자료를 대할 때부터 자료의 제목과 소제목, 통계 등이 문제 발생 원인에 해당하는지를 즉시즉시 판단하면서 원하는 부분을 발췌하고 또 이것들을 경중을 가려 핵심 원인부터(피평가자의 주관적 판단에 따른) 순서대로 정리해 나가야 한다.

다음으로 『스쿨존 단속 및 계도방안 수립』제하의 과제를 보면서 문제 발생의 원인을 찾아보자. 이 과제는 비교적 많은 자료를 제시하고 있다. 관찰대상 역량이 위 과제보다 많은 까닭이다. 스쿨존 단속 및 계도와 관련한 문제점은 어느 자료를 보면 알 수 있을 것 같은가? 자료 2를 보면서 단속 및 계도 담당 직원의 부족 문제를 떠올리면 된다. 또한, 자료 3에서 단속 및 계도대상이 증가하고 있다고 추정하면 된다. 자료 5는 단속상 문제점을 지적하고 있으니 단속문제에 대해 중요도에 따라 정리하면 될 것이고, 자료 6은 단속 및 계도에 대해 주위의 관련 기관과 비교·설명하는 자료이므로 관련기관 상황을 들어 ○○경찰서의 문제점을 강조하여야겠다는 생각을 하면 된다.

(표 3) 자료 목록

번호	자료	주요 포인트
1	조직 소개	경찰서 담당과 업무소개/녹색회 등 자원봉사단체 현황
2	직원 현황	담당과 직원 및 민간 단체 구성현황
3	법령 내용	행정대상이 내년부터 확대된다는 내용의 관련 법령 소개
4	서장 지시사항	철저한 단속 및 계도 지시
5	신문 기사	단속상의 문제점
6	단속실적보고	단속 현황과 실적/ 계도현황 (인근 경찰서 현황 포함)
7	연구보고서	스쿨존 단속정책 분석보고서(1인당 대상과 점검현황, 단속 효과 및 추진방향)
8	게시판	스쿨존 확대를 요구하는 시민 의견
9	전문가 대담	단속정책 관련 전문가 의견
10	직원 이메일	담당직원의 건의사항

자료 7은 자료 배열상 문제점보다는 해결방안에 관한 내용이 많을 것으로 짐작되지만 문제점 분류에 도움이 될지도 모르니 건성으로 넘어가지는 말아야 한다. 참고로, 의외로 많은 공무원들이 현황과 문제점을 혼동하거나 동일한 것으로 간주하는 경향이 있다. 공직사회에서 정책보고서나 기획보고서를 작성할 때 일반적으로 사용하는 순서는 '추진배경-현황-문제점-해결방안-추진계획'이지만 '현황 및 문제점'으로 묶어서 작성하는 경우도 흔한 데 그런 이유로 현황과 문제점을 혼용하는 것인지도 모르겠다.

그러나 현황과 문제점은 분명 구분되어야 한다. 현황은 대체로 '객관적 사실'에 관한 설명에 불과할 뿐 가치판단의 영역이 아니다. 반면, 문제점은 그러한 객관적 사실이 바람직하지 못하다고 판단하고 왜 바람직하지 못한 사실이 발생하였는지를 분석하는 가치판단의 부분이다. 여기서 한 가지 언급할 포인트는 문제와 문제점은 어떻게 다른가 하는 점이다. 문제는 바람직한 또는 원하는 수준(또는 상태)과 현 수준(또는 상태) 간의 차이(gap)를 의미한다. 문제점은 그러한 문제가 되는 요소 또는 부분으로 문제의 발생원인을 분석하는 과정이다.

출산율이 1%대로 감소하고 있다거나, 가계부채가 1,000조 원 이상으로 급증하고 있다는 사실 등은 바람직스럽지 않은 사실이기는 하나 이러한 낮은 출산율이나 증가 중인 가계부채 자체는 어디까지나 객관적 사실이므로 현황으로 보아야 한다.

낮은 출산율이나 급증하는 가계부채가 우리 사회에 바람직하지 않은 부정적 영향을 주고 있다고 판단할 때 낮은 출산율이나 급증하는 가계부채는 '문제'로 인식된다. 이러한 문제를 해결하기 위한 수단으로 문제의 발생원인을 분석하는 과정이 문제점을 찾는 과정이다. 이런 식으로 접근할 때 문제점을 체계적으로 파악할 수 있게 되어 문제에 대한 해결방안과 연결된다. 문제점을 작성한다는 것은 객관적 사실을 넘어 가치판단의 영역으로 들어가야 한다는 것을 뜻하며 그러한 과정이 원인분석과정이라는 점을 잊지 말아야 한다.

3) 실천적인 해결방안을 제시하라

문제의 원인이 제대로 규명되었다면 그 해결방안을 찾는 것은 상대적으로 용이하다. 『오존경보시스템 구축사업』의 문제점을 범주화하여 가령 구축과정상 문제점과 구축 이후 문제점으로 구분하였다고 가정하자. 구축 과정상의 문제점으로 첫째, 많은 비용과 시간이 필요한데 재원 확보가 어렵고, 둘째, 첨단기술 활용이 안 되고 있어 부정적 여론이 형성되고 있다. 또 구축 이후의 문제점으로 첫째, 구축 이후 유지보수가 원활하지 않고 둘째, 운영주체가 분산되어 시너지효과가 적다고 정리하였다면 이에 대한 해결방안도 문제점으로 지적한 내용에 상응하는 수준에서 구축 과정과 구축 이후로 구분하여 각각의 해결방안을 제시하면 된다. 이때 자료 5~자료 7의 내용을 검토하면서 작성하되 두 가지 점을 잊지 말아야 한다.

하나는 해결방안이 현실적이고 구체적일수록 공감을 얻는다는 점이다. 예산이 부족하다고 예산 증액만 외쳐서는 비현실적이지 않은가? 시스템 구축과정에서 어떤 식의 선택과 집중을 통해서 문제를 해결하자고 합리적으로 주장할 필요가 있다. 두 번째로는 자료에 해외사례가 포함되어 있는 경우, 해외사례에서 얻는 교훈을 자기 것으로 소화하여 담아내면 해결방안의 합리성과 논리성이 더욱 탄탄해져 좋은 평가를 받게 된다.

『스쿨존 단속 및 계도방안 수립』과제에서 문제점을 '단속상의 문제점'과 '계도상의 문제점'으로 구분하고, '단속상의 문제점'으로 (1) 전담 단속조직의 미비 (2) 단속인력의 부족, '계도상의 문제점'으로 (1) 스쿨존에 대한 인식부족 (2) 운수업체의 반발을 지적하였다고 하자. 이 경우 해결방안도 자료 7~자료 10의 내용을 바탕으로 하여 문제점과 같은 형식인 '단속방안'과 '계도방안'으로 구분·정리한다.

먼저 '단속방안'으로 (1) 집중 단속기간 설정·운영과 이를 위한 임시 단속반 구성 (2) 전담 인력 증원 등을 제시하고, '계도방안'으로 (1) 스쿨존 포스터 제작과 동영상 활용, (2) 업주 설명회 개최 등을 담으면 깔끔하게 해결방안을 보여 줄 수 있다. 이 경우 인력배치나 전담 인력 확보 등은 쉽게 말 한마디로 되는 것이 아니므로 가급적 현실적인 방안을 담도록 하자. 해결방안은 구체적이어야지 구두선에 그쳐서는 곤란하다.

4) 긍정적/부정적 행동특성 예시

〈정보 구조화〉

긍정적 행동특성	부정적 행동특성
+ 문제점을 범주화하여 분류함 + 제시된 정보를 활용하여 관련현황을 분석하고 사안별로 정리함 + 자료를 핵심정보와 참고정보로 구분하여 파악함 + 관련 정보를 분류하고 구조화함	+ 팩트 정보와 가치판단 정보를 구분하지 못하고 혼재하여 사용 + 가치판단이 필요한 핵심문제를 팩트 중심의 현황 정보로 인식함 + 자료를 중요도 등에 따라 구조화하지 않고 주어진 대로 인용함 + 정보 간 상호 연계성을 제대로 파악하지 못함 + 주어진 정보를 목적과 필요에 따라 입체적으로 재구성하지 못함 + 문제 내용이나 핵심과 거리가 있는 정보를 제한적으로 제시함

〈문제 파악〉

긍정적 행동특성	부정적 행동특성
+ 문제를 나열하지 않고 범주화함 + 문제 핵심을 구체적으로 파악함 + 해외사례와 국내현황을 비교분석하여 문제를 파악함 + 제공된 다양한 자료 중에서 목적에 따라 정보를 취사선택하여 문제를 정리함	+ 문제를 범주화하여 묶지 못하고 나열식으로 열거함 + 문제의 핵심을 제대로 파악하지 못하고 피상적으로 이해함 + 열거하는 여러 문제들의 경중과 해결 우선순위를 제시하지 못함 + 제시된 문제들을 선택과 분류를 통해 관점을 제시하지 못하고 자료내용을 복사하듯 열거함 + 핵심문제를 도출하지 못하고 주변문제만 언급함

〈원인 규명〉

긍정적 행동특성	부정적 행동특성
+ 문제의 근본 원인을 파악함 + 통계를 활용하여 사안별 문제 핵심을 다각적으로 제시함 + 파악한 원인에 대한 구체적 근거를 제시함	+ 문제발생의 근본원인을 규명하지 못하고 객관적 현황만 언급함 + 문제의 내용과 원인이 구분되지 못하여 실효성 있는 개선방안으로 연결되지 못함 + 자료 활용이 불충분하여 일부 원인 규명이 누락됨 + 문제와 그 문제의 발생원인을 구분하지 못하고 혼동함 + 핵심적 원인을 중요도 순으로 제시하지 못함

〈해결방안 제시〉

긍정적 행동특성	부정적 행동특성
+ 정책 목표나 환경을 고려하면서 대안의 장단점을 심도 있게 파악함 + 국정방향이나 비전 등 상위 목표와 예산/여론 등 제약요인을 고려하여 대안을 제시함 + 중요도에 근거하여 핵심사업을 선정하고 파급효과를 강조함 + 사업 간 연계방안을 통해 대안을 마련하고자 함 + 쟁점을 둘러싼 관계 당사자의 수용 가능성을 고려하여 대안을 수립함 + 제시된 문제점에 대응되는 핵심내용 위주로 대안을 제시함	+ 해결하고자 하는 정책목표와 동떨어진 대안을 수립함 + 사업 핵심내용을 제대로 파악하지 못하거나 부분적으로만 파악함 + 정책추진 방향은 있으나 방향을 구체화하지 못하여 구름 잡는 듯한 발언에 그침 + 제시된 관련 자료나 통계를 충분히 활용하지 못함 + 사업 간 연계 추진방안을 구체화하지 못함 + 우선순위 결정시 사업 목적에 따른 파급효과 등을 고려하지 않음 + 우선순위 설정 논거가 미흡하고 기준이 명확하지 않음

긍정적 행동특성	부정적 행동특성
+ 대안별 장단점을 이해하고 특히 단점 보완방안을 언급함	+ 정책목표와 정책실행 우선순위를 고려하지 못하고 쟁점별로 이견을 조정하는 데 치중함 + 대안의 장단점 분석이 미흡하여 논거 제시를 못하거나 불충분함

2 정책기획 역량

정책기획 또는 업무기획 역량을 강화하기 위해서는

① 무엇이 현안인지를 파악하고,

② 실행 가능한 최적의 대안(정책)을 제시하는 능력을 키워야 한다.

정책기획 역량은 사고역량군에 포함되어 있는 역량의 하나이기 때문에 문제 해결, 문제 인식, 정보 관리, 전략적 사고, 주민 지향 역량과 중복되는 면이 있는 것은 자연스러운 현상이다. 직위나 직급, 행정대상의 차이 등에 따라 더 필요로 하는 역량을 부각시킨 결과 다른 역량으로 분류되는 것이지 사고역량군에 있는 역량들은 본질적으로는 같은 뿌리라고 할 수 있다.

1) 무엇이 현안인지 파악하라

정책기획 역량에 대한 평가는 일반적으로 문제해결 역량에서와 마찬가지로 '○○ 합리화 방안', '○○ 개선방안' 과제들을 통해 이루어진다. 이러한 과제들은 구두발표나 현안업무처리에서 자주 활용된다. 과제의 내용에 따라 어떤 과제는 문제 해결 역량을, 어떤 과제는 정책 기획 역량을 평가하므로 과제의 제목만 가지고 무슨 역량을 평가받겠구나 하고 미리 짐작할 필요는 없다. 피평가자는 평소 업무를 통해 구현하고 있는 역량들을 자연스럽게 보여 주면 충분하다.

현안의 사전적 정의는 '해결해야 할 과제로 남아 있는 일'이다. 문제 해결의 '문제'와는 다소 다른 듯도 하지만 해결할 대상이라는 점에서, 그리고 현실과 목표와의 괴리에서 비롯된다는 점에서 사실상 매우 흡사한 개념이라고 할 수 있다.

예를 들어,『한우 소비자가격 합리화 방안』에서의 현안은 무엇일까?

만약 공급과잉으로 한우의 산지 가격은 하락하는데 소비자가격은 그대로라면 그것이 해결해야 할 과제가 된다. 그렇다면 현안을 파악한다는 것은 이 과제에서 무엇을 뜻하는가? 현안을 파악한다는 것은 사실상 문제 해결에서의 원인 분석과 비슷하다. 왜 한우의 산지가격은 떨어지는데 소비자가격이 그대로인지에 대한 다각적인 원인 분석을 하다 보면 소비자가격을 합리화할 수 있는 방안도 떠오를 수 있을 것이다.

'해결해야 할 과제'를 과거에 발생해서 현재에 영향을 주는 이슈로만 한정할 필요는 없다. 지금은 누구나 저출산·고령화를 걱정하지만, 1970년대 가족계획정책이 성공해서 1980년대 대부분 가정이 1~2자녀를 갖는 상황에서도 가족계획 정책은 지속 추진되었는데 만약 이때부터 저출산 트렌드를 읽고 정책방향을 전환하였다면 지금처럼 급속한 저출산현상은 다소 완화될 수도 있었을 것이다. 정책기획 대상 과제는 트렌드나 환경 변화를 분석하고 파악하면서도 발굴이 가능하다는 점에서 문제 해결 역량에서 다루는 과제보다는 그 범위가 넓다고 하겠다.

이런 의미에서 정책기획 과제를 발굴하기 위해서는 평소 언론, 여론, 학계 동향 등을 수시로 파악하고 이를 본인의 업무와 연결해 생각해 보는 자세를 가져야 하고, 작은 변화나 하나의 현상이라도 흘려보내지 않고 포착하여 조금 더 조사해 보고 장래 방향을 예측하는 감각도 필요하다. 그리고 한 발짝 앞서 이슈를 발굴하고 한 박자 먼저 이슈를 제기하는 주도성도 있어야 한다.

2) 실행 가능한 최적 대안을 제시하라

현안에 대한 파악이 끝났다면 최적의 대안을 수립하여야 한다. 이 단계는 앞에서 파악한 문제의 원인을 '어떻게 해결하겠다'는 본인의 생각이 드러나는 단계이다. 이쯤에서 독자들도 정책 기획 역량을 키우는 방법이 문제 해결 역량의 그것과 사실상 같음을 눈치 챘을 것이다. 실행 가능한 최적의 대안이나 실천적인 해결방안을 제시하는 것이 사실상 같지 않은가? 대안이나 해결방안 또는 추진전략, 개선방안 등은 모두 문제 해결을 위한 방법을 제시한다는 점에서 본질적으로 같다.

개선방안을 언급할 때 이왕이면 범주화하는(묶는) 것이 바람직하다. 범주화하는 것은 상사로 하여금 생각을 정리할 수 있게 해 주어 발표내용의 설득력을 높여 준다는 장점이 있다. 언급할 사안을 범주화하지 않고 나열식으로 첫째, 둘째, 셋째 하면서 6~7가지를 쭉 설명하면 조금 전 언급한 내용을 잊어버리기 쉬워 설득력이 떨어지게 된다.

다만, 이렇게 범주화할 때 주의할 점은 겹치거나 빠지는 것이 없어야 한다. 이를 영어로는 MECE(Mutually Exclusive and Collectively Exhaustive) 라고 하는데 범주화하는 대상이 상호 배타적이고 또 합치면 완전히 망라해야 한다는 뜻이다. 예를 들어 단기 대책과 중장기 대책으로 구분하거나 예산상 대책과 비예산상 대책으로 나누는 것 등이 대표적인 MECE이다.

정책기획 역량이 돋보이려면 대안의 제시에 머물러서는 다소 부족하다. 개선방안에 제시된 내용을 실행하는 계획도 포함되어야 한다. 대안의 실행을 위한 인적 자원과 물적 자원의 확보, 언론이나 입법기관, 관계기관과 같은 외부 환경 대처전략 마련 등에 관한 생각도 있어야 할 것이다. 즉, 예산이나 인력, 조직, 관련 규정의 정비에 관한 내용과 홍보, 여론, 관계기관과의 협조체제 구축 등에 관한 내용도 기획보고서에 담겨있어야 한다.

여기서 한 가지 환기하고 싶은 부분은 '대안'과 '추진계획'을 구분할 수 있어야 한다는 점이다. 대개 보고서를 작성할 때 검토배경, 현황, 문제점, 개선방안, 추진계획의 순서로 쓰는데 대안을 제시하는 것은 개선방안에 해당하는 것이다. 개선방안 단계는 정책문제의 원인을 해결하는 방법을 보여주는 단계여야 한다. 어떻게 해결해야 한다는 본인의 생각이 나타나야 한다는 뜻이다. 그리고 추진계획단계는 개선방안을 추진하기 위해 무엇을 하겠다는 내용이 제시되어야 한다. 개선방안에서 추진계획을 쓰거나, 추진계획에서 개선방안을 쓰거나 둘을 혼용해서 보고서를 작성하는 일이 없도록 해야 한다.

3) 긍정적/부정적 행동특성 예시

〈현안 파악〉

긍정적 행동특성	부정적 행동특성
+ 문제를 나열하지 않고 범주화함 + 문제 핵심을 구체적으로 파악함 + 해외사례와 국내현황을 비교분석하여 문제를 파악함 + 문제의 근본 원인을 파악함 + 통계를 활용하여 사안별 문제 핵심을 다각적으로 제시함	+ 가치판단이 필요한 핵심문제를 팩트 중심의 현황정보로 인식함 + 자료를 중요도에 따라 구조화하지 않고 주어진 대로 인용함 + 정보 간 상호 연계성을 제대로 파악하지 못함 + 자료 이해 부족으로 부분적·단편적 열거에 그치거나 문제해결 대안이 부적절함 + 핵심원인/상황에 대한 이해가 부족하거나 부분적 파악에 그침 + 문제와 그 문제의 발생원인을 구분하지 못하고 혼동함 + 핵심적 원인을 중요도 순으로 제시하지 못함

〈최적대안 제시〉

긍정적 행동특성	부정적 행동특성
+ 국정방향이나 비전 등 상위목표에 근거하여 본인 사업의 대안을 제시함 + 본인의 대안이 전체 비전이나 방향에 부합함을 강조함	+ 대안의 장단점 분석이 미흡하여 논거 제시를 못하거나 불충분함 + 사업 간 연계 추진방안을 구체화하지 못함

긍정적 행동특성	부정적 행동특성
+ 효과적 집행이 가능한 대안을 고려함 + 개선방안을 장기와 단기로 구분하여 종합적으로 제시함 + 핵심사업과 주변사업을 구분하여 제시함 + 제시된 문제점에 대응되는 핵심내용 위주로 대안을 제시함 + 사업 간 연계방안을 통해 대안을 마련하고자 함 + 자료에 근거하여 본인 사업의 단점을 수긍하면서 보완방안을 언급함 + 정책목표나 환경을 고려하여 대안의 장단점을 심도있게 파악함 + 예산 등 제약요인을 고려하여 단계별 추진 필요성 등을 언급함	+ 목표설정의 구체적 근거나 논리가 불명확하며, 개선방안이 피상적이고 구조화되지 못함 + 본인이 제시하는 대안을 구체적으로 설명하지 못함 + 대안이 조직 목표나 비전과 연계성이 떨어지며 전략적 우선순위를 정하지 못함 + 우선순위 결정시 사업 목적에 따른 파급효과 등을 고려하지 않음 + 우선순위 설정의 논거가 미흡하고 기준이 명확하지 않음 + 정책추진 방향은 있으나 그 방향을 구체화하지 못하여 구름 잡는 듯한 발언에 그침 + 제시된 관련 자료나 통계를 충분히 활용하지 못함

3 성과관리 역량

역량은 고성과자의 관찰가능한 행동특성이므로 여러 역량 중 가장 핵심적인 역량은 성과관리 역량이라고 할 수 있다. 이러한 성과관리 역량을 강화하기 위해서는

① 조직 목표가 무엇인지 명확히 하고 이를 부서원 모두가 공유하도록 하고,

② 목표의 달성을 위한 업무추진 방법을 구체적으로 제시하거나, 업무추진의 애로사항을 해소하며,

③ 업무 진행 상황을 정기적으로 모니터링하는 습관이 배어 있어야 한다.

1) 조직 목표를 명확히 하고 조직 구성원 모두 공유토록 하라

성과를 관리하다는 것은 조직이 달성할 목표를 제때에 이루어낸다는 뜻이다. 목표가 불명확하거나 목표들이 상호 충돌하는 경우 부서원들이나 관리자 모두 역량을 제대로 발휘할 수 없게 되어 조직이 성과를 낼 수 없다. 그러므로 성과관리 역량을 강화하는 첫 단계는 부서의 목표를 명확하게 하는 일이다. 대체적으로 행정기관의 조직 목표는 추상적·선언적으로 되어 있다. 이를 행정환경의 변화흐름과 기관장의 정책방향을 고려하면서 자기 부서의 행정 목표를 구체화·객관화된 언어로 명확하게 하여야 한다.

그러나 현실적으로 역량평가에 있어서는 목표의 명확한 설정을 요구하는 과제는 좀처럼 없으므로 이를 걱정할 필요는 없을 것 같다. 목표는 명확하게 주어지며 계획에 비하여 업무 추진이 잘 안

되는 상황을 설정하는 경우가 대부분이기 때문이다. 그러나 현실적으로 공직을 담당하는 데 있어서는 목표의 명확한 설정은 매우 중요한 성과 관리 역량이라는 점을 잊지 말아야 한다.

다음으로 리더는 조직의 목표를 전 부서원이 공유하도록 해야 한다. 조직은 인간의 사회적 집단이므로 조직의 목표와 구성원이 추구하는 개인의 목표는 별개로 구분되는 개념이다. 따라서 조직에서 개인의 목표와 조직의 목표를 동시에 추구할 수 있도록 하는 '목표의 통합'은 매우 중요한 성과관리의 두 번째 단계이다. 리더는 사명, 비전, 핵심가치를 구성원들이 제대로 알아듣고 완전히 공유할 때까지 지겨울 정도로 반복해야 한다. 조직 목표의 내재화는 그만큼 성과관리에 중요한 부분이기 때문이다.

2) 업무지시는 구체적으로, 부진한 업무는 그 원인을 찾아 해결하라

업무 지시는 구체적으로 손에 잡히게 하여야 한다. "다시 해오세요", "알아서 잘할 수 없나요?", "앞뒤가 안 맞잖아요" 등등 선언적 지시를 하지 말아야 한다. 상사가 되어 이렇게 막연하게 지시하면 부하직원의 업무성과 달성을 기대하지 말아야 한다.

『청년채용 박람회 사업추진』과제를 예로 들어 업무추진 사례를 검토하자.

> 새로 부임한 과장이 업무를 파악하는 과정에서 박람회가 준비 부족으로 한 차례 연기되어 다음 달 개최예정인데 언론에서 박람회 연기에 대해 'OO부 갈팡질팡' 제하의 비판기사를 싣는 등 비판이 있고, 또다시 연기할 경우 행사장 측에 위약금도 물어 주어야 하는 사정을 알게 되었다. 당초 박람회는 해외취업에 관한 아이디어 페스티발과 함께 개최할 예정이었으며, 박람회는 (1) 직업체험 및 채용정보 전시회, (2) 토크 콘서트, (3) 기업의 사회적 책임 확산 세 가지 행사로 구성되어 있었는데 (1) 직업체험 및 채용정보 전시회는 구체적인 컨셉과 프로그램이 확정되어 있지 않은 상태이며, (2) 토크 콘서트는 행사 명칭 이외에 구체적으로 논의된 사항이 없는 실정이었다. 나머지 (3) 기업의 사회적 책임 확산과 해외취업에 관한 아이디어 페스티발은 당초 계획대로 잘 준비되고 있어 큰 문제는 없는 상황이다. 박람회를 담당하는 주무 사무관은 그간 윗선의 잦은 사업방향 변경으로 구체적 사업추진이 어렵고 같이 일하는 주무관은 해외 장기 파견이 예정되어 있어 업무 적극성이 떨어지고 있다는 어려움을 호소하고 있으며 과 내 아이디어 페스티발을 담당하는 다른 사무관은 박람회 담당 사무관이 자기와 같이 일하는 주무관을 허락도 없이 박람회 업무지시를 하고 있다는 불만을 제기하고 있는 상황이다.

이때 독자가 담당 과장이라면 어떤 식으로 박람회 개최를 성공적으로 마무리하도록 조치해 나가겠는가?

혹시 독자 중에 '시간이 너무 촉박해서 또다시 연기해야겠군'이라는 생각을 한다면 성과관리 역량을 전혀 보여 주지 못하게 된다. 관찰되지 않는 역량은 없는 역량이므로 역량평가를 통과할 수 없게 된다. 한번 연기한 박람회를 또다시 연기할 수는 없다는 절박한 목표의식을 갖고 시간을 쪼개 써서라도 성공적으로 박람회를 개최하여야겠다는 생각을 하고 업무를 처리하여야 제대로 된 시작이다.

이하에서는 박람회 개최계획에 관한 피평가자들의 과제 처리내용을 바탕으로 성과 관리 역량이 어떻게 평가되는지를 살펴보자.

피평가자 A의 조치내용

○ 업무프로그램의 확정
  - 직업체험 및 채용정보 전시회 및 토크 콘서트 일정 확정과 추진
  - 청년채용 박람회 홍보자료 작성 및 배포: 6.5일까지
○ 업무분장의 재설정: 과원의 업무 및 경력 등을 고려하여 박람회 성공적 개최를 위해 업무분장 실시
○ 잦은 사업변경: 과원 및 국장과의 업무협의로 명확한 방향 제시
○ 주무관 적극성 결여: 동기부여로 지속적 업무수행토록 태도 개선

피평가자 A의 조치내용에 대한 필자의 피드백

첫째, 전시회와 토크 콘서트는 컨셉과 구체적인 프로그램이 없는 것이 문제의 핵심인데 이떤 컨셉으로 어떤 프로그램을 추진하겠다는 핵심이 누락되어 있다. 이처럼 없는 컨셉과 프로그램을 어떻게 만들겠다는 것을 보여 주지 않고 단지 일정과 프로그램을 언제까지 확정하겠다고 하는 것은 목표를 달성하는 구체적인 방향을 제시하지 않는 것이기 때문에 성과 관리 역량을 보여 주고 있는 것이 아니다.

둘째, 업무 재조정은 성과관리 역량에 해당되기보다는 조직관리 역량에 해당되기는 하나 주무 사무관이 업무 과중을 업무 부진의 이유로 들고 있으므로 업무를 조정하는 것은 옳은 방향이다. 그러나 주무 사무관의 업무 중 어떤 업무를 어떻게 덜어 주고, 어떤 업무를 다른 과원에게 부담시키며 과 전체적으로는 어떤 업무분장을 할 것인지 구체성이 부족한 것이

흠이며, 전반적인 업무 분장 시기를 언제로 할 것인가에 대한 고민도 없어 보인다.

셋째, 국장과 협의하여 업무의 목표를 명확히 제시하겠다는 것은 일단은 적절한 성과관리의 역량을 나타내고 있다. 다만, 윗선의 잦은 사업변경이 국장선인지 혹은 그 윗선인지 불분명하므로 이를 먼저 확인하는 일이 선행되어야 할 것이다.

넷째, 주무관에게 동기부여를 통해 박람회 업무를 하도록 하겠다는 방안이 효과적일지 잘 모르겠지만 과장으로서 주무관을 설득하고자 하는 마음은 일리 있어 보인다.

피평가자 B의 조치내용

○ 직업체험 및 채용정보 전시회
  - 프로그램 회의개최
  - 대행사 수의계약 가능여부 파악, 기존 참여업체 위주 검토
○ 토크 콘서트
  - 별도 진행 대행업체 물색 (예산 2천만 원, 홍보비 5백만 원)
○ 담당사무관 면담
  - 박람회 개최준비 조속 진행, 내일까지 진행일정 제출 지시
  - 행사준비 내용을 전체 과원과 협의 조정할 계획임을 알리면서 전체 과원 대상으로 업무분담 용의도 표명
  - 소극적인 주무관을 설득하여 적극 돕도록 지시할 예정임
  - 매주 화/목요일 2회 진행 상황 보고 지시 (추진사항 점검차)

피평가자 B의 조치내용에 대한 필자의 피드백

첫째, 전시회와 콘서트에 대해 대행업체를 찾아 세부업무를 맡기겠다는 발상을 보여 주고 있다. 이런 조치는 피평가자 A와 같이 전시회와 콘서트에 대한 피평가자의 컨셉 부여나 프로그램의 구체화 흔적이 보이지 않는다. 즉, 컨셉을 부여하고 프로그램 방향을 제시하면서 대행업체에게 세부적인 진행을 위탁하는 것은 무방하지만 본인의 생각은 전혀 제시하지 않고 절차적 측면만 부각시키는 것은 옳은 대응방법이 아니다.

둘째, 사무관에게 일정을 정해 구체적으로 업무를 지시하고 주무관이 돕도록 조치를 취하겠다고 언급하는 점 모두 '구체적 업무 지시'와 '부진 업무의 애로사항을 해결'하는 성과 관리의 역량을 잘 드러내 주는 조치사항이다.

셋째, 주 2회씩 업무 추진상황을 점검하겠다는 것도 성과관리의 마지막 단계인 모니터링을

하는 것으로 적절한 조치사항에 해당된다.

이상 두 사람의 조치사항에 대한 피드백 내용을 바탕으로 성과관리 역량을 구현하는 방법을 살펴보면 다음과 같다. 이 사례에서 부진한 업무는 첫째, 구체적인 전시회 컨셉과 프로그램이 확정되어 있지 않은 상태에 놓여있는 직업체험 및 채용정보 전시회, 둘째, 행사 명칭 이외에 구체적으로 논의된 사항이 없는 토크 콘서트, 두 가지이다.

그리고 이 두 가지 업무가 제대로 진전되지 못하고 있는 원인은 다음 세 가지 정도인 것으로 보인다.

(1) 윗선의 잦은 정책방향 변경,

(2) 담당 사무관의 과중한 업무,

(3) 같이 일하는 주무관의 소극적 업무수행 태도가 그것이다.

'부진한 업무의 원인을 찾아 해결하는' 것이 성과관리 역량의 중요 부분이므로 첫 번째 원인인 '윗선의 잦은 정책방향 변경' 건에 대하여 그간의 경위를 확인하여 해결방안을 강구함으로써 두 가지 부진한 업무에 대하여 조속히 구체적인 컨셉과 프로그램을 정리하여 우리부처의 내부방향을 확정하고 청와대 등 관계기관과의 협의를 진행시켜야겠다고 생각한다.

다음으로 '담당 사무관의 과중한 업무' 건에 대하여는 과연 그러한지 살펴보고 정말로 업무가 편중되게 부하되어 있다면 업무분장을 실시하되 박람회 개최 시까지는 현 체제를 유지하고 과 내 다른 인력을 투입하여 담당 사무관을 돕도록 하는 방안이 불가피할 것이라고 판단한다. 그리고 세 번째, '같이 일하는 주무관의 소극적 업무수행 태도' 건에 대하여는 주무관 면담을 통해 소극적 업무수행의 원인을 직접 알아보고 소극적 업무수행이 파견 건으로 인한 것이라면 파견 갈 때까지 적극적 업무수행을 독려하는 등 면담내용에 따라 필요한 코칭을 해야겠다고 생각한다. (*이런 생각을 필자의 조치내용으로 정리하여 다음 페이지에 수록하였으니 참고하기 바란다.)

3) 업무 진행 상황을 정기적으로 모니터링하라.

성과를 관리하는 마지막 세 번째 단계는 추진 중인 업무의 진행 상황을 점검하고 파악하여 문제 발생소지를 사전에 예방하는 것이다. 위의 조치사례 ②에서 추진사항을 점검하기 위해 매주 화/목요일 2회 진행 상황을 보고하라고 지시하는 것은 성과관리 역량이 체질화되어 있는 증거로 볼 수 있다.

계획대비 부진한 업무에 대해 구체적으로 처방전을 제시하고 부진사유를 제거하는 것도 중요하지만 일회적인 지시로 끝내지 않고 지시사항이 제대로 실행되는지를 파악하기 위해 주기적으로 점검하고 챙기는 것은 상사의 기본적 태도라는 점을 잊지 말아야 한다.

『청년채용 박람회 사업추진』에 대한 필자의 조치내용

1. 직업체험 및 채용정보 전시회: 컨셉을 '인더스트리 4.0 시대의 산·학·연 협력을 통한 직업체험 성공사례'로 정함
   - 이틀 후 관계기관 전문가 회의 개최하여 프로그램 초안 확정
   - 초안 확정후 장차관 보고 및 관계기관 협의 진행
2. 토크 콘서트: 청년 취업 및 창업으로 성공한 국내·외 젊은 명망가를 초청하여 각각 3회 진행
   - 초청연사를 대중소기업 취업 및 창업 두 가지 분야에서 선정
   - 이틀 후 관계기관 전문가 회의에서 병행 논의 거쳐 초안 마련
3. 담당 사무관 면담
   - 업무 과중 여부에 대한 확인 및 추후 업무분장 확약, 단 박람회 마무리할 때까지 추가 인원 투입 및 담당사무관으로서 최선을 다하도록 당부
   - 동료 사무관의 주무관 업무지시 건 확인 및 대응: 필요하다면 동료 사무관에게 사과 및 과 내 원활한 협조분위기 조성토록 지시
4. 주무관 면담
   - 소극적 업무수행 여부 확인: 파견 때까지 성실히 일하도록 코칭
   - 기타 다른 원인 확인 시 필요사항 대응 및 조치
5. 박람회 추진현황 점검: 주 2회 진행상황 보고토록 지시

---

4) 긍정적/부정적 행동특성 예시

〈목표수립과 공유〉

긍정적 행동특성	부정적 행동특성
+ 조직의 미션과 전략을 반영하여 목표를 수립함 + 문제점과 1:1 연계한 실행방안을 제시함 + 상황에 부합하는 외국사례를 활용하여 실행방안을 제시함	+ 자료에 없는 본인의 주관적 생각을 실행방안으로 제시함 + 실행방안의 목표 정합성이 부족하여 단편적 대안 제시에 그침 + 핵심 실행방안으로 제시된 대안의 논리적 근거가 부족함

긍정적 행동특성	부정적 행동특성
+ 실행방안이 구체적이고 현실적임	+ 복수의 실행방안을 중요도 또는 우선순위에 따라 언급하지 못함 + 실행 목표의 구체성과 실현 가능성이 미흡함 + 목표실행방안이 구체적이지 못하고 실행 평가방안도 없음

〈실행관리: 실행력 확보〉

긍정적 행동특성	부정적 행동특성
+ 실행방안 성공을 위하여 관련부처 협력, 전문가 네트워크, 재원, 교육 등 자원을 활용함 + 인적·물적자원 외에 자문이나 기술협력 등 보이지 않는 자원도 활용함 + 대안의 실행에 필요한 자원을 다각도로 강구함	+ 목표달성에 필요한 자원 및 확보방안을 언급하지 않음 + 유관기관과의 협력방안 누락됨 + 실행과정에서의 문제 발생가능성 및 대응방안 인식이 부족함

〈실행 점검: 업무 모니터링과 대응〉

긍정적 행동특성	부정적 행동특성
+ 실행과정의 정상적 진행 여부와 문제점 발생 시 대처방안을 언급함 + 예상 장애요인과 그 해결대안을 제시함 + 모니터링 방안으로 만족도 실시와 같은 사례를 제시하여 구체성을 보여 줌 + 핵심 실행방안의 실행과정을 주기적으로 모니터링함 + 부진업무 실태와 그 원인을 파악하고 맞춤형 솔루션을 제시함	+ 구체적인 점검포인트와 점검방안을 제시하지 못함 + 진행과정을 점검한다는 언급만 할뿐 구체 방안을 제시하지 못함 + 모니터링 과정에서 파악한 부진 업무의 발생원인에 대한 해결방안을 제시하지 않고 방치함 + 실행방안 관리를 위한 종합적, 장기적 점검방안을 제시 못함

4 조직관리 역량

조직관리 역량을 강화하기 위해서는

① 조직이 처한 내·외부 환경을 파악하고,

② 업무 추진에 필요한 인적·물적 자원을 확보한 후에,

③ 확보한 인적·물적 자원을 적재적소에 배분하여 업무의 효과적 수행을 도모하여야 한다.

조직관리란 개념은 행정조직과 행정관리 모두를 포함하는 넓은 의미로도 많이 사용되지만, 여기서는 조직 운영에 필요한 인적·물적 자원을 확보하고 활용하는 좁은 의미로 이해하기로 한다.

1) 업무 추진에 필요한 인적·물적 자원을 확보하라

조직관리의 기본은 조직의 목표 달성에 필요한 인적·물적 자원을 확보하는 것이다. 조직관리 역량이 뛰어난 리더는 조직의 예산도, 인원도 늘릴 가능성이 크다. 소속된 조직의 강점과 약점을 파악하고, 외부환경의 변화와 기회 및 위협요소를 정확히 진단하면서 필요한 자원을 제공할 수 있는 관련 조직의 구조와 특성을 감안하여 업무 추진에 필요한 인적·물적 자원을 확보하는 노력을 할 줄 알기 때문이다. 이러한 노력에는 공식적·비공식적 노력이 모두 포함되는데 자원확보를 위해서는 폭넓은 네트워크를 구축할 필요도 있다.

예컨대, 예산이나 인원을 배정받고자 할 때 소속 조직만 아니라 다른 부서의 주장도 일리 있는 경우가 대부분이다. 그렇기 때문에 공식적인 자리에서 협상이 이루어지기는 현실적으로 매우 힘들다. 이러한 경우 공식적인 협조요구와 함께 폭넓은 네트워크를 통해 많은 도움을 받게 되기도 한다. 그리고 위선에서만의 협조 약속으로는 소기 성과를 거두지 못하는 경우도 종종 있다. 정부조직에서 실무자의 권한이 생각보다 클 수도 있기 때문에 실제로 타 부서와 어떤 일을 성사시키기 위해서는 업무를 실제 담당하는 사무관이나 주무관까지 협조를 구할 필요도 종종 발생한다.

2) 인적 자원(또는 물적 자원)을 적재적소에 배치하라

'조직은 사람이다'라는 말을 많이 들어 봤을 것이다. 실제로 그러하다. 조직의 성패를 가름 짓는 요소로 업무환경의 변화도 중요하지만 구성원들이 능동적으로 업무를 수행하면서 조직의 위기상황에 대처하는 역량은 더 중요한 요소이다. 조직의 목표와 부서원 개개인의 목표를 통합하는 리더일수록 이러한 조직관리에 능하며 이러한 리더는 부서원이 적재적소에서 본인의 역량을 최대한 발휘할 수 있는 환경을 조성할 줄 안다. 편중된 업무의 분장, 부서원이 수긍하지 못하는 근무평정, 공정한 기준이 마련되어 있지 못한 각종의 성과보상책 등이 상사의 조직관리 역량을 저하시키는 변수들임을 깊이 유념하여야 한다. 부서원의 적재적소 배치에 관한 조직관리 역량을 관찰하는 평가과제에 단골로 나타나는 유형은 업무편중에 따른 업무의 조정, 파견·결원 등 업무 공백에 따른 업무 재분장, 전보 희망 등에 따른 인사 고충처리 등이다.

적재적소 배치의 핵심은 무엇일까?

우선, 업무의 쏠림현상이 없어야 한다. 과중한 업무를 지속시키면 업무의 효과적 추진이 힘들어지고 조직의 성과를 제대로 내기 어렵다는 것은 주지의 사실이다. 다음으로, 업무의 경중을 고려하여 배치하되, 가급적 직원의 희망을 반영하여 배치하고 희망대로 배치하기 곤란한 경우 낙심하지 않도록 잘 설득하는 모습도 진지하게 보여야 한다.

다음의 사례를 통해 조직관리 역량의 구현방법을 살펴보자. 독자 여러분이 다음의 관광진흥과 장이라면 조직개편안에 대해 어떤 검토의견을 제시할 것이며, 과중하고 중복된 업무를 어떻게 합리적으로 조정하면서 직원들의 인사 희망 내지 고충을 고려하는 인사배치안을 만들겠는가? 다소 복잡하게 느껴질 수 있지만 실제 평가상황으로 생각하고 작성해 보기 바란다.

가칭 '행복시' 기획조정실은 관광진흥과장에게 시장님이 급변하는 행정환경에 능동적으로 대처하기 위해서는 조직 효율화가 필요하며 외부전문가 용역결과를 바탕으로 조직개편 작업을 진행할 것을 밝히셨음을 강조하면서 관광진흥과에 대한 외부컨설팅 최종보고서에 의하면 조직축소(정원 축소 및 팀 통합)가 적합하다는 결과가 도출되었다면서 이에 대해 특별한 반대가 없으면 최종보고서대로 조직개편이 추진될 것임을 통보한다. 아울러, 과 직원 인사 고충 상담기록을 첨부하면서 개편될 조직의 구성안도 함께 제시해 줄 것을 요청한다. 조직진단 결과와 관광진흥과의 업무 분장, 업무내용 분석현황과 인사 고충 상담기록은 아래와 같다.

(표 4) 관광진흥과 업무분장표

정책팀	강천우	팀장 행정주사	· 정책업무 총괄
	이동철	행정주사보	· 관광진흥 정책 수립
	정휘순	행정주사보	· 관광단지 선정·관리
	이강민	행정주사보	· 관광앱 개발
관리팀	박근우	팀장 행정주사	· 관리업무 총괄
	김수정	행정주사보	· 관광단지 선정·관리
	김아영	행정주사보	· 관광수요 및 관광 만족도 조사
	김경희	행정주사보	· 관광호텔 등록/현황 관리 · 여행사 관리

지원팀	홍수민	팀장 행정주사	· 지원업무 총괄
	안수영	행정주사보	· 관광시설 관리·운영 · 관광단지 지원
	진혜숙	행정주사보	· 관광시설 관리·운영 · 관광호텔/여행사 지원
	한인영	행정주사보	· 행정/인사 지원 (조직개편 컨설팅 TFT 담당)

(표 5) 관광진흥과 적정인력 진단결과

구분	현원 (명)	업무량[1] (시간)	적정인원[2] (명)	과부족
정책팀	4	927	5.27	1명 부족
관리팀	4	843	4.79	1명 부족
지원팀	4	509	2.89	1명 초과
총계 (과장 제외)	12	2,279	12.95	<u>1명 부족</u>

* 적정인력 진단결과로는 1명 부족으로 나타남
* 다만, 기능별 업무내용 분석결과 팀 별로 중복된 업무가 많이 있어 조직축소를 통한 업무효율화 가능성이 높다고 판단됨

(표 6) 기능별 업무내용 분석

구분 (기능별)	업무내용	담당부서	업무량	직무 난이도
정책기획 및 수립	관광진흥계획 수립	정책	대	상
	관광단지 선정·관리	정책/관리	중	중
	관광 앱 개발	정책	중	상

---

1) 해당부서 직원 전체의 월 평균 근무시간으로서, 월은 22일 기준으로 산정함.

2) 1일 평균 근무시간(8시간) 기준, 해당 업무량을 수행하기에 적합한 인원수(적정인원=업무량/8시간/22일)

구분 (기능별)	업무내용	담당부서	업무량	직무 난이도
관리사업	관광단지 관리	관리	중	중
	관광시설 관리·운영	관리	중	중
	수요조사/만족도 조사	관리	상	중
지원사업	관광단지 지원	지원	중	중
	관광시설 지원	지원	중	중
	관광호텔/여행사 지원	지원	중	중

(표 7) 인사 고충 상담기록

성명	소속팀	인사 고충 및 애로사항
강천우	정책팀(팀장)	특이사항 없음
이동철	정책팀	업무량 과중, 외부전문교육 희망
정휘순	정책팀	업무량 과중, 보조인력 충원요청
이강민	정책팀	업무량 과중, 보조인력 충원요청
박근우	관리팀(팀장)	특이사항 없음
김수정	관리팀	7월부터 육아휴직 신청예정
김아영	관리팀	8월부터 출산휴가 신청예정
김경희	관리팀	특이사항 없음
홍수민	지원팀(팀장)	특이사항 없음
안수영	지원팀	단순반복 업무라서 보람 없음 정책팀 업무 희망
김혜숙	지원팀	정책팀 업무 희망
한인영	지원팀	전공 살릴 수 있는 부서로 전보 희망

먼저 조직개편안에 대한 처리사항부터 살펴보자. 대다수 공무원들은 관광진흥과 정원을 축소하는데 반대하는 의견을 표명한다. 최소 현행 유지에서 1~2명 증원 등의 의견이 주종을 이룬다. 적정

인력 진단결과가 1명 부족으로 나왔고 또 향후 관광진흥업무 확대가능성을 고려하면 다소 업무분장상 중복이 있다 하더라도 1명 축소는 과장으로서 수용하기 어렵다고 본다. 팀장 통합은 더욱 곤란하다는 의견들이다. 과장으로서 자기 부서의 팀장 TO를 줄이는 것은 무능한 상사라는 DNA가 몸에 배어 있는 듯한 응답이 대부분이다.

이러한 대응이 잘못되거나 이상한 것은 아니다. 매우 현실적 대응이다. 그러나 조직관리 역량 평가에서의 과제 처리는 현실적이라기보다는 합리적/논리적 해결이어야 한다. 적어도 시장님이 급변하는 행정환경에 능동적으로 대응하기 위해 조직개편을 추진하고 있고 진단결과 팀 통합을 포함한 정원축소가 가능하다는 결론에 이르렀다면 시정을 같이 책임지는 과장으로서는 자기 부서의 이익만을 볼 것이 아니라 시정 전반을 바라보는 넓은 시야를 갖고 진단결과를 우선 존중해야 한다. 다만, 진단결과를 수용할 경우 과 운영에 막대한 어려움이 예상된다면 반대의견을 낼 수도 있다. 대신, 그 근거와 논거가 명확해야 한다.

이 과제를 객관적으로 보면 과장으로서 조직진단 결과를 수용하지 않을 반대명분이 약하다. 업무의 중복성이 많아 조직을 축소하면 업무효율화가 이루어질 가능성이 높기 때문이다.

정책팀은 업무가 과중하여 인력이 충원될 필요가 분명하다. 그런데 정책팀 업무 중 관광단지 선정·관리 업무는 관리팀 업무와 중복되어 있고 그 업무량은 많으며 업무난이도는 중간정도이다. 정책팀의 관광단지 선정·관리 업무는 관리지원팀으로 이관하고, 지원팀에서 맡고 있던 행정/인사지원 업무는 주무팀인 정책팀으로 이관시킨다.

지원팀의 관광시설 관리·운영 업무 담당과 관광호텔/여행사 관리·지원 업무 담당자가 두 명이고, 이 두 명이 하는 관광단지 지원 및 관광호텔/여행사 지원업무는 관리팀의 업무와 중복되어 있어 업무 조정이 필요한 상황이며 해당업무의 업무량과 난이도를 감안할 때 관광시설 관리·운영 한 명, 관광호텔/여행사 관리 및 지원 한 명으로 조정하면 업무 중복성도 해소하고 업무 분장도 명확해질 것으로 보인다.

문제는 진단결과에서 제시하고 있는 팀 통합 건이다. 관리업무와 지원업무가 중복되는 측면이 많으므로 팀을 통합한다면 관리팀과 지원팀을 통합하는 것이 자연스럽다. 물론 정책팀과 관리팀을 통합할 수도 있으나, 정책팀 업무 과중을 감안하면 관리업무까지 추가하는 것은 합리적 대안이 아닐 것 같다. 따라서 관리팀과 지원팀을 관리지원팀으로 통합하고, 관광시설 관리업무와 관광단지 관리업무를 구분 관장토록 한다. (이러한 필자의 조치내용이 독자의 생각과 당연히 다를 수 있다. 역량평가 시 과제 처리에 있어 4지 선다형 문제와 같은 정답이 있는 것은 아니다. 중요한 것은 과제를 처리하는데 객관적으로 설득력이 있는 나름대로 논리와 이유를 제시할 수 있으면 충분하다.)

다음으로 인적 자원을 적재적소에 배치하는 조치내용을 검토한다. 먼저, 관리팀과 지원팀을 통합하기로 하였으므로 두 팀장 중 한 명은 방출대상이 된다. 해당 팀장들과의 면담을 통해 희망자를 선정하되, 가급적이면 관광진흥과에 오래 근무한 팀장을 타 부서로 배치하는 것이 순환전보 차원에서 바람직할 것 같다. 그리고 정책팀 업무분장의 변경과 인사 고충 사항을 종합 고려하여 정책팀 인사배치(안)을 다음과 같이 구상한다. 강팀장은 유임시키고 관광시설 관리업무는 관리팀으로 이관키로 하였으므로 이 업무를 담당하고 있는 정휘순은 관리지원팀으로 이동시킨다. 관광진흥 계획업무는 업무 부담 가중으로 추가 배치가 필요한 상황이므로 정책팀 근무를 희망하는 지원팀의 안수영, 김혜숙 중 지원팀에 더 오래 근무한 안수영을 정책팀으로 추가 배치한다. 지원팀 한인영이 담당하는 업무를 정책팀으로 이관하면서 전출 희망하는 한인영과의 면담을 통해 전출여부를 최종 확정한다.

지원팀의 경우, 정책팀에서 관광단지 선정·관리업무를 담당하는 정휘순을 지원팀으로 배치하여 육아휴직 예정인 김수정과 함께 업무를 담당토록 하여 업무의 연속성을 유지하고, 관광시설 관리·운영업무는 김혜숙, 관광호텔/여행사 관리·지원 업무는 김경희가 전담토록 함으로써 업무 분장을 명백하게 하고 업무중복성을 없앤다. 이를 표로 정리하면 다음과 같다.

(표 8) 관광진흥과 인사배치(안)

정책팀	강천우	팀장	· 정책업무 총괄
	이동철	행정주사보	· 관광진흥계획 정책수립
	안수영	행정주사보	· 관광진흥계획 수립 보조
	이강민	행정주사보	· 관광 앱 개발
	한인영/외부전입	행정주사보	· 행정/인사지원
관리지원팀	박근우/홍수민	팀장	· 관리지원업무 총괄
	김수정	행정주사보	· 관광단지 선정·관리 (육아휴직 예정)
	정휘순	행정주사보	· 관광단지 선정·관리
	김아영	행정주사보	· 관광수요 및 관광 만족도 조사 (출산휴가 예정)
	김경희	행정주사보	· 관광호텔/여행사 등록·관리·지원
	김혜숙	행정주사보	· 관광시설 관리·운영

* 총 1명 감축: 팀 통합과 업무효율화로 2명 감축, 정책팀 1명 보충

3) 긍정적/부정적 행동특성 예시

〈자원의 확보〉

긍정적 행동특성	부정적 행동특성
+ 소속된 조직과 유관 조직 간의 이해관계를 고려하고 핵심 이해관계자를 파악함 + 필요 인적/물적 자원을 구체화함 + 자원확보를 위한 다양한 출처를 파악함(상급부서, 타 부서와의 협력 및 우호관계 등 고려) + 자원확보 방안을 수립/실행함 + 인적·물적 자원 확보를 위해 내외부 조직의 협조 방안을 이끌어냄 + 업무의 원활한 추진을 위해 필요한 부분을 확인하고 대안을 제시함	+ 업무 협조가 필요한 내외부서 및 해당업무에 대한 이해가 부족함 + 관련 조직 간의 관계와 특성을 부분적으로만 파악함 + 업무 완수를 위해 확보할 자원이 무엇인지 정확하게 언급하지 못함 + 인력 충원이나 업무조정 필요성만 언급할 뿐 구체적 방안을 명확하게 제시하지 못함 + 자원 배분 시 업무 성격 및 직원 특성보다 업무 형편을 주로 고려함

〈자원의 조직화〉

긍정적 행동특성	부정적 행동특성
+ 업무의 특성과 직원의 성향을 고려하여 업무를 조정함 + 업무의 효율적 진행을 위해 인적/물적 자원을 적재적소에 배분함 + 업무의 중요성과 우선순위를 기준으로 인적/물적 자원 활용계획을 수립함 + 개인보다 조직의 목표 달성을 중시하여 상호 협조할 것을 강조함	+ 목표달성시 장애요인에 대한 고려가 부족하고 자원배분의 구체적 방안 제시가 미흡함 + 자원배분시 내외부 환경과 업무량 등을 종합적으로 감안하지 못함 + 단기적 해결에 급급하여 결정에 따른 파급효과를 고려하지 않고 퍼주기식 지원방안을 제시함 + 타 조직이나 관련 부서와의 협력 우호관계 중요성을 인식하지 못함

5 팀워크지향 역량

팀워크지향 역량을 강화하기 위해서는

① 중간관리자로서 상사와 부하직원 간 매개를 원활하게 하고,

② 부하직원 간 업무를 둘러싼 이견과 갈등의 소지를 파악하고 조정하여 시너지효과를 내도록

해야 한다.

원래 팀이란 '공동의 목적과 목표를 달성하기 위해 상호 보완적인 능력과 경험을 갖춘 구성원들이 신뢰를 바탕으로 협력과 조화를 통해 시너지를 창출해 나가는 집단'이며 팀워크란 여럿이 함께 일하는 것이다.

1) 상사와 부하의 중간에서 상호 입장을 전달하고 잘 조율하라.

중간관리자는 조직에서의 역할에 따른 구분이므로 직급에 관계없이 대부분 중간관리자라고 볼 수 있다. 차관은 장관과 실·국장 사이의 중간관리자이고 국장은 장·차관과 과장 이하 국직원 사이의 중간관리자이며, 과장은 국장과 과원 사이의 중간이며, 사무관이나 팀장은 과장과 팀원 사이의 중간관리자이다. 조직에서 중간관리자는 상사와 부하직원의 중간적 위치에서 어떤 역할을 담당해야 하는가?

상사에게는 부하직원의 고충이나 의견을 잘 전달하고 부하직원에게는 상사의 방침과 의지나 지시사항을 명확하게 전달해야 한다. 상하를 매개하고 의사소통을 촉진하는 역할이다.

중간관리자로서 상사와 함께 조직의 성과를 최대한 거양하기 위해 상사를 의도적·계획적으로 지원할 필요가 있다. 이러한 지원은 상사에 대한 아부나 아첨과는 구분되어야 한다. 상사에 대한 지원은 상사의 지시와 결정을 이해하고 수용한다는 뜻이며, 상사가 처한 입장과 상황을 이해하면서 상사의 방침과 의지, 결정배경을 이해하고 공유하는 것을 의미한다.

중간관리자는 상사에게 부하직원의 의견이나 고충을 적기에 전달하고 고충을 해결해 주는 노력을 게을리하지 말아야 한다. 그러려면 우선, 부하직원과의 허심탄회한 대화가 선행되어야 하므로 부하직원이 자기의 고충과 생각을 말하고 싶어 하는 상사가 되어야 한다. 대화하기 전 미리 부하직원의 최근 근황이나 업무진척 상황, 심리상태 등에 대해 나름대로 파악하고 대화 중에는 경청하면서 상대방의 생각이나 의견, 감정 등을 확인하고 그렇게 생각하게 된 원인도 파악하면서 공감을 나타내는 것이 대화를 성공적으로 끌어가는 효과석인 방법이다.

상하매개 역할에 관한 사례를 통해 팀워크 지향 역량을 연습해 보자. 과제의 배경 상황은 다음과 같다.

> 행복도 관광진흥과 강천우 팀장은 맞춤형 서비스 추진을 위한 T/F의 총괄팀장인데 신임 과장이 기존의 업무계획을 변경하고, 새로운 업무를 맡는 등 의욕적으로 팀을 운영하고자 한다. 강팀장은 과장 지시사항 추진과정에서 본인이 해결할 수 없는 부분이 있어 문제점 해결을 위한 과장면담을 요청하였다.

(표 9) 맞춤형 T/F에 대한 신임 과장 지시사항

	원 계획	수정 계획
테크노파크 건립	· 상반기 테크노파크 1곳, 하반기 1곳 선정	· 테크노파크 2곳 동시 추진
관광정보 통합시스템	· 타과(전산담당관실)사업	· 관광진흥과도 통합시스템 운영점검 및 확인업무 참여
맞춤형 T/F 운영관련	· 추가 인력 배치 등 지원	· 맞춤형 T/F 직원 간 업무협조 강화

(표 10) 변경되는 과장 계획에 대한 직원들 의견

테크노파크 건립	· 테크노 파크 2곳 동시 추진은 무리 · 당초 계획대로 추진하는 것이 운영 내실화 기대
관광정보 통합시스템	· 현 맞춤형 T/F 업무도 과중한데 타과 업무까지 담당하는 것 이해 안 됨-시스템 연계 확인 많은 시간 요하는 업무임 · 굳이 한다면 담당은 곤란하고 지원형태로 참여 희망
맞춤형 T/F 운영관련	· 신규 김미래 주무관 맞춤형 업무도 처음이고, 소극적 업무수행으로 별 도움 안 됨 · 다른 업무숙련자로 교체 또는 김주무관의 업무를 명확히 분장하여 주도적으로 자기업무를 처리토록 조정 희망

독자가 최사무관이라면 과장님에게 중간관리자 입장에서 어떤 식으로 직원들의 의견을 전달하고 과장님과 의견을 조율하겠는가?

세 가지 면담 사안 중 강팀장이 제일 먼저 언급할 내용은 맞춤형 T/F 운영 관련이 적절하다. 왜냐하면 과장의 지시사항이기도 하고 의견조율 과정에서 충돌 가능성이 제일 적기 때문이다. 직원들은 김주무관 교체나 업무분장 명확화 둘 중 하나를 요구하고 있는데 강팀장 입장에서는 과장께서 신규로 투입한 직원이므로 교체여부를 검토할 필요는 없어 보인다. 단지, 과장에게 김주무관이 잘 적응하고 자기 역할을 단독으로 수행할 수 있도록 하는 업무분장안을 설명하고 허락을 받으면 될 것 같다.

두 번째 면담내용은 관광정보 통합시스템 관련이 무난해 보인다. 우선은 통합시스템이 맞춤형 서비스 일환이므로 우리 과와 관련성이 있다는 과장의 견해에 공감을 표하되, 지금도 직원들이 밤늦게까지 야근하는 등 업무가 과중한 상태인데 시스템 확인과 점검 업무가 시간을 요하는 업무라서 이를 맡게 되면 일손 부족으로 본연의 업무마저 부실해질 우려가 있다고 말하는 것이 좋다. 그래도 과장이 주도적으로 관리해야 된다고 주장하면, 직원 추가투입을 건의하고 그것이 여의치 않을 경우 시스템업무를 담당하지는 못하더라도 주무과인 전산담당관실 업무를 지원하는 선에서 과

간 협의를 하겠다고 언급하도록 한다.

세 번째, 테크노 파크 건립 건으로 과장 지시대로 동시에 테크노 파크 2개소를 선정하고 건립을 추진하는 것은 현실적으로 어렵다는 점을 명확하게 한다. 어려운 이유로

① 상반기 1곳 선정 후 운영경험을 토대로 관내 다른 지역 1곳을 선정하게 되어 있다는 점,

② 테크노 파크에 입주할 여러 기관과의 협의가 필요하며 협의에 시간이 걸린다는 점,

③ 조기 성과에 집착하다가 테크노 파크에 대한 무용론 등 비판이 생기면 오히려 향후 테크노 파크 운영에 지장을 초래하게 되므로 당초 계획대로 신중하게 추진하여야 한다는 점 등을 잘 설명한다. 그러나 과장이 이러저러한 이유를 들어 동시 선정을 끝까지 주장하면 본인과 직원들도 최선을 다하겠지만, 선정에서 제외된 지역의 반발 등 문제에 대해 과장의 주도적 노력을 당부하는 선에서 정리하도록 한다.

2) 부하직원 간 갈등의 소지를 파악하고 적절하게 대처하라

갈등(葛藤)의 갈(葛)은 칡을 의미하고, 등(藤)은 등나무를 말한다. 칡과 등나무는 둘 다 줄기가 땅 위를 기면서 자라거나 다른 나무나 물체에 의지해 자라는 덩굴식물이다. 그러나 같은 덩굴식물이라도 칡은 오른쪽으로 덩굴을 감으면서 자라고 등나무는 왼쪽으로 타고 올라간다. 따라서 칡과 등나무가 만나 서로 얽히면 그것을 풀어내기가 매우 힘들다는 뜻에서 갈등이란 용어가 나왔다고 한다.

어느 조직이나 항상 갈등은 있기 마련이다. 역동적으로 목표달성을 위해 노력하는 조직일수록 더욱 그러하다. 갈등은 새로운 해결책을 만들어 주는 기회를 제공하므로 갈등관리를 잘 할수록 대인관계의 효과성과 조직의 성과에 긍정적 영향을 주고 조직의 응집력을 한 단계 높이게 된다. 갈등이 발생하는 원인은 다양하다. 재원이나 인력, 시간과 같은 자원이 부족해서 발생하는 갈등도 있고, 조직 내 책임영역이 불명확한 데서 오는 갈등도 있으며, 불충분한 의사소통으로 인한 오해에서 오는 갈등도 있다. 조직 구성원들이 추구하는 목표가 다른데서 오는 갈등도 있고 개인 성격이나 조직 내 역할의 차이에서 발생하는 갈등도 있다. 성공적인 갈등관리는 재론의 여지없이 갈등 발생원인에 대응하는 맞춤형 해법을 제시하는 데 있다. 자원의 희소성이나 책임의 모호성에 기인하는 갈등은 조직관리 역량을 발휘하여야 하고, 목표의 차이로 인한 갈등은 성과관리 역량으로 대응할 필요가 있다. 부족한 의사소통이나 개인차로 인한 직원 간 갈등을 해소하기 위해서는 상호 간 신뢰가 형성될 수 있도록 어느 한 편을 비난하거나 다른 한 편에 동조하지 말고 제3자적 입장에서 상호 간 장점을 인정하고 이해가 증진되도록 원활한 의사소통 통로를 만들 필요가 있다. 이 경우 갈등관리의 핵심은 공감과 소통이다.

공감과 소통에 있어 주의할 점 하나는 '공감'과 '인정'의 차이를 정확하게 이해하여야 한다는 점이다. '공감'은 상대방의 발언내용에 대한 옳고 그름을 판단하기에 앞서 상대방의 감정이나 마음에 대해 자기도 그렇다고 느껴주는 것이지만, '인정'은 상대방의 발언이 옳거나 확실하다고 여기는 것이다. 가령, 두 부하직원이 갈등을 빚고 있어 업무협조가 잘 안되는 문제에 직면하여 독자가 상사로서 한 직원과 면담을 하는데 그 직원이 다른 직원의 언행에 대해 자기는 억울하고 상대 직원이 문제투성이라면서 불만을 털어놓는다고 하자. 이러한 발언에 '공감'하는 상사는 "상대 직원의 언행 때문에 많이 속도 상하고 힘들겠군요"라고 발언하지만, 이런 발언을 '인정'하는 상사는 "상대 직원의 언행에 대해 나도 같은 생각이라면서 그 직원은 문제가 많다"고 맞장구치는 발언을 하게 된다. 이러한 상황에서의 상사로서의 발언은 조심스러워야 한다. 두 직원 모두 같이 일하는 직원들이고 두 직원 간 협조와 파트너쉽은 조직의 성과관리에 필수적인데 상사가 어느 한 직원의 발언에 동조하여 편을 들어버리면 다른 한 직원은 따돌림의 대상으로 전락하게 되어 팀워크를 촉진할 수 없게 되기 때문이다.

6 의사소통 역량

일반적으로 팀점수는 팀을 구성하는 개인점수의 평균보다 낮다고 한다. 왜 그럴까? 점수가 높은 개인이 자기 의견을 충분히 개진하지 않고 (소통의 부족), 점수가 낮은 개인이 자기 의견을 과하게 주장한 (경청의 부족) 결과이다. 의사소통 역량을 키우기 위해서는

① 상대방의 말과 태도에 집중하여 상대의 생각과 의도를 정확히 이해하고,

② 자신의 생각과 의견을 효과적으로 전달하여야 한다.

1) 경청으로 상대방의 뜻을 정확히 이해하라

경청의 어의는 상대방의 말에 귀를 기울여 주의 깊게 듣는 것을 뜻한다. 경청의 중요성을 모르는 독자는 아마도 없으리라 생각한다. 그런데 왜 경청이 안 될까? 왜 불통을 들먹이고 소통을 이야기하는가? 경청과 관련하여 '무엇이든지 남에게 대접을 받고자 하는 대로 남을 대접하라'는 성서상의 황금률을 상기해 보자. 나는 상대방이 어떤 식으로 내 말을 들어줄 때 기뻤는지, 어떤 반응을 보이고, 어떻게 반문하고, 어떻게 공감해 주었을 때 기분이 좋았었는지를 독자 여러분은 스스로 생각해 보라.

경청(傾聽)의 한자를 살펴보면 '경(傾)'은 경사진 것을 나타내는 '기울 경'인데 이는 상대방의 이야기를 듣기 위해 몸을 숙이고 들으라는 뜻이다. 이렇게 몸을 숙이고 상대방의 이야기에 귀를 기울

이면 상대방은 존중받고 대접받는다는 느낌을 받기 때문이다. 또한, 청(聽)은 '들을 청'자로 한자 구성을 살펴보면 귀(耳), 눈(目), 마음(心) 세 가지 한자가 들어 있는 것을 알 수 있다. 이는 상대방의 이야기를 들을 때 귀로 듣고, 눈으로 보고, 마음으로 공감하라는 의미가 숨어 있다고 하겠다.

커뮤니케이션 서적들에서도 상대방의 이야기를 들을 때 '몸을 앞으로 숙여라', '적절히 맞장구를 쳐라', '고개를 끄덕여라' 등등 기술적인 테크닉에 관한 설명을 많이 하고 있다. 조직사회에서는 기술적 테크닉만 제대로 보여 주어도 부하직원은 상사가 본인 의견이나 생각을 존중하는 것으로 느끼게 된다. 존중받는 느낌을 주는 대화는 성공하는 대화이며 상호 간 친밀도도 높아져 인간관계도 좋아지는 다목적의 효과를 거두기도 한다.

그러나 경청은 그 이상이어야 한다. 인내심을 갖고 상대방이 나에게 하고 싶은 말을 충분히 다하도록 분위기를 조성하는 것이 경청의 시작이라면 편견 없이 듣는 것은 경청의 마지막이다. 상대방이 사회적으로 특별한 것이 없으니까, 또는 아랫사람이니까 하는 자기 나름의 틀로 상대방을 재단하면 자기 생각 이상을 들을 수 없게 된다. 상대방의 언어적 및 비언어적 행동을 지각하고, 공감하고, 함께 느끼는 적극적인 행위가 바로 경청이다.

상대방 발언이 장황하거나 길어져서 발언 의중을 파악하기가 쉽지 않은 상황도 종종 발생하는데 그럴 경우 상대방의 발언 내용을 요약·정리하면서 상대방에게 되묻도록 한다. 되묻는 것은 상대방에게 신뢰감과 존중감을 주는 좋은 경청의 방법이다.

2) 자기 생각을 논리적으로 명확하게 표현하라

말을 잘하려면 첫째, 논리적으로 말하고, 둘째, 장황하지 않고 명료하게 말하며, 셋째, 바디 랭귀지를 적절하게 사용하여야 한다.

논리력의 기본은 '왜' 라는 물음과 '왜냐하면' 이라는 합리적 설명에 있다. 두괄식[3]으로 의견이나 주장부터 말하고 그 주장이나 의견의 근거가 되는 이유를 첫째, 둘째 순으로 설명하고 다음으로 관련된 통계나, 사례, 전문가 의견 등을 제시하는 삼각논리를 펼치면 설득력이 높아진다. '주장→논거→데이터' 로 이어지는 논리의 틀을 머리에 담고 있으면 매우 유용하다.

간결하면서도 명확하게 의사를 표명하는 것은 발언 내용 못지않게 중요한 표현방법이다. 조직사회는 장황하거나 설교조로 발언하는 것을 우호적으로 바라보지 않는다. 건설적이고 의미 있는 내용조차 평가절하당하기 십상이다. 그리고 같은 내용의 발언을 수차례 반복하는 것도 피해야 한다. 예산 증액이나 삭감을 다투는 토론상황에서 증액 필요성이나 삭감을 해서는 안 된다는 입장을 견

---

[3] 두괄식은 강조하고 싶은 내용을 앞부분에 두는 방식이고, 미괄식은 강조하고 싶은 내용을 뒷부분에 두는 방식이다. 논리적 표현은 대다수 두괄식으로 전개하는 것이 효과적이다.

지하는 것은 무방하다. 그렇지만 그러한 입장을 설명하는 이유는 다양하게 제시해야 한다. 반복해서 같은 이야기를 되풀이하는 것은 곤란하다.

또 자료에 있는 내용이나, 자료를 통해 유추가능한 정보를 활용하여 발언하고, 자료에 없는 내용을 본인의 상식이나 유추를 바탕으로 주장하지 않도록 유념한다. 그리고 상대방과 다른 의견을 제시하는 경우 직설적으로 하기보다 우회적으로 표현하는 것이 상대방의 감정을 안 건드리면서 할 말은 하는 어법이다.

비언어적 행동인 바디 랭귀지는 효과 높은 의사전달의 보조수단이다. 표정은 말보다 더 많은 말을 전달한다. 온화한 표정, 밝은 표정은 상대방을 기분 좋게 한다. 무기력한 표정을 짓지 말자. 시선 처리도 중요한 수단이다. 허공을 바라보지 말고 상대방에 시선을 두되, 여러 사람일 경우 한 사람씩 돌아가며 눈을 맞추도록 한다. 시선 처리 시 몸도 함께 움직이도록 하며, 눈을 맞춘다고 상대방의 눈을 뚫어져라 쳐다보는 것은 피하고 코와 입 사이인 인중 부근을 쳐다보는 것이 상대방을 불편하지 않게 한다는 점도 기억할 필요가 있다. 제스처를 상황에 적합하게, 자연스럽게 함께 사용하면 보다 효과적으로 의사를 전달하는 데 유리하며, 발언하는 자세도 등을 곧게 펴고 어깨의 힘은 빼고 겨드랑이를 벌리지 않으면서 반듯하게 유지하는 것이 편안해 보인다.

의사소통 역량이 커지면 상대방과의 협력관계를 유지하는 데 훨씬 수월해진다. 평상시 적극적인 관계를 유지하는 것은 필요할 때 상대방의 능동적 협조와 지원을 받는 데 큰 힘이 된다. 상대방 발언에 대해 개방적이고 협력적인 자세를 보이면서, 상대방의 주장 내용을 기억하고 공감 가는 의견에 대해서 적절하게 인정하는 반응을 보일 필요가 있다.

3) 긍정적/부정적 행동특성 예시

〈경청〉

긍정적 행동특성	부정적 행동특성
외형적 모습	
+ 상대방 발언에 고개를 끄떡이는 등 비언어적 반응 + 상대방의 이야기 도중 상대방을 주로 보면서 메모	+ 자기 자료 들여다보기에 바빠 고개를 숙이고 있음 + 시선 처리 등 비언어적 반응 없음 + 상대방 발언 시 메모하지 않음 + 토론 과정에서 자주 얼굴 등을 만지거나 턱을 괴어 산만한 느낌을 줌 + 대화 중 자료를 들척이는 행동

긍정적 행동특성	부정적 행동특성
반응 행태	
+ 상대방 발언에 집중하고 궁금한 사항을 확인 내지 질문함 + 상대방 질문 의도를 파악함 + 맞장구와 동의로 상대방 의견 존중과 공감형성 + 상대방 주장을 명확하게 파악하고 있음을 대화 내용으로 확인 가능함	+ 상대방의 의견을 정리하거나 확인, 질문 등 언어적 반응이 부족함 + 상대 발언의 맥락을 놓치고 토론에서 겉도는 모습을 보임 + 토론 시 자신 생각에 골몰하여 상대방 발언 핵심을 잘못 이해함

<효과적 발언>

긍정적 행동요소	부정적 행동요소
발언의 논리성	
+ 사업 필요성을 통계/사례 등 자료를 활용하여 논리적으로 설명 + 자신의 주장을 비언어적 행동을 사용하면서 일관성 있게 전달 + 상대방 발언을 자신의 언어로 정리/확인함 + 타 사업과의 연계 방안을 제시하고 상대의 의견을 구함	+ 자신의 주장을 일방적 또는 강압적으로 표현함 + 사업 설명할 때 구체적인 수치나 사례를 활용하지 못함 + 특정 이슈 논의 중 다른 이슈를 제기하여 논의 흐름을 방해함 + 불분명한 의견에 대해 확인하지 않고 넘어감 + 상대방 사업은 불필요하다면서 본인 사업은 별다른 근거 없이 중요하다고 주장함 + 사업 필요성을 자료에 근거하여 제시하지 않고 자신의 생각을 주장하는 수준에 그침 + 3자 토론에서 양자 간 논쟁할 때 제3자가 논의흐름을 놓치고 소외되어 있는 모습을 보임
표현 방식	
+ 의견 개진 시 핵심을 먼저 말하고 이어서 세부내용을 설명함 (두괄식) + 내용상의 경/중에 따라 강약을 달리하고 주요한 내용은 보다 힘주어 표현 + 간결하게 설명하면서 상대방 반응을 확인함 + 상대방의 주장을 정리하여 재질문하고, 상대방에게 의도적으로 발언의 기회를 줌	+ 상대방 발언을 차단함 + 말소리가 작거나 명료하지 못해 알아듣기 어려움 + 다른 부서 사업을 평가절하함 + 장황하게 설명하거나 같은 내용을 되풀이하여 강조함 + 발언 시 시선이 편중되고 제스쳐 등 비언어적 행동이 단조로움

7 이해관계 조정 역량

이해관계 조정 역량을 키우기 위해서는

① 당사자들의 대립되는 이해관계를 정확하게 파악하고

② 갈등상황을 해소할 수 있는 조정대안을 제시하며 적극적으로 타협하되, ③ 공격적·감정적 대응을 자제하고 우호적·협력적 관계를 유지하여야 한다.

1) 당사자들의 이해관계를 정확하게 파악하라

이해관계 조정 역량은 집단토론기법을 통해 평가하는 경우가 많다. 집단토론에서는 주로 자원의 희소성에 기인하는 갈등상황을 설정하고 이해관계 조정 역량이 발현되는지 여부를 관찰한다. 정책수요에 부응하기 위해 과를 신설하는 대신 기존의 다른 정책업무를 담당하던 4개 과를 3개 과로 축소하는 조직개편에 관한 토론, 상부의 예산축소나 증액 지침에 따라 관련 부서들이 기존에 확보한 예산을 조정하는 회의, 인력이 부족하여 업무가 과중되어 있는 부서들 중에서 외부기관에 직원을 파견할 부서를 결정하는 회의 등이 대표적인 자원의 희소성에 기인하는 갈등사례들이다. 이런 집단토론에 참여하는 피평가자가 우선적으로 할 일은 상대방 참가자들의 이해관계를 정확히 파악하는 일이다. 예산 조정을 위한 토론에서 상대방의 방어논리를 공격하기 위한 전략은 생각하지도 않고 단순히 본인이 대표하는 부서의 업무가 중요하므로 조정대상이 되어서는 안 된다는 입장만 주장해서는 방어논리도 궁색하고 상대방과 타협하려는 모습도 찾을 수 없어 이해관계 조정 역량을 잘 보여 줄 수 없다. 상대방의 방어논리를 공격할 수 있는 전략은 상대방의 이해관계의 핵심을 파악하는 데 있다.

예를 들어, 성 인식 개방화에 따라 증가하는 청소년 성문제 해결의 시급성을 감안하여 특별예산 100억 원이 배정되었고, 아래의 관련 3개 부처가 『청소년 성문제 해결을 위한 토론』에 참여하여 정책사업을 확정하는 회의를 갖는다고 하자.

교육부	성교육 강화: 일반 및 전문교사 교육, 시청각자료 개발
복지부	미혼모 지원 강화: 보호시설 확충, 취업 및 학업 지원
가족부	음란물 차단 프로그램 개발·보급, 유해업소 단속 강화

위의 자료를 보면 교육부와 가족부는 교육과 유해환경 차단을 위한 대책 등 사전 예방사업을 추진하고 있고, 복지부는 사회적 지원이 부족한 미혼모를 보호하고 지원하는 사후 대책에 집중하

고 있음을 알 수 있다. 따라서, 예산을 배분함에 있어 교육부나 가족부는 사전 예방사업의 중요성을 강조하고 복지부는 사전 예방사업의 한계를 지적하면서 현실적인 사후 대책이 필요하다는 점을 강조할 필요가 있을 것으로 보인다. 상대방의 이해관계를 파악함에 있어서 한 가지 유념할 사항은 상대방 사업의 중요성이나 의미 자체를 폄하하려는 모습을 보이는 것은 곤란하다는 점이다. 복지부 입장에서 사후 대책의 중요성을 강조하는 과정에서 사전 예방대책인 성교육이나 청소년 유해업소 또는 음란물 차단의 필요성을 무시하거나 과소평가하기보다는 예방사업과 사후 지원사업 모두가 청소년 성문제 해결에 긴요하다는 점을 인정하고 강조하는 자세를 취하여야 한다.

2) 합리적인 조정대안을 제시하면서, 적극적으로 타협하라

합리적 대안을 제시하기 위해서는 시종일관 자기 입장만을 고수하기보다는 서로 윈윈하겠다는 태도를 가져야 한다. 합리적 대안의 개발은 이해관계자 쌍방이 서로 다양한 아이디어를 제시하는 과정에서 이루어진다. 따라서 대안 개발은 상생적, 호혜적 방향으로 유도해야 수용가능성이 커진다. 이러기 위해서는 상호 존중의 바탕 위에서 공통의 목표를 강조하고, 당사자들 간 발언의 균형을 유지하는 것이 바람직하다.

앞의 사례를 예로 들어 언급하면, 복지부 토론 참가자는 미혼모 증가에 따른 지원사업의 중요성과 의미를 강조하면서도, 사전 예방사업의 필요성에 대해 공감한다는 태도를 보여 주어야 한다. 그렇지만 상대방 사업의 의미에 대한 공감만으로는 이해관계를 조정하는 역량을 보여 주는데 미흡하므로, 교육부나 가족부의 사업에 대해 삭감 내지 조정가능한 대안을 제시하는 모습을 보여야 한다. 예컨대, 교육부의 성교육 강화사업 중 일반 및 전담 교사에 대한 성교육 실시사업에 대해 학부모 일일교사나 퇴직교사 등을 성교육 강사로 활용하는 것은 어떻겠냐고 질의하고, 가족부의 사업 중 유해업소 단속업무는 지방자치단체나 경찰 등과 협업하면 목표도 달성하면서 예산을 절감할 수도 있지 않겠냐는 의견을 제시하는 것이 설득력도 있어 보이고 이해관계 조정 역량을 보여 주는 것이 된다.

또한, 조정안도 제시하고 적극적으로 합의를 시도하였지만 결론에 이르지 못하는 경우도 허다한데 이때 그간의 논의사항과 쟁점, 그리고 각자의 입장과 양보사항 등을 정리하는 것은 이해관계 조정 역량을 보여 주는 바람직한 모습이다. 이해관계 조정의 핵심은 첫째, 이해관계 파악 둘째, 대안 제시, 셋째, 대안의 선택이다. 이해관계를 정확히 파악하고 나름의 합리적 대안을 제시하는 모습은 합의 여부에 관계없이 이해관계 조정 역량을 상당부분 보여 주는 것임을 잊지 말자.

그렇지만 합의에 도달하려고 진심으로 전력을 다하는 태도는 소중하다. 따라서, 합의를 도출하기 위해 서로 수용가능한 다양한 대안을 제시하되, 대안을 평가하는 공통의 기준도 함께 설정하는 것이 바람직하다. 이러한 평가 기준에 따라 제시되는 대안들을 평가하고 취사선택하는 과정이 적극적으로 타협하는 노력으로 비쳐지게 되어 이해관계 조정 역량을 탁월하게 보여 주게 된다. 논의기준을 정하여 대안을 평가하게 되면 이해관계자들이 비교적 용이하게 대안을 수용하게 하므로 불필요한 언쟁 없이 합리적 결론에 이를 수 있다. 이러한 방법이 격 높은 토론을 진행하는 지름길이기도 하다.

3) 이해당사자들과 우호적·협력적 관계를 유지하라

갈등관계나 대립되는 이해관계에 있는 당사자 간 이해의 조정과정이 순탄할 수는 없다. 특히 자원의 희소성으로 인한 갈등은 본질상 제로섬 관계이기 때문에 더욱 그러하다. 그러나 대국적 견지에서 보면 이해당사자들이 서로 협력하고 협업하는 것이 상위의 목표를 달성하는데 긴요하므로 갈등의 해소나 결론의 도출 여하에 관계없이 이해 당사자들이 우호·협력관계를 유지하고 강화하는 것은 매우 중요하다.

당사자 간 우호·협력관계를 유지하기 위해서는 시간만 허비하는 중언부언하는 발언, 상대방 발언을 가로채거나 진행을 무시하는 발언, 앞에서의 발언내용을 되풀이하는 무임승차형 발언, 상대방 발언 중 자료만 뒤적거리면서 고개를 숙이고 있는 모습 등은 곤란하다.

4) 긍정적/부정적 행동특성 예시

<이해관계 파악>

긍정적 행동요소	부정적 행동요소
토론 초반	
+ 회의목적을 정확히 제시 + 예산 제약 등 사유로 사업조정 필요성 언급 + 합의를 이루기 위해 토론의 방향과 기준을 적극적으로 제시함	+ 토론의 의의나 해결과제를 정리하지 않음 + 해결과제 논의기준이나 토론방향 등에 대한 상대방 의사 타진 없이 일방적으로 토론을 진행함
토론 중반	
+ 상대방 사업의 목적과 효과 등을 인지하고 발언함 + 상대방과의 입장 차이를 구체적으로 이해하고 발언함 + 상대방과의 차별화, 협업 가능성을 파악함 + 자료에 입각하여 명확하게 발언	+ 상대방 사업 목적과 효과 등을 제대로 알지 못하거나 잘못 이해함 + 상대방 발언내용을 이해하지 못하고 쟁점을 정리하지 못함 + 너무 쉽게 부서 입장 대변을 포기하거나 자기 부서 방어에 급급함 + 자료에 없는 주관적 생각을 강조

긍정적 행동요소	부정적 행동요소
토론 후반	
+ 중간에 논의상황을 정리하면서 남은 쟁점과 잔여 시간을 확인함 + 최후 순간까지 조정대안을 제시하여 합의에 도달하려고 노력함	+ 논의 진행상황을 점검하지 않고 쟁점별 시간관리도 하지 않음 + 남은 시간 내 합의가 어렵다고 판단하고 2차 토론을 제안함

〈대안의 효과성〉

긍정적 행동요소	부정적 행동요소
본인사업의 타당성을 강조할 때	
+ 본인 사업이 상위 목표나 취지와 부합됨을 설명함 (발언 논리성) + 공통 평가기준/목표를 언급하면서 사업의 타당성을 강조함 + 타 사업 약점을 논리적으로 전개 + 본인 사업으로 타 사업도 수용할 수 있음을 강조함 + 항상 양보 가능성을 전제로 협의	+ 반론 제기 시 근거나 이유가 불명확하여 논리적 방어를 못함 + 본인 발언 타당성을 구체적으로 설득하지 못함 + 양보하거나 입장 변경시 이유 설명이 없거나 불충분함 + 큰 틀에서의 상위관점을 고려하지 못하고 부서 관점만 고집함 (양보는 패배라고 생각하여 윈윈 필요성을 인식하지 못함)
조정대안을 제시할 때	
+ 중복 내지 공통사업 연계 강조 + 통계 인용하면서 공통 목표 제시 + 목표나 취지와 관련한 논의기준을 제시하고 상대방 의견을 구함 + 논의기준 제안과 동의를 구해 논의 쟁점을 좁힘 + 사업효과와 상위 목표를 고려하여 사업 간 연계 방안을 제안함 + 사업이나 예산 조정을 위해 우선순위 (또는 양보순위) 선정을 제안 + 상대방의 입장을 확인하면서 합치되는 부분을 정리하여 조정안으로 수렴되도록 유도	+ 사업 간 연계성이나 관련성을 파악하지 못함 + 공통적으로 적용가능한 기준이나 공통 목표를 강조하지 못함 + 입장과 의견 차이를 좁혀가려는 노력이 부족함 + 사업 내용보다 주어진 예산 계수 조정에 급급함 + 상대 의견 확인이 필요함에도 의사를 확인하지 않고 넘어감 + 주어진 자료로는 세부 내용이 없어 논의가 힘들다고 발언함

〈협력적 관계 구축〉

긍정적 행동요소	부정적 행동요소
토론 진행과 관련하여	
+ 미합의 또는 미논의사항에 대한 적극적 논의 촉구 + 토론자 간 균형 발언 배려 + 상대방 발언 공감/반론 등 의견 개진으로 토론 활성화 촉진 + 밝은 표정과 바른 자세를 견지함 + 질문을 부드럽게, 덜 공격적으로 함	+ 본인 관련 사안 외에는 토론에 참여하지 않음 + 발언기회나 발언시간을 독점하여 토론을 주도하려는 모습을 보임 + 상대방 발언 시 자료만 쳐다보고 발언내용에 대해서는 무반응함 + 무뚝뚝한 표정이나 팔 괴는 행위 등 협력분위기 조성에 반하는 모습 + 상대방을 배려한다고 반론이나 비판을 자제하고 에둘러 표현함 + 상대방 의견을 폄하하거나 '양보 불가'등 즉각적 거부의사 표현
발언내용과 관련하여	
+ 자기주장만 고집하지 않고 상대방 의견에 공감하거나 존중함 + 상대방 사업 필요성에 공감하거나 궁극적인 목표가 유사하다고 언급함 + 상대방 의견에 본인 생각을 덧붙여 의견을 제시함	+ 본인 사업은 모두 중요하다면서 상대방에게는 일부 선택을 강요함 + 상대방 발언을 이해하기보다 자신 발언 주장과 설득에 치우침 + 토론 후반부까지 본인 입장만을 고수하거나 상대방의 양보를 요구함

8 동기부여 역량

동기부여 역량을 키우기 위해서는

① 부하 직원의 특성을 정확히 파악하고,

② 부하 직원의 업무수행 방법과 결과에 대해 피드백을 제공하며,

③ 관심과 격려로 부하 직원의 성과 향상과 역량 발휘 기회를 제공토록 하여야 한다.

1) 부하 직원의 특성을 정확히 파악하라

조직사회에서 접하게 되는 부하 직원의 특성은 의욕과 역량에 따라 4가지 유형으로 분류 가능하다. ⓐ 의욕도, 역량도 높은 형, ⓑ 의욕은 높지만 역량은 부족한 형, ⓒ 의욕은 낮지만 역량은 높

은 형, ⓓ 의욕도, 역량도 낮은 형이 그것이다. 직원의 유형에 따라 동기부여 방법도 달라져야 하므로 상사는 직원의 특성을 제대로 파악하는 일이 무엇보다 급선무이다. 역량평가에 주로 등장하는 부하 직원의 유형은 ⓐ 유형을 제외한 ⓑ~ⓓ 유형이다.

2) 부하 직원의 업무수행 방법과 결과에 대해 피드백하라

부하 직원의 특성에 맞게 대처하는 것이 중요하다. ⓑ 유형의 직원에 대해서는 어떤 일을 어떻게 처리해야 하는지 구체적으로 지시하고, 일하는 과정도 주의 깊게 살펴보면서 일하는 방식도 직접 가르치거나 보여줘야 할 때도 있다. 업무 추진에 자신감을 가질 수 있도록 위험도가 낮은 업무를 직접 수행하게 하는 것도 필요하다.

ⓒ 유형의 부하 직원은 역량은 되지만 자신감이 부족한 상태이므로 부하 직원의 어려움이나 의견을 잘 들어주고, 언제든지 지원해 주는 상사로서의 동기부여 방법이 필요하다. 업무를 지시함에 있어 단순하게 열심히 하라는 식의 지시를 해서는 곤란하며, 구체적이면서도 쌍방향 커뮤니케이션의 지시와 피드백이 되도록 유념할 필요가 있다.

ⓓ 유형의 부하 직원은 스스로 높은 역량을 갖추는 것이 생각보다 어렵다는 사실을 알고 예상하지 못한 문제를 마주칠 때마다 좌절하기도 하므로 업무수행 방법을 지시할 때에도 부하 직원이 질문이나 제안을 하도록 유도하는 쌍방향 커뮤니케이션을 늘리는 것이 필요하다. 또한, 부하 직원이 자신감을 갖고 잃어버린 의욕과 적극성을 되찾게 하기 위해 칭찬과 지원을 병행하면서 직원의 수준을 한 차원 높이는 지도형 리더십을 발휘하여야 한다.

ⓐ 유형의 직원에 대해서는 일상적인 의사결정과 문제 해결에 대한 책임도 위임하고 그가 자신의 영역을 스스로 관리할 수 있도록 하는 것이 적절하다. 부하 직원이 보다 높은 목표에 도전할 수 있도록 응원하는 것도 필요하다.

3) 부하 직원에게 관심을 보이고 격려하라

상명하복이 비교적 엄격한 공직사회는 상사가 관심과 배려, 칭찬과 격려 등 부하 직원을 아끼고 키우려고 애쓰는 모습을 보여 주는 것이 매우 소중한 관리자로서의 동기부여 역량이기도 하고 리더십의 주요한 중심축이기도 하며, 지도자로서의 덕목이기도 하다. 감정을 쉽게 드러내지 않는 동양식 문화가 아직 다분한 공직사회에서 상사의 부하 직원에 대한 칭찬과 격려의 문화가 부족한 실정이므로 직급과 직위가 올라갈수록 부하 직원을 격려하고 칭찬하는 습관을 들이도록 노력할 필요는 크다.

그러나 칭찬은 고래도 춤추게 한다면서 일을 잘하거나 잘 못하거나 관계없이 아무 때나 직원을 칭찬해서는 안 된다. 조직은 기강도 필요한 것이고 잘못했을 때 야단도 쳐야 한다. 그것도 교육이고 동기를 유발하는 방법이기도 하다. 신상필벌도 매우 중요한 조직관리의 하나임을 유념하고, 일을 제대로 처리하지 못하는 직원까지 칭찬하거나 싫은 소리를 못하는 유약한 상사가 되어서는 곤란하다.

독자가 다음 사례에서 이메일을 받게 되는 과장이라면 어떤 식으로 동기부여 역량을 보이겠는가?

사례: 김사무관이 담당 과장에게 보낸 이메일 요지

○ 과에서 추진 중인 공청회 개최와 관련, 같이 일하는 신주무관과 박주무관 두 사람에 관한 사항임. 두 사람은 업무 열정, 성실성, 노력하는 모습은 장점으로 보임
○ 신주무관의 경우 민간기관에서 경력직으로 2개월 전 신규 채용되어서 그런지 업무 적응을 잘 못하고 있음. 우리 팀 업무는 빠른 시간 내 처리해야 하는데 전 기관의 업무처리 방식을 고수하는 경향이 있어 기한 내 처리하라는 지시를 잘 따르지 않아 애를 먹고 있음
○ 박주무관은 우리 팀 업무 2년 차임에도 불구하고 세부적으로 지시해야 하는 실정임. 아직도 일일이 가르쳐줘야 하는지 모르겠음. 제가 눈치를 보이면 옆의 정사무관에게 물어보는 일도 다반사임

과제를 처리하는 담당 과장으로서 동기부여 역량을 평가위원에게 보여 주기 위해서는 우선, 부하 직원의 특성을 정확히 파악하고 있다는 점을 알 수 있도록 해야 한다. 즉, 김사무관의 업무처리 방식이 신속성 위주로 그리고 과정보다는 결과를 중시하는 스타일이라는 점을 이해하고 그 바탕 위에서 과장으로서 조언을 해 주는 모습을 보여야 한다.

그리고 신주무관과 박주무관은 위에서 언급한 직원 유형 중 '의욕은 높지만 역량은 부족한' ⓑ 유형의 직원들임을 고려하면서 먼저 신주무관에 대하여는 전입온 지 불과 2개월여밖에 안 된 직원인 점을 감안하여 업무지시는 구체적으로 하되, 업무 진행 과정에 대한 주의 깊은 모니터링을 통해 수시 확인하고 애로사항을 지원하여 신주무관이 업무 수행에 자신감을 갖도록 도와주도록 충고한다.

그리고 박주무관에 대해서는 ⓑ 유형의 직원이지만, 직속 상사가 아닌 정사무관에게 물어보는 등 업무 추진상 자신감이 다소 결여된 면도 있어 보이므로 ⓒ 유형의 직원처럼 예상하지 못한 문제를 마주칠 때마다 스트레스를 받는 타입일 개연성이 있는 듯하므로 업무지시를 하는 과정에서 박주무관의 질문을 유도하는 쌍방향 커뮤니케이션을 늘리도록 하여 업무추진상 예견되는 애로사항을 미리 해소시켜 주는 방법을 취하도록 김사무관에게 조언한다. 또한, 2년 동안 같이 일하고 있는

직원임을 감안하여 박주무관이 잃어버린 자신감과 적극성을 되찾게 하기 위해 칭찬과 지원을 병행하는 지도형 리더십을 발휘토록 코칭한다. 이러한 내용을 정리하면 다음과 같다.

김사무관 이메일에 대한 조치사항

○ 김사무관의 기한 내 업무처리 등 신속한 업무처리 방식이 우리 과 업무의 원활한 수행에 기여를 하고 있음

○ 신주무관이 타 기관에서 전입온 지 얼마 되지 않아 업무에 익숙하지 않아 김사무관 생각보다 업무처리가 느린 것이라고 생각함
 - 김사무관은 앞으로 신주무관에게 업무를 지시할 때 종전보다 구체적으로 하여 업무 수행의 부담을 줄여 주고,
 - 신주무관의 업무 진행 과정을 수시 모니터링하면서 업무 추진상 애로사항을 확인하게 되면 그때그때 해결해 주기 바람

○ 박주무관에 대해서는 업무를 지시할 때 '쌍방향 커뮤니케이션'을 늘려 정사무관에게 업무처리 방법에 대해 묻게 되는 일이 생기지 않도록 하고, 업무 추진상 애로사항에 대한 대처방안을 알려주어 박주무관이 자신감을 갖고 적극적으로 일할 수 있도록 지원하기 바람
 - 그리고 박주무관이 잘 처리한 일에 대한 칭찬도 많이 해 주기 바람.

---

4) 긍정적/부정적 행동특성 예시

<맞춤형 피드백 제공>

긍정적 행동요소	부정적 행동요소
+ 구성원 개개인의 특성 및 장단점을 파악함 + 직원의 니즈나 불만을 이해함 + 직원의 업무수행 방법과 결과에 대해 피드백을 제공함 + 직원의 니즈나 불만 원인을 확인하고 해결함 + 직원 업무성과를 인정·칭찬함 + 무조건적 칭찬을 하기보다 직원의 장점을 살려 역량을 발휘할 기회를 제공함 + 직원의 조직생활에 대해 관심을 갖고 배려함 + 자기개발의 기회를 제공함	+ 다양한 유형의 고충이나 애로사항을 깊게 이해하지 못함 + 제시하는 사기진작 방안이 구체적이지 못하고 원론적 수준에 머무름 + 직원의 경력개발을 통한 역량강화 필요성을 인식하지 못함 (직원 육성 책임을 상사에게 전가) + 팀원 간 갈등원인을 명확하게 파악하지 못하며 팀워크 촉진을 위한 구체적 방안제시가 미흡함 + 직원의 개별 고충에 대한 이해가 부족하고 근평, 연수, 회식 등 통상적 동기부여 방안만을 제시

제3장

개인발표

제3장 개인발표

개인발표는 구두발표, 또는 발표라고도 하며 영어로는 Oral Presentation, 약칭으로는 OP 또는 PT라고도 한다. 역량평가 시 개인발표는 통상 30분 동안 자료를 숙지하고 발표를 준비하도록 하며 발표 시간은 5~7분 정도 주어지는 경우가 일반적이다. 역량 평가자는 개인발표 후 10분 정도 발표 자와 질의응답을 통해 발표에서 누락된 정보나 의견, 또는 발표 내용을 확인한다.

평가자는 발표 내용과 질의응답 내용을 모두 참고하여 개인발표에서 보고자 하는 역량의 수준과 깊이를 평가하는데 사례의 내용에 따라 평가대상 역량도 다르게 된다. 개인발표의 속성상 주로 평가하게 되는 역량은 일반적으로 정책기획 역량과 의사소통 역량이지만 해당 사례의 특징과 내용에 따라 정보관리 역량이나 문제 해결 역량, 또는 성과관리 역량 등을 보기도 하므로 '개인발표는 어떠어떠한 역량을 평가하는 도구이다'라고 예단할 수 없다는 점을 유념하여야 한다.

개인발표 평가 시 과제는 대체로 ○○대책, ○○방안, ○○계획 등을 수립하여 상사 앞에서 발표하는 형식을 띠며 발표 자료 작성에 필요한 10~15쪽 분량의 참고 자료를 포함하고 있다. 이 정도 분량의 참고 자료는 역량평가 시 주어지는 30분 동안에 그 내용을 숙지하고 발표할 내용을 정리하는 데 상당히 벅찬 수준의 양이다. 다른 모의사례들도 마찬가지이긴 하나 개인발표에서도 대부분의 피평가자들이 시간 부족을 호소한다.

국가인재원에서 고위 공무원 후보자 과정이나 과장 후보자 과정에 참가하는 부이사관이나 서기관 대상의 역량개발교육 현장을 보면 대부분의 참가자들이 쉬는 시간에도 열심히 자료를 정리하고 발표 내용을 다듬는 경우를 많이 보게 된다. 이는 그만큼 시간에 쫓긴다는 뜻이다. 역량평가에 참가하는 대부분의 피평가자들의 자료 파악 능력은 비슷비슷하므로 시간 부족 문제를 심각하게 걱정할 필요는 없다. 다만, 평소 정책자료를 파악하고 이를 정리하는 데 애로를 느끼고 있다면 이러한 능력도 향상될 수 있으므로 평소 꾸준히 정책자료를 접하고 이를 정리해 보는 연습을 해두면 실제 역량평가 과정에서 큰 효과를 볼 수 있다.

1 발표형식 제대로 갖추기

첫째: 바른 발표 자세와 발표 예절은 발표의 기본적 요소다.

발표 상대를 온화한 표정으로 바라보면서, 긴장하거나 떨지 말고 자신 있고 당당한 어조로 발표하되 발언 속도가 지나치게 빨라지거나 늘어지지 않도록 유의한다. 상사에 대한 보고는 뉴스 진행 아나운서의 발언 속도가 적절하다. 발표를 듣는 평가자의 시선을 피하거나 불필요한 어조사(에, 그, 저 등)를 남발하거나 고개를 숙이고 발표 자료만 읽어대는 것은 곤란하다. 발표는 낭독이 아니다. 보고를 받는 사람과의 아이 콘택트 없이 보도자료 읽듯 머리를 숙이거나 먼 산을 쳐다보듯 허공을 보면서 발표하지 않도록 하여야 한다.

둘째: 시간관리를 잘해야 한다.

발표가 장황하여 제한 시간이 다 되어 가는데도 본론도 들어가지 못하거나, 시간이 너무 남게 발표를 끝내게 되면 좋은 평가를 받을 수 없다. 발표를 임팩트 있게 하려면 서론 부분(추진 배경, 현황, 문제점)을 장황하거나 지루하게 끌면 안 된다. 발표 초반에 핵심으로 바로 들어가지 않고 분위기성 멘트로 뜸 들이는 것이나 속도감이 느린 발표, 듣는 사람이 다 아는 내용을 언급하여 시간을 낭비하는 것 등은 발표의 질을 떨어뜨리는 대표적인 행동들이다. 이런 의미에서 서론 부분은 가급적 전체의 1/3을 넘지 않는 선에서 마무리하고 개선방안 등 발표의 핵심 부분에 전체의 2/3를 할애하도록 한다. 아울러, 발표 장소에 비치되어 있는 화이트보드를 활용하는 것도 좋은 방법이다. 휴식시간에 발표할 과제의 제목과 목차를 미리 기재해 놓고 이를 중심으로 발표하면 시간관리에 도움이 된다.

셋째: 발표를 시작할 때 간략하게 목차를 밝히도록 한다.

즉, 자기소개나 인사말씀을 한 직후에 발표할 순서를 언급할 필요가 있다. 전체 발표의 그림이 그려지지 않으면 상사는(듣는 사람) 갑갑함을 느낄 수 있기 때문이다. 이와 더불어, 발표의 앞부분에서 발표를 하는 이유나 의미를 간결하고 명확하게 언급하는 것도 필요하다.

발표순서는 대체적으로 보고서 형식을 준용하여 (추진배경)→현황→문제점→개선 대책→세부 실행계획→맺음말 순으로 하도록 한다. 보고순서에 추진배경을 반드시 포함할 필요는 없다. 보고를 받을 사람이 발표내용에 대해 잘 알고 있는 상사나 전문가라면 추진배경을 장황하게 설명하면 오히려 역효과가 날 수도 있지 않을까? 추진배경은 상황에 따라 생략 가능하다는 점을 기억하도록 한다.

발표를 마무리할 때 상사에게 요청할 사항을 명확히 하는 것도 중요하다. 개인발표는 상사를 설득하고 향후 추진방향에 대해 동의나 지지를 구할 수 있는 다시없는 기회이므로 가령, '저희 부서는 ~~을 하겠습니다' 또는 '상사께서 ~~을 해 주시면, 기대하시는 성과를 만들어 내겠습니다' 등은 좋은 마무리의 예들이다.

넷째: 발표 후 예상질의에 대한 준비를 한다.

질문에 대한 답변은 두괄식으로 답부터 먼저 밝힌 다음에 그 이유를 설명하는 것이 반대로 하는 미괄식 답변보다 효과적이다. 상사는 일반적으로 결론을 먼저 듣고 싶어 하며, 발표자가 배경설명을 하다가 자칫 길을 잃고 답변해야 할 핵심내용을 놓칠 우려도 있기 때문이다. 그리고 상사의 질문에 어설픈 답변은 당연히 금물이다. 질문의 핵심을 놓친 경우 질문을 재구성해서 확인한 후 답변하도록 하고, 질문에 대해 잘 모르는 경우 '확인해서 보고드리겠다'는 식으로 대응하는 것이 엉터리 내지 어설픈 답변보다 깔끔하다.

대중 앞에서 발표할 기회가 적었던 피평가자는 발표 자체가 굉장히 어색할 수 있어 본인이 알고 있는 내용도 제대로 표현하지 못하는 경우가 허다하므로 개인적으로 많은 연습을 하는 것이 매우 중요하다. 가족의 협조를 받아 본인의 발표모습을 동영상으로 촬영하고 이를 보면서 본인의 발언태도, 몸가짐, 발언습관, 표정, 발언속도 등 여러 가지를 확인하고 부족한 부분을 찾아 보완하는 노력을 기울여야 한다. Practice makes perfect!란 문장처럼 누구나 열심히 노력하면 발표의 달인이 될 수 있다. 할 수 있다는 자신감을 갖고 연습하여야 한다.

2 발표내용 알차게 채우기

첫째: 발표의 핵심은 적절한 대안의 제시다.

개인발표를 한 많은 공무원들의 소감은 다음과 같다.

'발표하다 보니 횡설수설했던 것 같아',

'중간중간 말이 끊어지는 느낌이 들어 당황했어'

'발표하면서도 말이 앞뒤가 안 맞는 것 같고 논리적으로도 모순이 있는 듯해 보였어'

'발표할 내용을 좀 더 정리하고 나왔어야 했는데'

이런 후기들은 개인발표의 성공 여부는 발표의 핵심내용을 논리적으로 강조할 필요성이 크다는 점을 잘 보여 주고 있다. 자기주장의 핵심포인트가 무엇이고 그 포인트가 지시받은 사항에 대한 적절한 대안인가를 발표 전에 꼼꼼히 생각하고 점검해 봐야 한다. 자료를 제대로 이해하고 핵심포인트를 본인의 언어로 표현해내는 것이 잘하는 발표의 요체이다.

둘째: 추진배경이나 현황 그리고 문제점을 언급할 때에는 가급적 관련 사례나 통계를 인용한다.

의미 있는 사례나 통계를 인용하는 것은 상사의 관심과 주의를 끄는 데 효과적이며 발표내용의 설득력을 높이는 데 큰 도움이 된다. 그렇다고 부정확한 통계수치를 사용하는 것은 아니하는 것만 못하다. 잘못된 통계를 바탕으로 논리를 전개하게 되면 상사는 발표자가 현황을 제대로 파악하지도 못하고 있다고 판단하게 되어 발표전체의 신뢰도가 떨어지게 된다.

발표 초기에 특히 신경 써야 할 요소는 현황과 문제점을 혼용하지 않아야 한다는 점이다. 제2장에서 강조하였듯이 현황은 특정 이슈에 관한 특징이나 증가감 등 추세를 객관적 사실에 입각하여 정리하는 것이고 문제점은 현황에서 밝힌 사실관계로 인하여 ~~한 바람직하지 않은 영향이 초래되고 있다거나 (영향분석), ~~한 이유로 바람직스럽지 않은 사실관계가 초래되었다는 (원인분석) 일종의 가치판단 과정이다.

예컨대, 다음 문장은 현황일까, 문제점일까?

'종자산업에서 다국적기업의 국내시장 점유율이 확대되고 있다'

이 문장 자체는 시장 점유율에 관한 객관적 사실관계를 밝히는 것이므로 현황에 해당된다. 다국적 기업이 점유율을 높이는 자체를 문제점으로 분류하는 것은 논리의 비약이다. 이 경우 높은 점유율로 인한 부작용을 문제점으로 지적하는 것이 타당한 접근법이다. 즉, 다국적 기업의 국내 점유율 확대로 인하여 국내 종자산업이 발전이 위축되고 있다거나 해외로 지출하는 로얄티 증가로 국부가 유출되고 있다고 해야 문제점으로 분류할 수 있다.

셋째: 문제점과 대책(또는 개선방안)은 상호 연계되어야 한다.

문제점에서 지적한 사항이 대책에서 빠져있거나, 문제점으로 제기하지 않은 사안을 대책에 불쑥 포함하는 것은 가급적 지양하도록 한다. 예컨대, 간접흡연 최소화를 위해 금연구역 단속업무에 만전을 기하라는 상사의 지시에 따라『금연구역 단속방안』을 발표한다고 하자. 이때 아래와 같이 문제점과 개선방안을 도출하였다면 문제점과 대책이 상호 연계되었다고 볼 수 있을까?

단속업무의 핵심문제	개선방안
홍보 부족	시민단체와 금연캠페인 공동전개
금연단속 전담인력 부족	담당 직원에 대한 교육 강화
단속인력 중 여성비율 높아 단속업무상 애로	금연구역 재조정

먼저 홍보 부족 문제에 대한 개선방안을 보자. 개선방안으로 시민단체와 금연캠페인 공동전개를 들고 있는 데 홍보를 강화하는 방안으로는 이외에도 유인물·현수막·신문방송 등 다양한 홍보매체를 활용하는 것, 간담회·설명회 등 금연구역 관련 업체를 직접 겨냥한 안내나 교육활동도 언급하는 것이 필요하다. 따라서 동 개선방안은 홍보 부족이라는 문제점에 대한 개선방안을 제시한 점에서 양자가 상호 연계는 되어 있지만 대안의 완성도가 떨어지고 있다.

다음으로 금연단속 전담인력 부족문제에 대해서는 인력 확보방안이 대안으로 제시되어야 하는데 이와 동떨어진 직원교육 강화를 대안으로 제시하고 있으므로 상호 연계성이 없다.

끝으로 단속인력 중 여성비율이 높아 단속업무에 애로가 있다는 문제에 대해 단속인력의 여성비율을 낮추거나 직무 재조정을 통해 단속업무를 남성이 주로 담당할 수 있게 하는 대안이 제시되어야 함에도 금연구역 재조정을 대안으로 제시하는 것은 문제와 개선대안의 상호 연계성이 부족하다.

넷째: 개선방안이나 대책은 발표의 핵심이다.

대책은 논리에 입각한 객관적 합리성이 있어야 하며, 구체적으로 손에 잡히는 알맹이가 있어야 한다. 그 내용이 추상적이거나 모호할 경우 성공적인 발표가 되기 어렵다. 예컨대, 문제점으로 홍보 부족을 언급하고 그 개선방안으로 홍보강화를 든다면 대책의 방향은 맞지만 구체성이 결여된 보고에 불과하다. 홍보의 타겟을 누구로 설정하고, 어떤 홍보수단을 활용할지 그리고 홍보콘텐츠는 어떻게 할 것인지 등이 발표에 포함되어야 구체적인 대책인 것이다.

구체적인 대안이 필요하다고 해서 자료에도 없는 새로운 아이디어를 내놓아야 하는 것은 아니다. 평가자나 피평가자 모두 평가사례에 관한 전문가가 아니며 또 30분이라는 짧은 시간에 사례내용을 숙지하고 발표내용을 정리하여야 하는 상황이므로 새로운 아이디어를 발표해야 할 부담을 가질 것은 없다. 물론 평소 축적된 경험과 지식을 대안수립에 활용하는 것은 무방하다. 주어진 사례를 토대로 개선방안이나 대책을 마련하되 그 내용은 알맹이가 있는 구체적인 것이어야 한다는 점을 잊지 말아야 한다.

자료를 제대로 이해하는 것이 대안 수립의 첫 단계이고, 다음 단계는 자료를 충분히 소화하여 대안을 본인의 생각으로 나타내는 것이다. 그리고 제시되는 자료 중 해외사례나 외국의 경험 등이 있으면 대안 수립과정에서 이를 놓치지 말고 활용하도록 한다. 여러 외국사례 중 우리나라에도 도움이 될 것으로 보이는 ~~한 사례를 도입하자는 의견을 제시하면 발표내용의 논리성과 객관성이 돋보인다.

다섯째: 개선 대책과 세부추진계획을 구분하여 발표한다.

어떤 경우 세부추진계획을 개선 대책의 보다 구체적 대책으로 이해하여 개선 대책은 개선방향 중심으로, 세부추진계획에는 제시할 대안의 핵심내용을 작성하기도 한다. 그러나 위 방식으로 구분할 필요는 없다. 개선대안은 한 파트에서 묶어서 구체적·논리적으로 핵심내용을 정리하면 된다. 장을 바꾸어 발표하면 오히려 중언부언하는 느낌을 줄 수도 있다.

세부추진계획은 개선 대책의 실행을 위해 필요한 행정사항을 정리하는 것으로 이해하면 된다. 즉, ○○ 대책의 이행을 위해 필요한 법령의 개정이나, 예산·조직의 확보방안, 홍보대책 등을 간략하게 작성·발표하도록 한다. 이러한 내용의 세부추진계획은 제공되는 자료에 나와 있는 것은 아니므로 피평가자가 평소 행정업무를 처리하면서 익힌 경험을 바탕으로 대강의 요지만 정리하면 충분하다.

3 개인발표 Q & A

1) 발표 준비에 시간이 부족한데 대처방법은?

30분 안에 자료를 숙지하고 발표내용을 정리하는 것은 결코 쉬운 일이 아니다. 짧은 시일 안에 독해력을 증진하는 것은 어렵지만 본인 업무와 동떨어진 부서에서 작성한 다양한 정책보고서를 찾아 시간을 정해 놓고(예: 30분) 보고서를 읽고 핵심을 요약하는 훈련을 반복하면 큰 도움이 될 것이다. 그리고 자료를 정독한 후에 발표내용을 정리하는 것보다는 자료를 읽기 전에 발표순서를 적어놓고 자료를 읽으면서 발표내용을 발표순서에 맞게 정리하는 것이 부족한 시간을 다소나마 효율적으로 활용하는 방법이다.

2) 개선방안을 자료에서만 찾아야 하는지?

제시된 과제 내용에 대해 평소 친숙하거나 전문지식이 있다고 해서 과제에 없는 내용을 개선대안으로 제시하여서는 안 된다. 발표 대상은 대부분 정책과제들이므로 개선방안은 최대한 자료에 기반하여 제시되어야 한다. 역량평가에서의 관찰포인트는 정책과제에 대한 전문적 식견의 보유 여부가 아니라 제시된 과제의 현안 분석과 대안의 논리적 도출 여부이기 때문이다.

3) 자료 경중을 구별하는 방법은?

자료의 경중 여부를 미리 파악할 수는 없지만 대체로 신문기사는 꼼꼼히 다 읽지 않고 헤드라인이나 중간 제목정도만 훑어보아도 되는 경우가 많으며, 통계 등 현황자료는 발표 시 제시할 개선대안과 관련된 통계를 부분 발췌하여 활용하도록 한다. 그렇지만 정책보고서, 전문가 의견이나 해외사례 등은 개선대안 수립과 관련되는 부분이므로 꼼꼼하게 확인하여 활용하여야 한다.

4) 발표 시 세부실행계획이나 기대목표, 실행상 장애요인과 극복방안이 반드시 포함되어야 하는지?

일반적으로 보고서를 작성하는 경우 그 순서는 추진배경-현황-문제점-개선방안-세부실행계획-기대목표-실행 상 장애요인과 극복방안 등이다. 그러나 역량평가의 발표시간은 5분에 불과하므로 일반보고서 목차대로 발표할 필요는 없다. 발표의 핵심은 문제점과 개선방안이므로 이를 중심으로 발표하면 충분하다. 발표의 내용은 보고목차를 장황하게 언급하는 것보다는 문제점과 1:1로 연계된 개선방안을 구체적으로 설명하는 데 초점을 맞추어야 한다. 개선방안의 세부 실행계획이나 기대목표, 장애요인 등은 발표 후 질의응답 시간을 활용하여 언급하면 된다. 15분의 질의응답 시간은 짧지 않은 시간이므로 여러 질문이 나올 수밖에 없기 때문이다.

5) 개선방안 발표할 때 전문가 의견수렴, 연구용역, TF 구성 등을 포함하는 것이 효과적인지?

개선방안을 언급하고 후속조치로 추가적인 의견수렴이나 연구용역 등을 제시하는 것은 무방하다. 그러나 개선방안을 제시하지 않고 전문가 간담회 개최 등과 같은 절차적 방법만 제시하는 것은 곤란하다. 예컨대 '가계부채 안정화방안'을 발표하면서 가계대출 억제방안은 제시하지 않고 전문가 의견을 수렴하거나 연구용역 결과를 바탕으로 대책을 마련하겠다고 하면 이는 개선방안을 제시하지 않은 결과가 된다. 이렇게 해서는 문제점과 연계된 개선방안을 제시한 것이 아니므로 좋은 평가를 받을 수 없다. 다만, 세부실행계획에서 이미 제시한 개선방안을 성공적으로 실행하기 위한 후속조치의 일환으로 전문가 간담회, 연구용역, TF 구성 등을 언급하는 것은 무방하다.

6) 질의응답 시 답변내용을 잘 모르거나 궁색할 때 대처방법은?

질문과 동떨어진 내용을 장황하게 언급하거나, 틀린 답을 하지 말고 솔직하게 그 부분까지는 검토하지 못했음을 인정하는 것이 낫다.

게임중독 방지대책

개인발표 평가에서 활용되는 과제는 대부분 정책 과제이며, 제시되는 정책 과제 유형은 대체로 두 가지 유형 중 어느 하나에 해당된다. 하나의 유형은 예컨대, 중소기업 활성화 방안 마련이나 탄소 중립 대책 수립 등과 같이 새로운 정책수요에 대응하기 위해 필요한 정책대안을 도출하도록 하는 형식이고, 다른 하나는 중소기업 지원정책 개선방안 마련이나 출산장려정책 개선방안 수립 등과 같이 이미 추진 중인 정책이지만 정책 효과가 기대에 못 미쳐 기존의 정책을 보완하여 정책 효과를 높일 수 있는 개선방안을 제시하도록 하는 형식이다. 평가에서 제시되는 발표과제가 어느 유형에 해당하는지에 따라 발표문 작성에 필요한 현황과 문제점 등이 다소 달라지므로 이를 정확히 이해하고 대응할 필요가 있다. 이런 의미에서 두 가지 정책 과제 유형에 대한 발표문 작성을 위한 사례연습을 하도록 한다.

먼저 새로운 정책대안 도출 사례연습을 위해 다음 제시된 과제를 토대로 청소년 게임중독 방지대책을 수립해 보자.

과제 배경상황

◆ 오늘은 2025년 9월 1일입니다.

◆ 본 과제에서 귀하는 청소년부 청소년가족정책실 청소년정책과 한게임 사무관 역할을 수행합니다.

◆ 최근에 청소년부는 청소년의 게임중독으로 인한 폐해를 막기 위해 시행하여 오던 셧다운제도의 실효성이 떨어진다면서 이를 폐지하는 법개정안을 추진 중에 있는데 이러한 추진계획이 알려지자 정책의 일관성, 게임 중독 심화 등을 이유로 이에 반대하는 여론이 커지고 있는 상황입니다.

◆ 청소년정책과장은 한게임 사무관에게 청소년 게임중독과 관련된 상황을 검토하고 셧다운제 폐지 여부를 포함하는 청소년 게임중독 방지를 위한 효율적인 정책의 추진 방안을 수립해서 다음 주 과 정례회의에서 발표할 것을 지시하였습니다.

◆ 귀하는 제시된 자료를 토대로 청소년의 게임중독 방지대책 추진방안을 정례회의에서 발표해야 합니다. 그리고 발표 후에는 회의 참가자로부터 발표내용과 관련된 질문을 받고 이에 응답하여야 합니다.

자료 1 청소년 게임중독 현황 내부보고서

■ **청소년 게임중독의 정의 및 증상**

○ 게임중독은 마약, 알코올 등 화학적 물질이 유발하는 다른 중독과는 다르게 온전히 개인의 의지에서 비롯된 중독으로 일종의 충동조절장애로 평소 우울증이 있거나 무기력함을 보이는 이들이 게임 중독을 동반하는 사례가 많음

○ 게임에 빠져 시간 감각이 사라지고 우울증을 겪거나 자존감이 낮아진다. 또한, 게임을 막는 부모님과 갈등을 겪기도 하며 게임 때문에 정상적인 학업 생활을 하지 못하는 경우가 허다함

■ **청소년 게임중독 청소년의 일반적 특징**

1. 연령: 어린 연령에 시작할수록 게임중독에 빠질 가능성이 높음
2. 게임이용시간: 게임이용시간이 많을수록 중독 가능성이 높아짐
3. 가족 관련요인
   - 가족과의 관계가 소원할수록 게임중독에 빠질 가능성이 높아짐
   - 부모나 친구, 교사로부터 지지를 덜 받을수록 중독 우려가 커짐
   - 게임을 할 때 부모의 규제가 없을수록 중독될 우려가 커짐
4. 자기통제: 상황에 따라 적합한 행동을 하며, 일시적인 충동이나 즉각적인 만족을 제지하고 인내할 수 있는 능력으로서 청소년은 성인에 비해 일반적으로 통제능력이 떨어지므로 게임 중독에 빠질 가능성이 높아짐

■ **연령별 청소년 게임중독자 및 비율 현황**(전체 청소년 730만 명)

단위: 천 명(%)

연 도	2010	2015	2020	2025
게임중독 청소년	1,047(14.4)	1,219(16.7)	1,255(17.2)	1,350(18.5)
7~12세	345(12.5)	425(15.4)	444(16.1)	481(17.4)
13~15세	321(15.0)	364(17.0)	372(17.3)	398(18.5)
16~18세	381(15.9)	430(17.9)	439(18.2)	471(19.5)

청소년 게임이용 관련 설문조사

- 청소년 게임이용에 대한 보호자 제재 현황

(단위: %)

	제약 없음	이용시간제약있음	숙제먼저해야이용	좋은 성적 유지해야 이용	기 타
게임 중독 수준	64.9	22.7	5.2	2.0	5.2
잠재적 위험 수준	49.5	30.5	10.5	3.1	6.4
일반 수준	31.3	51.2	13.9	3.4	0.2

* 게임중독 수준: 일 평균 게임시간이 4시간 이상
  잠재적 위험 수준: 일 평균 게임시간이 1시간~4시간인 경우
  일반 수준: 일 평균 게임시간이 1시간 미만인 경우

- 청소년 게임 비용 지출 현황

(단위: 원)

		온라인 게임	아이템 구입	월 평균
일 반 청소년	7~12세	7,400	8,900	16,300
	13~15세	12,300	9,800	22,100
	16~18세	13,600	14,300	27,900
게임 중독 청소년		18,300	25,700	44,000

* 청소년 월 평균 용돈: 41,500원
  온라인 게임: 유료 온라인 게임비(예. 월정액, 시간 정액 등)
  아이템 구입; 게임을 하면서 유료로 구입하는 아이템 비용

■ 최근 10년간 청소년 게임 유형의 변화양상

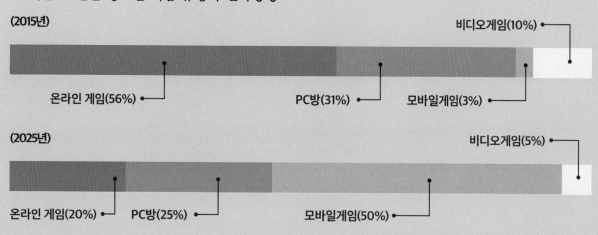

(2015년)

비디오게임(10%)

온라인 게임(56%)　　PC방(31%)　모바일게임(3%)

(2025년)

비디오게임(5%)

온라인 게임(20%)　PC방(25%)　모바일게임(50%)

■ 연령별 게임 시간대 현황

(단위: %)

	06~12	12~18	18~24	24~06
7~12세	3	52	41	4
13~15세	2	36	53	9
16~18세	2	19	69	10
중독 청소년	9	14	65	12

■ **셧다운제 운영 경과**

　○ 특정 시간대 청소년의 온라인게임 접속을 강제적으로 차단하는 조치인 셧다운제도는 온라인게임 과정에서 인터넷 중독, 폭력성 증가, 사회성 결여 등과 같은 문제로부터 청소년을 보호하고 청소년의 수면권과 학습권을 보장하기 위한 목적으로 2011년 도입하여 15년 동안 운영 중임

■ **셧다운제 변경 추진 배경**

　○ 강제적 게임 셧다운제는 2011년 도입 이후 줄곧 청소년의 자기 결정권 침해 등 자유를 과도하게 침해한다는 지적을 받아왔음

　○ 자정부터 새벽 6시까지 접속을 제한하는 셧다운제는 실효성이 없음. 청소년들이 심야에 게임을 하는 경우는 드물고 주말이나 특별한 사유가 없는 한 학생들의 보편적 게임 시간은 심야가 아님

　○ 스마트폰 보급 확대로 모바일게임 이용이 증가하고 온라인게임의 이용률이 정체 내지 감소하고 있어 셧다운제 유지 필요성도 감소하고 있음

■ **셧다운제 관련 해외 사례**

국가	미국	프랑스	영국	중국
시기	미실시	2009. 5.	미실시	2007. 4.
대상	청소년	청소년	청소년	미성년자
방법	자율 규제 게임중독치료 및 예방활동	00시~06시 차단 및 이용게임 보호자 고지	자율 규제 게임중독 치료 및 예방활동	초기 접속차단, 게임피로도 시스템도입
결과	셧다운제 도입 찬반 양론 대립	게임시간 감소 및 셧다운제 부정여론 심화	셧다운제 찬반 양론 격화	셧다운제 부정여론 확대

자료 4 셧다운제 찬성·반대 의견

- **찬성**
  - 아동과 청소년의 인터넷 게임중독으로 인해 폐해가 심한 현 시점에서 업계 자율에 의한 규제는 더 이상 효율성도 없고 현실성도 없기 때문에 좀 더 강력한 규제가 필요함
  - 현재 대한민국 청소년의 평균 수면시간은 7시간 30분으로 미국, 유럽 등보다도 1시간 정도 부족하고, 수면시간 부족은 건강상 문제 외에도 학업 능률에도 악영향을 끼침
  - 인터넷/온라인 게임중독에 따른 사회적 손실비용은 연간 최대 5조 5천억 원에 이르고 있음

- **반대**
  - 청소년은 셧다운제를 원하지 않음. 이는 청소년의 자기결정권 침해로서 청소년이 밤늦게 공부하거나 독서할 수 있듯이 게임을 하고 싶으면 게임을 할 수 있어야 함
  - 청소년 의견이 제외된 비민주적 법개정과 강제적 셧다운제 실시로 인하여 청소년의 자율성이 훼손당했음
  - 청소년의 건강과 수면을 위한다면 청소년이 게임에 의존할 수밖에 없는 학습노동을 강요하는 환경부터 개선해 나가야 함
  - 부모의 주민등록번호나 타인의 번호를 도용하여 아이들을 잠재적 범법자로 만들 우려가 상존하고 있음
  - 강제적인 규제보다 다양한 여가문화 개선에 힘써야 함
  - 세계시장에서 성장하고 있는 우리나라 게임산업에 부정적 영향을 줌

○ 게임중독은 사회환경, 게임 자체, 가정환경, 심리적 요인 등 다양한 원인이 있을 수 있으며, 특히 가족문제에서 비롯될 가능성이 큼. 정확한 진단을 바탕으로 한 치료가이드 라인 구축이 선행되어야 하며, 부모들의 인식변화와 가정에서의 교육이 게임중독 예방의 첩경임. 게임중독의 문제는 상담치료에만 초점을 두기보다는 예방과 교육, 치유 프로그램 등에 더 중점을 두어야 함

○ 현재 게임중독 예방정책의 가장 큰 문제점은 정책실행에 있어 구심점이 없다는 것임. 전국 주요 지역에 게임중독 상담치료센터를 설립하고 상담치료센터를 구심점으로 정부, 민간단체, 학계와 유기적인 협력네트워크를 구축하여 게임중독에 대한 체계적인 연구 및 관리를 하여야 함

○ 강제적인 셧다운제 이외의 간접적인 셧다운제도인 피로도 시스템(일정 시간 플레이할 경우 게임머니 및 경험치의 이득이 없게 하는 방법)과 선택적 셧다운제도(부모가 요청하면 게임회사가 게임내용, 이용시간, 결제내역 등 자녀의 게임이용내역을 공개하고 부모가 설정한 시간대에만 자녀가 게임을 하도록 하는 방식)도 고려하여야 함. 아울러 게임업계가 자율적인 구제방안을 수립하여 시행하도록 함

○ 게임 외에 여가활동 수단이 없는 청소년들에게 다양한 여가활동 기회제공(온라인동영상서비스(OTT), 소셜네트워크서비스(SNS), 1인 방송 등), 학업으로 인한 스트레스 및 부모와의 관계 문제 등 해결방안도 병행하여 제시하여야 함

○ 청소년 게임중독 문제는 청소년 본인의 문제가 아닌 한 가정의 문제이므로 자녀와 함께 부모에게도 게임중독 관련 교육이 필요하며, 특히 치료나 게임문화 변화를 위한 부모 지원의 중요성을 감안하여 부모 대상으로 게임 이해도 제고 및 게임 이용 지도법을 의무적으로 실시함

이상의 자료를 토대로 게임중독 방지대책을 작성해 보자. 먼저 현황을 작성하여야 하는데 여기서의 현황은 무엇일까? 현 자료상으로는 현 시점에서 시행중에 있는 셧다운제 외에 다른 게임중독 방지대책을 언급하고 있지 않다. 따라서 여기서는 시행 중인 게임중독 대책이 아니라 청소년의 게임중독에 관한 현황을 정리하면 된다. 아울러, 셧다운제 폐지 여부와 관련한 입장 정리도 필요하므로 셧다운제 운영에 관한 실태도 포함해야 한다.

먼저, 게임중독 실태와 관련하여 게임중독 청소년을 포함하고 있는 자료는 (자료 1)의 게임중독자 현황, (자료 2)의 게임이용에 관한 보호자 제재 현황, 게임비용 지출 현황, 게임시간대 현황 총 4개라고 하겠다. 이 중, 게임비용자료는 중독 청소년의 지출이 많다는 내용으로 게임시간이 많아지면 당연히 비용도 증가하게 되므로 게임중독에 따른 부수적인 효과를 나타내는 자료에 불과하다. 또한, 보호자 제재현황 자료도 (자료 1)의 보호자 제약이 적을수록 게임중독 가능성이 커진다는 게임중독 청소년의 가족 관련 요인을 뒷받침하는 자료에 불과하다. 따라서 게임중독 현황과 직접적으로 관련이 있는 자료는 게임중독자 현황 자료와 게임시간대 현황 자료 2개이므로 이 2개의 자료를 중심으로 현황자료를 작성하면 될 것이다.

아울러, 셧다운제 폐지 논란과 관련한 입장을 정리하기 위해 필요한 현황 자료는 어떻게 찾는 것이 좋을까? 셧다운제는 '특정 시간대 청소년의 온라인게임 접속을 차단하는 제도'이므로 게임이용 시간과 게임 유형에 관한 자료를 중심으로 정리하면 되지 않을까? 즉, 자정부터 새벽 6시 사이에 온라인 게임을 하는 청소년과 관련된 자료를 찾으면 될 텐데 제공된 자료를 보면, (자료 2)의 게임 유형 변화양상, 이용시간대 현황 자료가 이와 관련이 있어 보인다.

이런 맥락에서 필자의 게임중독 실태 등에 대한 조치내용은 다음과 같다.

1. 게임중독 실태 및 셧다운제 운영 현황
○ 청소년 게임중독 현황
- 게임중독 청소년 수 지속 증가 중
  * 2010년 1,047천 명 (14.4%)→2025년 1,350천 명 (18.5%)
  * 게임중독 청소년 중 7~12세 이하 증가세가 더욱 두드러짐
- 중독청소년의 심야시간대 게임 이용 비율은 12%로 일반 청소년에 비해 다소 높은 편임 (특히 12세 이하 청소년의 경우 더욱 그러함)
  * 12세 이하 7%, 13~15세 9%, 16~18세 10%
○ 셧다운제 운영 현황

- 자정에서 오전 6시까지 온라인게임 접속 차단하는 셧다운제는 청소년 학습권 및 수면권 보장 목적으로 2011년 도입, 15년째 시행
- 청소년의 심야시간 게임이용 비율은 7~12%이며, 게임중독 청소년의 비율이 상대적으로 높음
- 스마트폰 보급 확대로 인하여 셧다운제 대상인 온라인게임 이용 비율은 2010년 56%에서 20%로 급감하고, 모바일게임은 3%에서 50%로 급증

통상적으로는 현황 다음에 문제점 부분이 나온다. 그런데 여기서 제시된 게임중독 방지대책 관련 자료로는 기존에 추진 중인 방지대책이 제시되어 있지 않다. 셧다운제 자체가 추진하고 있는 정책이기는 하지만 셧다운제 폐지 여부를 별도로 검토해야 하는 입장이므로 셧다운제를 제외한 게임중독 방지대책은 없다고 볼 수 있고 처음으로 대책을 수립하여야 하는 상황이다. 새롭게 대책을 수립하여야 하는 상황이므로 현황 다음에 발표할 내용으로 문제점을 언급하는 것은 그리 적절해 보이지 않는다. 앞에서 정리한 게임중독 현황의 핵심은 '게임중독 청소년이 지속 증가하고 있다'이다. 또한, 수립할 정책과제는 게임중독 방지대책이므로 현황과 방지대책 사이에 들어가야 할 내용은 '왜 게임중독 청소년이 증가하고 있는지'에 관한 원인 분석이어야 할 것이다. 그래야 게임중독을 방지할 수 있는 대책이 도출될 것 아닌가? 즉, '게임중독 청소년 증가 원인 분석'이 선행되어야 다음의 방지대책과 논리적으로 들어맞을 것이다. 이런 의미에서 볼 때 새로운 정책 수립 유형의 과제에서는 '현황 다음에는 문제점'이라고 기계적으로 대응하지 말고, 과제 성격에 따라 유연하게 목차를 구성할 필요가 있다.

그러면 청소년 게임중독 증가 원인은 어디서 찾을 수 있을까? 제시된 자료 중 게임중독에 이르게 되는 원인을 설명하고 있는 부분을 들여다보아야 할 것이다. (자료 1)의 두 번째 네모의 내용은 게임중독 청소년의 일반적 특징으로 어린 연령, 많은 게임시간, 가족 관련 요인, 자기 통제를 열거하고 있다. 이를 게임중독이 증가하는 원인으로 재구성하면 다음 5가지 원인으로 정리할 수 있다. ① 게임 시작 연령이 어릴수록, ② 게임 이용시간이 많을수록, ③ 부모의 게임 제재가 적을수록, ④ 가족이나 친구 등과의 관계가 소원할수록, ⑤ 자기통제 능력이 부족할수록 게임중독에 이를 가능성이 커진다.

다음으로 게임중독 원인을 분석하기 위하여 검토할 자료는 개선방안 관련 자료이다. 원인 분석은 개선방안을 도출하기 위한 과정이며, 개선방안과 연계되어야 하기 때문이다. 위에 제시된 자료 중에 개선방안 관련 내용은 (자료 5)에 있다. (자료 5)는 ① 가정에서의 교육과 예방조치, ② 게임중독 상담치료센터를 주축으로 하는 관계기관 네트워크 구축, ③ 간접적 셧다운제 도입 및 게임업

계의 자율적 구제방안 수립, ④ 청소년 여가활동 확대, ⑤ 부모 대상 게임 관련 교육 의무화를 언급하고 있다. 이 중 ③번은 강제적 셧다운제 폐지 시 개선대안이므로 셧다운제 관련으로 활용하도록 하고, ①번과 ⑤번은 가정에서의 예방조치 관련사항으로 유사한 내용이므로 합쳐서 (자료 1)의 ③번과 ④번 원인과 묶어서 정리하고, ②번 내용은 (자료 1)에 없는 것이므로 게임중독 청소년이 증가하는 원인으로 게임중독 상담치료센터의 구심적 역할이 부재하다는 점을 추가하면 좋을 듯하다. 아울러, ④번 여가활동 확대조치는 거꾸로 생각하면 다른 여가활동이 없어 청소년들이 게임에 더 몰입한다는 뜻이므로 (자료 1)의 게임 이용시간이 늘어나는 원인으로 활용하면 될 것 같다. 이상 (자료 1)과 (자료 5)를 토대로 게임중독 증가원인을 분석하면, ① 부모의 게임 제재 부재와 자녀와의 관계 소원, ② 게임 외 대안(여가활동) 부족으로 과도한 게임 몰입, ③ 게임중독 상담치료센터의 구심적 역할 부재로 정리할 수 있을 것이다.

여기서 한 가지 더 언급할 점은 분석된 3가지 원인을 어떻게 범주화할 것인가에 대해 생각해 보아야 한다. 범주화되는 경우도 있고 그렇지 않은 경우도 있겠지만 가급적 범주화를 하도록 하는 것이 좋다. 위 세 가지 원인을 살펴보면 ①번과 ②번은 중독에 이르게 되는 사전적 원인이고 ③번은 중독 청소년에 대한 사후 치료에 관한 사항이므로 이 세 가지를 사전 예방과 사후 치료로 구분하면 어떨까?

이제는 셧다운제도에 대해 살펴본다. 셧다운제는 폐지 여부가 검토의 핵심내용이므로 셧다운제의 문제점이 무엇인지를 중심으로 작성하게 되면 셧다운제를 폐지하겠다는 입장에 치우친 느낌이 있다. 물론, 청소년부에서는 셧다운제 폐지를 추진하고 있지만 반대여론이 커지고 있는 상황이므로 가급적 중립적 입장에서 검토하는 것이 합리적일 것이므로 문제점 중심으로 분석하기보다는 셧다운제 찬반 양론을 언급하고 셧다운제 폐지 여부에 대한 입장을 정리할 때 고려할 사항을 밝히면 충분할 듯하다. 찬반 양론은 (자료 4)에 잘 나와 있으니 이를 간단하게 정리하고 입장 정리 시의 고려사항은 (자료 2)에 들어 있는 온라인게임 접속 시간대 자료와 게임유형별 변화양상 자료를 활용하면 될 듯하다.

이상의 내용을 토대로 필자가 작성한 게임중독 증가원인 분석 및 셧다운제 검토내용은 다음과 같다.

2. 청소년 게임중독 증가원인 분석 및 셧다운제 검토 내용

　(청소년 게임중독 증가원인)

　　○ (사전 예방)

　　　- 부모 등 가족 요인: 보호자의 자녀 게임이용에 대한 제재 미흡

　　　　　* 게임중독 청소년 65%는 제재 없음 (일반 청소년 31%)

　　　　　* 부모의 게임 이해도 및 게임이용 지도방법 인식 부족 등에 기인

　　　- 게임 외 다양한 여가활동 기회 부족

　　○ (사후 치료)

　　　- 게임중독 상담치료센터의 연구 및 관리 기능 부재

　　　- 치료센터 중심으로 정부, 민간단체, 학계 등과의 협업시스템 부재

(셧다운제 찬반양론)

　　○ 찬성측

　　　- 청소년의 수면권, 학습권 보장 필요성 여전함

　　　- 업계 자율 규제는 비효율적/비현실적

　　　- 게임중독 사회적 손실비용 연간 최대 5.5조원

　　○ 반대측

　　　- 청소년의 자기결정권 및 자율성 침해

　　　- 부모나 타인 주민번호 도용으로 잠재적 범법자 조장 우려 상존

　　　- 학업 제일주의와 여가활동 부족에 따른 게임 몰두 사회환경 개선 필요

　　○ 셧다운제 폐지 여부 관련 고려사항

　　　- 자정부터 오전 6시 중 게임이용 청소년 비율은 7~12%

　　　　* 게임중독 청소년 12%, 일반 청소년 7~10%

　　　- 셧다운제 대상인 온라인게임 이용 비율은 56%에서 20%로 급감, 반면 모바일게임은 3%에서
　　　　50%로 급증

다음으로 방지대책을 수립하여야 한다. 방지대책은 앞에서 원인분석을 하였으므로 분석된 게임 중독 증가원인과 1:1로 연계되도록 작성하되 자료를 토대로 가능한 한 구체적으로 정리하는 것이 좋다. 또한, 셧다운제 폐지 여부에 대한 판단도 필요한데 셧다운제 찬반 양론은 도입 당시와 큰 차이가 없지만 시행 15년이 지난 시점에서 찬반 양론의 경중을 비교형량하는 것이 합리적 결론 도출에 도움이 될 것으로 보인다.

이런 차원에서 필자가 생각하는 게임중독 방지대책과 셧다운제에 관한 입장은 다음과 같다.

3. 게임중독 방지대책 (셧다운제 개선방안 포함)

가. 예방대책

○ 부모 대상 게임 이해도 제고 및 게임 이용지도 방법에 관한 교육 실시

  - 초중등학교 대상 교육 시행 (게임중독 상담치료센터 협조)

○ 게임중독 청소년 부모나 친지 대상 선택적 셧다운제 설명회 수시 개최

○ 온라인 게임 피로도 시스템 도입 및 게임업계 자율 구제방안 시행 촉진

○ 게임 외 다양한 여가활동 기회 확대: OTT, 1인 방송, SNS 등

나. 중독 청소년 치료대책

○ 전국 주요 지역에 게임중독 상담치료센터 설립: 게임중독 관련 연구 및 관리 기능 수행

○ 치료센터 중심으로 정부, 민간단체, 학계 등과의 협업시스템 구축

다. 셧다운제 개선방안: 강제적 셧다운제 폐지 및 선택적 셧다운제 도입

○ 셧다운제 찬반 입장은 15년 전 셧다운제 도입 당시와 대동소이

○ 그러나 최근 스마트폰 보급 확대에 따라 모바일게임 이용률이 3%에서 50%로 급증하고 있고, 셧다운제 대상 게임인 온라인 게임 수요는 지속 감소하고 있어 셧다운제 존치 필요성은 도입 당시보다 현저하게 줄어들고 있음

○ 아울러, 심야시간대 청소년 이용률이 전체적으로 10% 내외에 불과하여 청소년의 자기결정권과 자율성 침해라는 비판을 감수하면서까지 셧다운제 유지 정당성도 크지 않은 것으로 판단됨

○ 다만, 게임시간 이용증가로 인한 중독현상 확대를 막기 위해 간접적 셧다운제와 '피로도 시스템'을 병행 시행하는 것이 보다 효과적일 것임

  * 선택적 셧다운제도: 부모가 요청하면 게임회사가 게임내용, 이용시간, 결제내역 등 자녀의 게임이용내역을 공개하고 부모가 설정한 시간대에만 자녀가 게임을 하도록 하는 방식

  * 피로도 시스템: 일정 시간 플레이할 경우 게임머니 및 경험치의 이득이 없게 하는 방법

다음으로 위 개선방안 시행에 필요한 행정사항들을 정리하여야 한다. 이러한 행정사항은 제시된 자료에 나와 있지 않으므로 독자가 그간의 공직생활을 통해 체득한 경험 내지 상식을 토대로 대응하여야 한다는 점을 유념하도록 한다. 예방교육을 실시하기 위해서는 교육청과의 협의가 필요할 것이고, 다양한 여가활동을 제공하기 위해서는 문화부와의 협의가 필요해 보인다. 전국 주요 지역에 게임중독 상담치료센터를 설립하기 위해서는 예산당국과의 예산 협의가 필요하며, 셧다운

제 폐지 및 간접적 셧다운제 도입을 위해서는 법 개정 작업이 필요하고, 게임업계와의 협조체제가 필요해 보인다. 이외에도 개선방안이 당초 기대한 성과를 나타내고 있는지를 점검하는 모니터링 방안을 포함하는 것이 바람직하다. 이러한 점들을 생각하면서 필자가 정리한 세부실행계획은 다음과 같다.

4. 세부실행계획
- 관계기관과의 협의 추진
  - 예방교육: 교육청
  - 여가활동 확대: 문화부
  - 상담치료센터 설립: 예산당국
- 셧다운제 변경 추진: 법 개정
- 게임업계와 간접적 셧다운제 시행준비: 선택적 셧다운제 및 피로도 시스템 도입
- 학부모, 청소년, 게임업계 등 관련 이해당사자들과의 정기적인 간담회 개최 및 간접적 셧다운제 시행 효과 정기 모니터링 실시

노인고용 지원사업

이번에는 새로운 정책 대안을 도출하는 것이 아니라 기존 정책을 수정하고 보완하는 개선방안을 도출하는 사례를 연습해 보자.

다음 제시된 과제를 토대로 노인고용 지원 사업 개선방안을 도출해 보자.

과제 배경상황

◆ 오늘은 2025년 2월 1일입니다.

◆ 본 과제에서 귀하는 푸름시 여성가족국 노인정책과장을 맡게 됩니다

◆ 푸름시는 다양한 노인 일자리 관련 사업을 진행하여 왔으나 사업 추진 과정에서 여러 가지 문제점이 지적되었습니다. 이에 국장은 귀하에게 2025년 노인고용 지원 사업의 문제점을 파악하고, 동 사업의 성과목표를 달성할 수 있는 개선방안을 마련하여 보고할 것을 지시하였습니다.

◆ 귀하는 2024년 노인고용 사업 결과 보고서를 비롯한 여러 자료들을 참고하여 2024년 노인고용 지원 사업의 문제점을 분석하고 2025년 노인고용 지원 사업 개선방안을 수립하여 국장에게 보고하여야 합니다.

2021~24년 노인고용 지원사업 결과 보고서

----

1. 추진 배경

- 급격한 인구 고령화 과정에서 노인 빈곤 심화

    - 2024년 노인빈곤율 48%, (OECD 평균 노인빈곤율 11%보다 4.4배 높은 수준)

- 노인의 고용 욕구는 매우 높으나, 노인고용에 대한 시장 여건 미흡

    - 2025년 노인고용률 전망 29.8%로 낮은 수준

2. 추진계획

■ 추진근거

- 노인복지법 제23조 (노인사회참여지원) 및 동법 제23조 2항 (노인고용전담기관 설치·운영 등)

■ 추진 목표

- 노인 고용 연간 2천 명씩 증가

    - 공공 고용: 500명

    - 민간 고용: 1,500명

- 노인고용 사업수행기관 확대

■ 중점추진사항

- 보다 많은 노인에게 다양한 사회활동 지원

    - 대상 사업: 지역재생, 도시환경개선, 도농 상생, 프랜차이즈 협동조합 등 유용성이 높은 복
      합적 노인 일자리사업 발굴

- 시간제 일자리 발굴 등 민간 일자리 취업지원 강화

    - 민간 일자리 발굴 및 지원을 위한 인프라 확충

    - 민간기업과 연계하여 시간제 일자리 점진적 발굴 및 확대

    * 시간제 일자리: 정규직과 동일한 근무조건에서 근로시간만 단축한 일자리

3. 노인 고용지원 사업수행기관 및 전담인력체제

- 일선 수행기관의 업무부담 해소 및 더 나은 일자리 발굴 등을 위해 2021년부터 노인일자리
  사업수행기관 전담인력제를 도입하여 실시함

- 총 수행기관 수는 2021년 이래로, 120여 개로 멈춰 있어 노인 일자리 수요에 비해 공급이
  턱없이 부족한 실정임

○ 전담인력 활용현황은 아래 표와 같음

〈전담인력 활용 현황〉

년도	2021년	2022년	2023년	2024년
전담인력 수	73명	97명	160명	130명
1인당 전담노인	150명	120명	120명	110명
인건비(월)	90만 원	100만 원	100만 원	110만 원
지원기간	7개월	9개월	9개월	11개월

4. 사업 추진 결과

■ **노인 고용지원사업은 공공과 민간으로 나누어 진행**

(단위: 백만 원, 개)

년도		2021	2022	2023	2024
사업비		10.370	11,705	21,572	20,361
계 (고용 유형)		6,757	9,778	15,318	16,090
공공	공익형	3,919	5,304	9,510	10,757
	복지형	1,441	2,249	2,996	3,068
	교육형	823	850	739	786
민간	인력 파견형	309	180	320	416
	시장형	263	1,193	1,753	1,021
	창업 모델형	2	2	-	42

* 공익형: 월 27만 원 (11개월), 민간형: 수익에 따라 배분

■ **세부 내용**

○ 공공분야 고용이 전체의 90% 이상을 차지하는데 이 중 공익형과 복지형은 지속 증가하고 있으며, 교육형은 2023년도 잠시 줄었다가 다시 증가하였음

○ 민간분야는 공공에 비해 10% 내외에 불과하지만, 이 중 시장형이 2022년 이후 대표적 유형

으로 자리매김하고 있으나 2024년에 크게 감소함

- 일자리 유형별 구성비를 보면 공익형이 66.5%로 가장 많고, 복지형 19.0%, 시장형 6.4%, 교육형 4.9%, 인력파견형 2.6%, 창업모델형 0.3%의 순으로 나타남

- 60세 이상자의 취업률은 41.1%로 높지만, 비임금 근로자 비중이 높고 (52.8%), 임금근로자의 68%는 비정규직으로 고용이 불안정함

- 취업 직종은 농림어업이나 단순노무직이 많고, 생애 주된 일자리에서 얻은 전문지식과 경험을 활용하기보다는 하향 취업이 대부분임

- 비노인가구에 비해 저임금 근로 비중이 현저히 높고, 소득구성 중 근로소득 비중이 감소하고 있어 ('20년 42.9%→'24년 41.4%) 근로의 질이 하락함

5. 한계점

- 노인 일자리의 양적 확대 위주 정책으로 보수 및 근로조건, 활동 내용 개선은 미흡함. 활동 프로그램 개발 없이 사업이 확대되어 지역 환경개선 같은 단순 근로형 활동이 대다수로 지역사회 기여도 또한 저조함

- 공공부문 노인일자리 사업 비중이 높으며, 민간 취업 희망자를 비보조금 일자리로 유도할 수 있는 취업알선, 직업훈련 서비스 등 고용서비스 제공이 부족함

- 민간기업이 자체적으로 노인에게 적합한 일자리를 창출하기 위한 노력 및 이를 지속적으로 유인하기 위한 인센티브가 부족함

- 전담인력 처우개선, 수행기관 확충, 근거법 마련 등의 인프라의 질 제고 노력은 미흡함

- 특히 정년과 실제 은퇴연령 간 격차 등으로 평균 은퇴연령인 만 53세부터 만 64세 노인이 소외되는 정책 단절이 발생함

- 고용센터, 노인취업지원센터에서 취업알선 서비스를 제공하고 있으나, 인력 및 인프라 부족으로 기업 발굴, 맞춤형 취업지원이 미흡함

[부록] 2024년도 노인 일자리 관련 통계 현황

■ 60세 이상 월 평균 소득

(단위: %)

구 분	여 자	남 자
60만 원 미만	90.5	56.5
60~100만 원 미만	6.2	16.9
100만 원 이상	3.3	26.6

- 노인 평균 소득은 월 48.6만 원으로 법정 최저임금보다 낮음
- 여자 노인은 60만 원 미만이 90.5%를 차지하고 있으나, 남자 노인은 60만 원 이상이 43.5%를 차지하고 있음

■ 60세 이상 인구의 고용형태

(단위: 천 명)

	남 자	여 자	소 계
임금 근로자	208	129	337
시간제	34	54	88
전일제	174	75	249
비임금 근로자	601	573	1,174
자영자	560	253	813
고용주	28	4	32
무급가족종사자	13	316	329

- 임금 근로자의 비중은 전체 근로자 중 22.3%에 불과하며 남자는 25.7%, 여자는 18.4% 로 나타남
- 임금 근로자 중 전일제 비중은 남자는 83.7%로 여자 58.1%에 비하여 25.6%P 높은 편임

[부록] 2024년도 노인 일자리 관련 통계 현황

일자리는 공공형에 치중, 전담부서 부족 및 직원 한 명이 110명 담당

푸름시는 작년 12월 21일 노인취업 활성화를 위한 노인복지 실천방안을 논의하는 자리를 열었다. 이날 주제 강연에 나선 하늘대학교 권기만 교수는 '노인들이 경제적 도움이 필요해서 일자리 사업에 참여하는 것으로 조사됐는데, 현재 정책은 낮은 급여수준의 사회공헌형 일자리 비중이 커 도움이 되지 못하고 있다'고 진단했다. 노인고용사업의 목적은 현재 노인의 소득 보완과 노동시장 재진입, 사회참여 지원 등 여러 가지가 혼합돼 있다. 정책목표가 모호하다 보니 사업수행기관은 각자 기관별 실정에 맞춰 사업량을 집행하는 수준에 머무르고 있다. 권교수는 '사업수행기관이 노인일자리 사업 목표를 소득창출과 사회참여 지원 중 어디에 둘 것인가부터 먼저 규정해야 한다'고 주장했다.

이와 함께 수행인력의 업무환경 개선도 시급한 것으로 드러났다. 각 수행기관은 일자리사업 전담부서가 없는 상태에서 기존 인력이 고유 업무와 일자리 업무를 병행하는 형태로, 1인당 110명을 담당하는 과중한 업무에 낮은 보수 등 열악한 근무환경에 노출되어 있다. 이는 수행기관에 지원되는 사업운영비가 부족하기 때문이다. 결국 인력과 시스템을 갖추지 않은 채 양적 확대에만 치중하는 정책의 문제점이 드러난다.

권교수는 '일자리 사업계획이 일자리 공급량과 예산계획에 머물기보다는 기관별 지역별 특수성에 맞는 일자리 개발과 그에 맞춘 고령자 역량 강화 프로그램 운영, 고령자를 고용할 수요처 발굴 등 구체적인 접근방법을 제시해야 한다'고 했다.

우리나라 평균 은퇴 연령은 53세로 주요국에 비해 7~10년 이상 빠른 반면, 평균 수명은 81세로 퇴직 이후 약 30년 동안의 소득 설계가 불투명하다. 지자체가 발 벗고 나서서 고용정책과 고령자 복지정책을 연결시켜 특단의 조치를 취하지 않는 한, 은퇴 이후 고령자는 확실한 생계대책 없이 노동시장의 주변부를 맴돌게 될 것이다.

자료 3 푸름시 노인 일자리대책의 문제는? (신문논설)

2024년 노인실태조사에 따르면 노인일자리 사업 참여율은 전체 노인 대비 4.3%였으며, 기회가 되면 노인일자리 사업에 참여하고 싶다고 응답한 비율은 18.2%로 노인일자리 사업에 대한 수요는 공급량에 비해 4배 이상 많은 것으로 나타났다.

노인일자리 사업 참여자와 참여 희망자의 특성을 비교분석한 결과, 현재 참여 노인은 주로 저소득 계층이고 여성, 고령, 저학력인 반면, 참여 희망자는 남성, 저연령층, 고학력자의 비중이 높은 것으로 나타났다. 즉, 60대, 남성, 고학력 노인이 상대적으로 노인일자리 사업에 진입하지 못하고 있는 것으로 나타나 이들의 활동 수요에 부합하는 일자리 또는 사회활동 개발이 요구된다.

2019년에 활동비 월 20만 원으로 시작한 노인일자리 사업은 2023년까지 공익활동 활동비를 22만 원으로 인상하였으며, 하반기부터는 추경을 통해 공익활동 수당을 5만 원 더 인상하여 월 27만 원을 지급하고 있다. 노인이 인식하는 적당한 생계비와 용돈 수준이 어느 정도인지 정확한 금액은 알 수 없으나 그동안의 노인일자리 사업 수당이나 급여가 생계비 마련이 목적인 노인에게는 충분하지 않았던 것은 사실이다.

노인일자리 사업의 유형에 따라 활동 시간이나 수당(급여)을 차등화하는 작업도 필요하며, 특히 노인들의 경제적 욕구 수준에 맞는 활동과의 매칭도 병행되어야 할 것이다.

그동안 노인일자리의 경우 경륜 전수활동과 같이 자신의 지식이나 경험을 다른 세대에 전달하는 사업도 있지만, 활동의 상당 부분이 가정방문을 통한 안부 확인이나 말벗 서비스, 지역사회 환경 정화와 같이 비교적 단순하고 일상적인 활동으로 진행되어 왔다고 할 수 있다.

평균 연령이 70세 이상이며 교육 수준이 낮은 참여 노인의 특성을 감안할 때 전문적이고 역동적인 활동을 요구할 수는 없지만, 앞으로 노인일자리 사업 확대와 함께 다양한 계층의 노인 참여를 도모하기 위해 노인이 충분히 수행할 수 있는 일상적인 활동뿐만 아니라 노인이 전문 역량을 발휘할 수 있는 활동 등을 더 적극적으로 발굴하여 사업 내용을 다양화할 필요가 있다.

A 시: 생애주기별 평생교육시스템 개발 및 맞춤형 일자리 지원

○ 생애주기에 따른 평생교육시스템을 구축하여 노인의 경험이나 능력 또는 연령에 따른 특성화된 교육 프로그램과 취업 및 일자리 프로그램을 마련

○ 단순히 노인 일자리 창출이라는 관점에서 접근하는 것이 아니라 노인 인력의 개발과 훈련을 법적으로 보장하고 이를 지원하는 프로그램을 강화

○ 우수 수행기관 등에 일자리 전담 발굴반을 구성하여 지역 내 일자리 자원 파악 및 데이터베이스화하고 정보시스템 간 연계를 통해 맞춤형 일자리 정보 제공

B 시: 노인일자리 창출 기업에 대한 지원 확대

○ 시니어 인턴 프로그램: 기존의 단순 직종/직무 중심, 단기 일자리에서 벗어나기 위해 전략 직종에 노인을 고용하거나, 장기 고용 내지 양질의 시간제 일자리 제공 기업에 대해 지원 차등화

○ 세대통합형 일자리 지원

　- 은퇴자의 기술/기능 전수를 위해 숙련기술직 은퇴자를 청년 멘토로 고용한 기업에 대해 직·간접 비용 지원

　- 기술 전수가 상대적으로 용이하고 필요한 분야(제조업, 서비스업)를 발굴해 지원 및 직무 모델 개발

○ 우수 노인고용 기업 인증 및 지원

　- 노인 다수 고용기업, 양질의 일자리 창출 기업 등을 우수 기업으로 인증하고 사회보험료, 홍보, 환경개선비 등 추가 지원

C 시: 지역 특화 사업 집중 육성

○ 표준화된 사업에서 벗어나 지역 특성에 부합하고 지역 현안을 해결할 수 있는 지역 특화사업, 전문형 사업 육성

○ 사회적 수요가 높은 지역 특화사업, 전문형 사업은 교육·근로시간을 연장하고, 공익활동 수당 차등 지급 (최대 40만 원)

이상의 자료를 토대로 현황-문제점-개선방안-세부실행계획 순으로 발표문을 만들어 보자.

노인고용 지원사업 개선방안 보고에서 현황은 무엇일까? 과제의 주제가 푸름시 노인고용 관련이므로 자료 1의 추진배경에 제시된 노인 고용률 전망치가 29.8%로 낮다든가 부록에 수록된 60세 이상 인구의 고용형태나 평균 소득 등 노인고용과 관련된 특징이나 증가감 등 추세를 언급하여야 하나? 아니면 과제에 제시된 배경상황에 의하면 푸름시의 노인고용 정책과제를 해결하기 위해 추진했던 지원사업의 추진현황을 살펴보고 문제점을 해결할 수 있는 개선방안을 제시하도록 지시하고 있으니 현재까지 추진했던 지원사업의 추진 현황을 중심으로 정리하여야 하나?

필자 견해로는 이번 사례는 앞에서 살펴본 사례와는 달리 기존에 추진하고 있는 정책을 개선하는 것이 목적이므로 노인고용 실태에 대한 현황보다는 노인고용에 대해 지금까지 실행했던 지원사업의 성과를 설명하는 것이 현황에 더 부합될 것으로 보여진다. (자료 1)의 지원사업 결과보고서 중 (4. 사업 추진 결과)에 사업 추진 결과를 정리한 표(연도별 공공 및 민간부문 성과)와 이를 설명하는 '세부내용(6개 항목의 일자리 추진결과)'이 정리되어 있다. 이 중 어떤 내용을 중심으로 현황을 작성하여야 할까?

현황을 정리할 때 자료 1의 4. 사업 추진결과 중 세부내용을 중심으로 작성하는 것은 어떨까? 현황 대상으로 노인고용 실태가 아닌 정책 추진 결과를 정리하였으니 핵심은 정확하게 짚었다고 본다. 그러나 그렇게 현황을 작성하는 것은 불완전한 정리이며 논리적 사고의 흐름을 보여 준다고 하기 어렵다. 왜냐하면 자료에 제시되어 있는 지원사업 추진 결과 내용 자체가 목표와 연계하여 (추진 목표에 비추어 결과가 어떠어떠했다는 식으로) 분석하지 않았기 때문이다. 사업 추진결과를 단순히 나열하는 것은 현황 분석이라고 하기에는 부족하다. 당초 사업을 추진한 목표와 관련하여 추진결과를 볼 수 있어야 정책을 보완할 대상이 무엇인지 확인할 수 있기 때문이다. 이 사례의 경우 추진목표는 무엇인가? ① 노인 고용 연간 2천 명씩 증가 (민간 1,500명, 공공 500명) ② 노인고용 사업수행기관 확대 이상 두 개다. 이 목표를 달성하기 위해 지원사업을 추진한 결과 (지원사업 내용이 구체적으로 열거되어 있지는 않지만) ① 노인 고용은 연간 3,100명 증가하여 목표를 상회하였지만 공공부문은 연 500명 목표 대비 연 2,809명 증가한 반면, 민간부문은 연 1,500명 대비 301명 증가하여 목표에 크게 미흡한 실정이며, ② 사업수행기관은 2021년 이후 120여 개로 정체되고 있어 확대하고자 하는 당초 목표를 달성하지 못하고 있는 상황임을 알 수 있다. 이처럼 추진목표와 관련하여 현황을 정리하면 두 개 목표 중 노인고용 목표는 총량으로는 초과 달성하였지만 내용적으로는 공공과 민간 모두 여러 문제를 보이고 있다는 점을 알 수 있고, 사업 수행기관 또한 정체되어 목표를 달성하지 못하고 있다는 실정을 쉽게 파악할 수 있다.

이런 점을 고려하여 필자가 작성한 노인고용 지원사업 개선방안의 현황은 다음과 같다.

1. 2021-24년 노인일자리 사업 추진현황

○ 목표
  - 노인일자리 연간 2천 개 확충 (공공 500명, 민간 1,500명)
  - 노인고용사업 수행기관 확대
○ 사업추진 결과
  - 노인 일자리 9,335개 증가 (연간 3,100개 수준으로 목표 상회)
    * 단, 민간은 연 301개 증가로 목표 대비 크게 미흡, 공공은 연 2,809개 증가로 공공부문 중심 노인 고용 큰 폭 증가함
  - 사업수행기관은 2021년 이후 120여 개로 정체

현황을 작성하고 나면 다음으로 문제점을 정리하여야 한다. 어떤 사람들은 현황과 문제점을 함께 작성하기도 하는데 필자 생각으로는 현황과 문제점은 분명하게 구분해서 발표하는 것이 좋다고 본다. 왜냐하면, 현황은 특정 과제에 대한 '객관적 사실'을 정리하는 것이지만 문제점은 그러한 객관적 사실이 바람직하지 못하다고 판단하고 왜 바람직하지 못한 사실이 발생하였는지를 분석하는 가치판단의 영역이기 때문에 부분이다. 여기서 한 가지 언급할 포인트는 문제와 문제점은 어떻게 다른가 하는 점이다. 문제는 이루고자 하는 목표와 현실 간의 간극이다. 목표와 현실 간의 갭이 클수록 문제는 심각한 것이므로 시급하게 해결하여야 될 정책과제로 채택되기 쉬울 것이다. 반면, 문제점은 사전적으로는 "그러한 문제가 되는 요소 또는 부분"이다. 이를 보고서 용어로 재해석하면 그러한 문제가 발생한 원인 즉, 현실과 목표 간에 차이가 발생한 원인이라고 할 수 있다. 따라서 문제점 부분은 문제가 발생한 원인을 분석하는 가치판단의 영역이다. 앞서 노인고용 지원 사업 개선방안을 수립하고자 하는 것은 노인고용 목표와 추진결과 간에 차이가 많이 발생하였기 때문에 정책과제로 채택된 것으로 보면 된다. 그리고 노인고용 지원 사업 개선방안에 관한 발표를 하기 위해서는 먼저 현황에서 그 차이가 얼마나 생겼는지를 통계 등을 활용하여 설명하고, 문제점 부분에서 왜 그러한 차이가 발생하였는지를 분석하여 제시하여야 한다.

그러면 이번 과제에서 문제점을 정리하려면 어떻게 하여야 할까?

문제가 발생하게 된 원인을 찾아야 하므로 ① 노인 고용 연간 2천 명씩 증가 (민간 1,500명, 공공 500명) 목표와 관련하여 왜 공공은 크게 늘고, 민간은 덜 증가했는지 ② 노인고용 사업수행기관 확대 목표와 관련하여 왜 사업수행기관이 늘지 않고 정체되었는지에 초점을 두고 자료를 분석하여야 한다. 목표 ① 과 관련하여, (자료 1)의 5. 한계점 분석 부분에서 공공일자리는 양적 확대, 단순 근로 위주 정책으로 공공의 비중이 크게 증가하였음을 알 수 있고, 민간일자리는 민간취업 희망자에 대한 고용서비스 부족, 민간기업 인센티브 부족 등으로 고용이 부진하였음을 알 수 있다. (자료 2)와 (자료 3)에서 공공 일자리는 급여수준이 낮아 (월27만 원) 참여 노인들에게 경제적으로 도움이 되지 못함, 60대 고학력 남성은 공공일자리 사업에서 소외되어 있음도 알 수 있다. 목표 ② 사업수행기관 정체 원인은, (자료 1)의 5. 한계점 분석 부분과 (자료 2)의 전문가 칼럼에서 전담인력 처우문제, 인력 및 인프라 부족 등임을 알 수 있다. 두 개 목표와 관련하여 목표와 추진 결과 간 차이가 발생한 원인을 규명하였으므로 이를 정리하면 된다.

정리 시 유념할 사항은 문제점을 가급적 범주화하여 작성하여야 한다. 범주화 작업은 발표 내용의 논리를 높여 주고 논점을 명확하게 제시하는 긍정적 효과가 있다. 이 발표문의 경우 목표가 두 개이므로 각 목표별로 문제점을 정리하면 충분할 것으로 보인다.

필자의 문제점에 관한 조치 내용은 다음과 같다.

2. 기존 노인고용 지원사업의 문제점 (목표 달성 부진 원인)

(노인 일자리 관련)

○ 어르신 수요와 특성을 감안하지 않는 양적 확대위주 정책 추진에 기인함

  - 저임금과 단순노무직 중심의 공공형 일자리 위주로 정책 추진: 생계비 마련을 원하는 어르신의 요구와 동떨어진 일자리 중심 집행

  - 그 결과, 저소득계층/여성/고령/저학력 중심으로 공공형 참여 중이며 60대 남성/고학력 등의 베이비부머 세대는 소외됨

○ 민간부문 고용 증가가 부진한 것은 기업의 자체적인 고용 창출 노력 부족과 이를 유인하는 정부의 인센티브도 부족하였기 때문임

  - 민간 취업 희망 노인에 대한 취업알선, 직업훈련서비스 등 맞춤형 고용서비스 제공 노력이 미흡한데도 기인함

(노인고용사업 수행기관 관련)

○ 사업수행기관의 인프라 미비:

- 사업 운영비 부족: 담당자 낮은 보수(월 100만 원 수준), 기존업무와 노인고용 업무 병행, 과중한 업무부담 (현 1인당 110명 담당)

- 사업수행기관의 맞춤형 고용 연계 활동을 지원하는 법적 장치 미흡

개선방안 작성의 핵심은 문제점과 1:1로 상호 연계되도록 한다는 점이다. 그리고 개선방안은 개선방향에 그치지 않고 비교적 구체적으로 작성하여야 한다. 구체적으로 작성한다는 뜻은 제시된 자료를 토대로 구체적이어야 한다는 의미이지 자료를 뛰어넘어 참신하고 획기적인 방안을 마련하여야 한다는 뜻은 결코 아니다. 개선방안은 대체로 제시된 자료 중 전문가 칼럼이나 벤치마킹 사례 등에 포함되어 있으므로 그러한 자료를 활용하여 구체적인 개선방안으로 제시하도록 한다. 앞의 문제점 부분에서 목표 ① 노인고용과 관련하여, 공공 일자리의 지나친 목표 초과현상은 양적 확대, 단순 근로 위주 정책의 결과로서 참여 노인들에게 경제적으로 도움이 되지 못하고 60대 고학력 남성이 소외되어 있다고 분석하였으므로 개선방안은 양적 확대 외에 질적 성장도 추구하겠다는 개선방향을 제시하면서 그 구체적 방안으로 C시 성공사례를 인용하여 저임/단순 일자리를 특화/전문형 사업으로 개편하고 수당을 현행 27만 원에서 40만 원으로 상향 지급하여 경제적으로도 도움이 되도록 하는 방안을 제시한다. 민간 일자리는 민간취업 희망자에 대한 고용서비스 부족, 민간기업 인센티브 부족에 따라 목표에 크게 미달하였다고 분석하였으므로 개선방안으로는 고용서비스 확충 및 다양한 인센티브 제공을 제시하고 그 구체적 방안은 B시의 민간기업 일자리 창출 유도 사례, A시의 일자리 전담 발굴단 구성을 통한 맞춤형 일자리 지원 사업 등을 언급하면 될 것이다.

그리고 목표 ② 사업수행기관 확대와 관련하여 그 정체 원인을 전담인력 처우문제, 인력 및 인프라 부족이라고 규명하였으므로 개선방안에서는 사업수행기관의 인프라 보강과 전담인력 업무환경 개선을 큰 방향으로 제시하고 사업 수행기관의 인프라 보강방안은 A시 사례를 참고하여 사업수행기관의 업무수행 체계의 효율성을 강화하고, 전담인력 업무환경 개선방안은 (자료 2) 전문가 칼럼에서 언급한 문제점 (전담부서 부재, 고유 업무와 일자리 업무 병행, 과중한 행정 대상 및 낮은 보수 등)을 참고하여 작성하면 충분할 것이다.

필자의 개선방안 정리내용은 다음과 같다.

3. 노인고용 지원사업 개선방안

1) 노인고용 관련

○ (공공 일자리) 양적 성장과 더불어 질적 성장 추구

- 어르신 일자리 정책목표를 양적 성장 위주에서 탈피하여 일자리의 질을 높이는 방향으로 재조정함

- 저임/노무직 중심의 공공형 일자리를 푸름시 특화/전문형 사업으로 단계적 개편하고, 연장/활동수당을 현 월 27만 원에서 40만 원으로 조정 (C시 사례 참고)

○ (민간 일자리) 민간기업 일자리 창출 유도책 적극 시행 (B시 사례 참고)

- 민간기업의 시니어 인턴 프로그램 운용 시 고용기간과 고용의 질에 따라 차등지원하여 프로그램 사용 촉진

- 숙련기술직 은퇴자를 청년 멘토로 고용하는 이른바 세대 통합형 일자리를 창출하는 기업의 인건비 등 비용 지원

  * 제조업, 서비스업 분야 발굴, 직무모델 개발

- 우수 노인고용기업 인증 및 지원책도 병행 추진

2) 사업수행기관 업무수행 체계 보강 (A시 사례 참고)

○ 우수 사업수행기관에 일자리 전담 발굴단 구성, DB화하여 일자리 정보를 체계적으로 제공

  * 평생교육시스템 구축: 교육프로그램과 일자리 연계

○ 사업수행기관 전담 인력 업무환경 개선

- 일자리 전담부서 설치 및 사업운영비 지원 강화

  * 고유 업무와 일자리 업무 병행 처리 금지

- 처우 개선: 월 110만 원→월 180만 원 (3개년 계획)

- 담당 인력 보강: 1인당 110명→60명 선 (3개년 계획)

개선방안까지 작성하면 발표문은 사실상 완성된 것이나 다름없다. 그러나 개선방안을 현실화할 수 있는 필요한 조치들에 대한 언급을 추가하면 업무담당자로서의 주도면밀한 모습 등 좋은 인상을 주게 된다. 다시 한번 강조하지만 세부실행계획 (또는 세부추진계획)은 개선방안의 연장선이 아니라는 점을 유념하여야 한다. 즉, 세부실행계획은 개선방안을 실행하기 위한 행정적 수단들 예컨대, 예산이나 조직, 추진일정, 홍보, 법령 재개정 등에 관한 내용으로 구성되어야 한다. 그리고 개선방안을 추진함에 있어 예상되는 장애요인이 있으면 이를 해결할 수 있는 극복방안과 개선방안이 제대로 추진되고 있는 지를 점검하는 모니터링 방안 등을 포함하면 발표내용을 더욱 돋

보이게 한다.

필자의 세부실행계획 조치사항은 다음과 같다.

4. 개선방안 실현을 위한 세부 실행계획

○ 공공분야 일자리를 푸름시 전문/특화형 사업으로 개편하기 위한 전문가 간담회 등 개최

○ 민간기업 일자리 발굴 특위 구성 및 기업 지원 인센티브 예산 확보를 위한 관계부서 협의: 필요시 시
  의회 협력방안 강구

○ 사업수행기관 인프라 개선 및 전담인력 처우개선을 위한 운영예산 추가 확보 및 평생학습 프로그램
  구축 지원

○ 성과관리: 개선방안 실행 이후 정기 모니터링하여 효과성 확인

종자강국 실현을
위한 보완대책

종자강국 실현을 위한 보완대책

과제 시행 방법

1단계 30분 동안 자료 검토 및 발표 내용을 개조식으로 작성함

* A4지 1~2장에 ① 현황 ② 문제점 ③ 개선대안 ④ 세부실행계획 순으로 적어놓고 해당되는 내용을 키워드 중심으로 채워가면서 정리

2단계 5분 발표, 15분 질의응답

* 질의응답 과정에서 제공된 자료를 활용할 수 있음

배경상황

◆ 귀하는 농림부 종자생명산업과의 나종자 사무관입니다.

◆ 2025년 현재 세계각국은 우수종자 개발을 위해 치열한 종자전쟁을 벌이고 있습니다. 우리나라도 글로벌 종자강국으로 도약하기 위해 정부 차원의 연구개발프로젝트를 추진하고 있습니다. 바로 황금씨앗프로젝트(Golden Seed Project: GSP)입니다.

◆ GSP는 2022년 기본계획이 수립되고 2023년 8월부터 본격화되었는데, 농림부, 해양수산부, 농촌진흥청, 산림청 4개 부·청이 참여 중이고 식량작물, 채소, 원예, 축산, 수산 등 5개 분야 19종이 대상입니다. 정부는 품종 개발을 위해 2022년부터 2031년까지 10년간 4911억 원을 투입하여 품종보호 및 해외시장 맞춤형 종자개발로 2032년 5억 달러 수출을 목표로 하고 있습니다.

◆ 그러나 GSP 시행 4년째를 맞아 정책효과를 평가하고 문제점을 보완해야 한다는 여론이 높아지고 있어 농축산식품부는 대책 마련에 부심하고 있습니다. 이에 생명산업종자과장은 담당 사무관인 나종자 사무관에게 정부에서 추진 중인 GSP를 포함한 종자산업 지원대책을 평가하고 종자강국 실현을 위한 보완대책을 마련하라는 지시를 하였습니다.

◆ 참가자는 현 종자산업 지원대책 추진현황과 문제점을 파악하고 이를 보완하는 대책을 제시하고 이를 실행하기 위한 세부 계획에 대하여 보고해야 합니다.

보낸 사람	농림부 박생명 과장 <smpark@agri.go.kr>
받는 사람	나종자 사무관 <jjna@agri.go.kr>
받은 시간	2025-11-25 10:15:23
제 목	종자산업 육성대책 개선계획 보고

나사무관 수고가 많습니다.

최근 언론에서 종자산업 현황과 문제점에 대해 집중 조명하고 있는데 이중에는 우리부에서 추진 중인 GSP(Golden Seed Project: 황금씨앗프로젝트)를 포함한 지원대책을 강화할 필요가 있다는 내용도 있고 또 지원대책이 부족하다는 비판적인 내용도 많이 대두되고 있습니다. 우리부로서는 이러한 여론의 관심을 『종자강국 실현을 위한 종자산업지원정책』 강화의 계기로 활용할 필요가 있다고 봅니다.

이러한 맥락에서 나사무관이 종자산업 전반의 문제점과 현행 종자산업지원대책의 문제점을 정리·평가하고 종자강국 실현을 위한 향후의 보완대책을 핵심 위주로 요약한 후 이를 실행하기 위한 실행계획을 작성하여 다음 주 11월 30일 월요일 오전 중에 보고해 주기 바랍니다. 나사무관의 보고내용을 토대로 심층 내부 토론을 거쳐 종합대책을 12월 초 장관님께 보고할 예정이니 대책 마련에 만전을 기하여 주기 바랍니다.

■ 종자산업 의의와 육성 필요성

○ 종자산업은 농축산물의 종자를 개발·생산하여 이를 재배농가에 보급하기까지의 전 과정을 포괄

  – 농산물 분야에서의 종자산업은 식물의 유전자원을 이용, 고품질 종자를 개발한 후 대량으로 생산하여 작물 재배 또는 가공·제품화하는 산업을 지칭

    * 종자산업법상 종자산업에 대한 정의: 종자를 연구개발, 육성, 증식, 생산, 가공, 유통, 수출, 수입 또는 전시 등을 하거나 이와 관련된 산업

○ 종자산업 육성 필요성

  – 미래 성장동력산업으로 농업의 근간임

    • 종자의 품질, 용도 등 특성에 따라 1차 생산에서부터 소비, 산업 적용까지 농축수산물 생산 이후 방향을 결정하는 핵심요소

    • 바이오에너지 및 제약산업 등과 연계 (생명공학기술을 활용한 기능성 식품, 의약품 등 연관산업과의 융·복합화로 외연이 확대)

  – 식량안보 핵심으로 종자주권 확보를 위해 국가지원이 필요한 산업

    • 국산 품종개발이 취약한 양파. 토마토. 파프리카 등은 채소종자보다 월등히 높은 가격으로 유통

    • 농업인 보호차원에서도 육종기술의 지속 발전이 필요

  – 농업분야 반도체산업으로 육성 가능한 유망분야임

    • 유전자원 보유 세계 제6위, 우수한 인적자원, 육종 기술력 보유

■ 국내 종자산업 현황

1. 종자업체의 낙후

○ 종자업체가 증가하고 있으나 상위 몇 개사를 제외하고는 대부분 영세하며 신품종 개발 능력도 미흡

　－ 332개(2008)→1,073개(2022)

　－ 상위 10개사가 국내 시장의 80% 이상 점유

○ 연구원 10명 이상 보유업체가 농우바이오, 몬산토코리아 등 4개에 불과하고 규모 자체도 글로벌 기업과 상당한 격차

　－ 국내 최대 종자업체인 농우바이오의 매출액 및 R&D 규모는 각각 몬산 토의 0.5% 수준

　－ 2022년 품종보호제도 전면 확대로 로열티 지급 증가

　　＊ 로열티 지급액: 124억 원('18)→153('20)→205('22)

　－ 벼, 배추, 무 등의 육종기술은 세계적 수준이나, 고부가가치 품목인 토마토, 파프리카 등의 육종기술과 유전자원은 부족

국산 종자비율(%)

식량	채소	과수	화훼류
98	98	23	10

2. 다국적기업의 국내 시장점유율 확대

○ 1997 외환위기 이후 국내 5대 종자회사 중 4곳이 다국적기업에 합병되고 상당수 유전자원과 우수 육종기술이 유출됨

　－ 1위 흥농종묘와 3위 중앙종묘: 세미니스(멕시코/현 몬산토)

　－ 2위 서울종묘: 노바티스(스위스/현 신젠타)

　－ 7위 청원종묘: 사카타(일본)

　　＊ 1993년 중앙종묘가 개발한 청양고추 종자는 현재 몬산토 소유

○ 외국계 종자기업 시장점유율: 2000년대 14%→현재 50%

○ 미국, 일본 등 해외학자들에 의한 유전자원 반출도 빈번하게 발생

　－ 세계 화훼시장에서 각광받고 있는 미스킴 라일락과 세계식량 증산에 크게 기여한 소노라 64호(밀)가 대표적 사례

3. 종자시장 규모 협소 및 지속적 무역적자 발생

○ 국내시장 규모는 4억 달러에 불과하며 성장세도 미약

○ 작물군별로는 식량작물 1,700억 원, 채소 1,500억 원, 화훼 1,100억 원, 특용작물 600억 원, 과수 400억 원 정도로 추정

계	벼	감자	보리	옥수수	콩
1,706억 원	1,072억	431억	72억	67억	64억

○ 식량 및 채소 이외의 종자는 거의 수입에 의존하여 무역적자가 발생
  - 2021년 중 종자류 수출은 2천 9백만 달러, 수입은 1억 1천 7백만 달러로 8천 8백만 달러 적자 발생

○ 세계 종자시장은 지속적인 성장세(연 5~10%)를 나타내고 있음

　- 최근 10년 동안 두 배 성장: 2023년 약 450억 달러 규모(농산)

전체 종자시장 규모(2020)

분 야	계	농 산	축 산	수 산
세 계	698억 달러	370	171	157
우리나라	10.3억 달러	4	4.76	1.58

*농산물 종자시장 규모 미국 120억, 중국 60억, 프랑스 20억, 일본 14억, 한국 4억

　- 교역량도 2000년대 말 30억 달러에서 2021년 약 100억 달러로 증가

　- 세계시장 규모는 지속적으로 확대될 전망이며, 특히 중국과 인도 및 아시아지역의 종자
　　시장은 기존 재래종에서 교배종으로 빠르게 전환되면서 급속히 성장할 것으로 예상됨
　　(우리나라의 점유율은 전 세계시장의 1%에 불과)

10대 다국적 기업의 농산물 종자시장 점유율

업체명	몬산토	듀폰	신젠타	리마	랜드 오레이크	KWS	Bayer	Dow	사카타	DLF-T	합계
매출액	72억	46	25	12	11	9	7	6	4	3	195억
점유율	27%	17	9	5	4	4	3	2	2	1	74%
국 가	미국	미국	스위스	프랑스	미국	독일	독일	미국	일본	덴마크	

○ 종자산업은 의약 및 재료산업 등과의 융복합산업으로 발전

　- 타미플루는 스타아니스(팔각나무)종자에서 성분 추출한 신약

　- 실리마린은 엉겅퀴에서 간 기능 개선제 추출 등

○ 다국적기업들은 기후변화에 관련되는 유전자를 선점하기 위해 생명공학기술을 활용한
　유전자 탐색에 몰두

　- 탐색된 유전자의 기술을 확인하여 특허출원 시도

　　세계는 지금 종자 전쟁 중이다. '종자 전쟁'이란, 신품종의 종자 개발 및 공급을 둘러싸고 국가나 기업 간에 정치적, 경제적 대립이 격화되는 현상을 말한다. 국제식물신품종보호동맹(UPOV)의 협약에 따라 신품종에 대한 지적재산권이 보호되면서, 각 국가나 기업은 신품종 개발에 힘쓰고 있다. 특히 21세기는 종자전쟁이 예고된 만큼, 종자의 공급력을 확보한 국가나 기업이 강력한 지배력을 갖게 될 것은 분명하다. 미국의 '몬산토'는 세계에서 가장 큰 종자회사이며, 실제로 금값보다 비싼 종자들이 나타나고 있는 추세이다. 우리나라 또한 김과 청양고추의 로열티를 내고 있다.

　　종자전쟁은 따지고 보면 문익점의 목화씨 반입부터가 그 시초라고도 할 수 있다. 또 1890년에 미국 최대의 육종업체 회사에서 기독교 재단학교의 학생들에게 장학금까지 주면서 우리의 잔디씨를 인천항을 통해 가져간 것도 종자전쟁이었던 것이다. 우리 식탁에 오르는 농산물의 절반이 외국업체 종자로 수확되고 있고, 무나 배추 종자마저 50% 넘게 수입되고 있다. 이렇게 우리나라는 한 해 종자 수출액 400억 원으로 32위에 머물며 걸음마 단계이다.

　　그렇다면 우리나라가 종자전쟁에서 살아남기 위해서는 무엇을 해야 할까? 우선, 종자 개발에 힘써야 한다. 보다 다양하고 우수한 품질의 종자들을 개발하고, 독특하고 고유한 신품종도 제작해야 한다. 두 번째로는, 상품을 전 세계에 널리 알려야 한다. 네덜란드처럼 국화로 튤립을 지정한다든지, 각 지역의 특산물로 정한다면, 우리나라의 종자 수출액이 오를 것이다. 마지막으로, 토종자원을 보호해야 한다. 일본의 벚꽃도 우리나라 제주도의 왕벚꽃을 가져가 150년 동안 품종 개량해 세계에 퍼뜨린 것이고, 매년 12월 25일 크리스마스 날이면 길거리를 가득 메우던 상록수 트리 또한 제주도, 지리산 등에서만 자라던 구상나무를 미국이 가져가 종자 개량을 하면서 신품종으로 탄생했다. 우리는 우리의 것을 개량하기보다는 보호하고 지켜야 한다.

　　이처럼, 우리나라는 아직도 할 일이 많다. 하지만 희망이 없는 것은 아니다. 세계 종자시장 규모는 2020년 698억 달러에서 2030년에는 1천 650억 달러로 10년 사이 두 배로 커지면서 우리나라도 같이 성장할 가능성이 있기 때문이다. 이렇게 꾸준히 노력하다 보면 종자 개량 산업이 효자산업이 되는 날이 올 수 있을 것이다.

○ 2022~2031 10년간 총 4,911억 원을 투자하여 국내 종자산업을 글로벌 종자산업으로 육성하는 사업임

- 2030년 종자수출 5억 달러, 2040년 종자수출 30억 달러 달성 목표
- 식량, 채소, 과수, 화훼, 산림, 버섯, 수산, 축산 8개 분야 망라
- 전체 종자품목을(130개 이상) 대상으로 육종기반, 기술성, 성장성 그리고 정책적 필요성을 기준으로 선정함

1단계 국립종자원 등록 품목 조사와 전문가 수요조사를 토대로 국내 육성 가능 품목을 조사 (130개 이상)

2단계 교역량 및 시장규모 조사 등 시장성 평가를 통해 50개 내외 선정

3단계 전문가 자문, 정책적 중요성 등을 감안하여 기술성을 평가하여 최종 19개 품목을 선정

「Golden Seed 프로젝트」 우선지원품목

투자품목		Golden Seed 선정 당위성	목표시장
식량	벼	· 세계 5대 식량작물로 민간 시장 개방 가속화 · 최고수준의 육종기술을 바탕으로 1,000만 달러 이상 수출 가능: 2019년 세계시장규모 약 25억 달러,	남아시아, 동남아, 중국, 일본
	감자	· 식량부족 문제 해결의 주요 기대품목, · 우수 씨감자 기술을 바탕으로 세계 수출시장 5% (현재 0.15%) 점유 시 1억 달러 이상 수출 가능	중국, 몽골, 일본, 동남아, 아프리카, 북미
	옥수수	· 세계 5대 식량작물 중 시장규모 가장 큼. * 시장규모 약 270억 달러('18), 연평균 약 11% 성장 · 우수 사료용 옥수수 개발을 통해 국내 사료 수입대체 및 글로벌 수출 시장 진입 가능	중국, 인도, 동남아
채소	배추	· 수출강점품목-우수육종 기술과 유전자원 보유 · 점유율 제고로 1,000만 달러 이상 글로벌 수출 가능	중국, 일본, 몽골, 동남아, 미주, 유럽
	고추	· 수출강점품목-우수육종 기술과 유전자원 보유 · 점유율 제고로 3,000만 달러 이상 글로벌 수출 가능	중국, 일본, 몽골, 남아시아, 동남아, 북중미, 유럽

투자품목		Golden Seed 선정 당위성	목표시장
채소	수박	· 수출강점품목-우수육종 기술과 유전자원 보유 · 점유율 제고로 1,000만 달러 이상 글로벌 수출 가능	중국, 일본, 몽골, 동남아, 북미
	무	· 수출강점품목-우수육종 기술과 유전자원 보유 · 점유율 제고로 3,000만 달러 이상 글로벌 수출 가능	중국, 일본, 몽골, 남아시아, 동남아, 미주, 유럽
	양배추	· 수입의존도 약 90% · 우수육종 개발 시 약 20억 원 수입대체효과 예상	중국, 일본, 몽골, 남아시아, 동남아, 유럽, 북미
	토마토	· 수입의존도 약 90% · 우수육종 개발 시 약 20억 원 수입대체효과 예상	중국, 일본, 몽골, 남아시아, 동남아, 중동
	양파	· 수입의존도 약 80% · 우수육종 개발 시 약 2백만 불 수입대체효과 예상	중국, 일본, 몽골, 남아시아
과수	감귤	· 현재 미국, 영국 등 선진국으로의 수출 확대 기조 · 로열티 지급 대응을 위한 품종개발 시급	일본, 호주
화훼	백합	· 로열티 지출 가장 큰 품목 중 하나 · 로열티 지급 대응을 위한 품종개발 시급	일본, 중국
축산	돼지	· 100% 수입에 의존, · 우수종돈 개발 시 약 1만 두 이상 수출: 1,000만 달러 이상 수출 가능	중국, 일본, 몽골, 러시아, 동남아
	닭	· 100% 수입 의존으로 국내 종계산업은 붕괴직전 · 우수종계 육종기술 개발: 종계산업 육성 및 로열티 대응 필요	중국, 몽골, 남아시아, 동남아
수산	넙치	· 어패류 종자산업 기반은 매우 취약 · 우수종자 생산을 위한 종어개발을 통해서 글로벌 시장 선점이 가능 * 넙치, 전복, 바리과는 세계적 육종기술 보유	중국
	전복		중국, 남아시아
	바리과		동남아
	김	· 우수한 품종개발 기술보유 · 로열티 지출 대응을 위한 품종개발 시급	일본, 중국
버섯류	버섯	· 중국을 중심으로 수요가 증가 ·UPOV 발효에 따른 로열티 대응이 필요	일본, 중국, 동남아, 북미, 유럽

자료 6 · 종자산업 지원대책 평가와 과제 (농촌경제연구원)

■ 종자산업 지원현황

○ 2008년 종자산업 경쟁력 강화를 위해 "종자산업법" 시행

○ 2019년 "2030 종자산업 육성대책" 마련

○ 2022년 글로벌 시장개척 및 UPOV (국제식물신품종보호연맹) 대응 품종 보호 전략종자 개발을 위해 GSP 사업을 본격 추진

○ 2023년 종자산업육성 5개년계획 수립 및 4분야 추진전략 제시

   ① 육종인프라 확충

   ② 고부가가치 품종 육성

   ③ 우수종자 생산·유통

   ④ 민간 역량 강화·사업 생태계 조성

■ 종자산업 지원대책 평가

성과	미흡한 점
○ 종자산업의 인프라 제고 ○ R&D 투자로 지식의 스톡 확대 ○ 국내 품종보호제도 도입·정착 ○ 종자기업을 위한 육종인프라 구축 - 수출전략형 품종, 수입대체형 품종 등 중장기 품종 개발 연구	○ 산업현장 수요에 맞는 맞춤형 인력 부족 ○ 유전자원 민간활용 저조 ○ 민간사업화 역량 제고를 위한 종합정책의 미흡 ○ 종자기업에 대한 수출 지원 부족 ○ 품종개발 산·학·연 클러스터형 미흡 ○ 연구기관 중심지원과 기업 R&D 저조 ○ 공급자 중심 산업지원으로 정책효과 저조

■ 향후 추진과제

구분	추진과제
인프라 구축	○ 현장맞춤형 인력 육성 ○ 유전자원 활용도 제고 ○ 품종보호제도 및 육종가 권리보호제도 정착 ○ 종자통계 및 종자관리정보 정비 ○ 민간육종단지 및 진흥센터 운영 내실화

구분	추진과제
R&D	○ 기업의 참여를 적극 유도 ○ 기업이 필요로 하는 연구를 대학이나 연구기관 요구하는 시스템 마련 ○ 시장 변화와 기술 및 정세 변화를 반영하여 유연한 연구개발 전략 변경
사업화·수출	○ 공공기관 연구성과의 민간이전 및 사업화 촉진 ○ 수요자 중심 패키지형 사업 수행 ○ 선도그룹: best practice 확산 촉진역할 부여 ○ 군소기업: 규모화/조직화 유도 ○ 종자 수출에 대한 직.간접 지원 확대

1. 미국

○ 글로벌 생산·유통·판매 네트워크를 구축하여 세계시장에서 독점적 경쟁력을 유지하고 있으며, GM 작물 등 기술력 기반 산업 투자로 더불어 세계 종자시장에서 막대한 점유율을 차지하고 있음

　　* 몬산토 한 기업이 세계 종자시장의 1/4 이상 점유

○ 품종보호권, 특허권과 같은 사유권 보장제도 및 수입종자에 대한 관세 등의 간접적인 형태로 종자산업을 지원

2. 프랑스

○ 세계 종자시장의 중규모 내수시장이지만 세계 1위 종자수출국임

○ 지역농협 간 합병 등을 통해 규모화된 사업체를 형성하고 지주회사 및 자회사 제도를 도입하여 경영효율화로 경쟁력 확보

○ 품종보호권 및 특허권 등 지적재산권 보호 및 시장 유통 종자대상 품질인증제도를 통한 간접적으로 산업 진흥

3. 네덜란드

○ 세계 5위 종자교역 대국이며, 취급 품목에 대한 특화된 기술 및 노하우를 통해 고품질 종자를 생산하여 틈새시장을 장악

○ 지역정부 및 기업파트너 간 협력에 의해 형성된 Seed Valley에서는 특화 기술 보유 기업들이 개방적 파트너쉽을 형성하여 시너지효과 창출

○ 품종보호권제도와 종자품질관리 및 인증제도로 산업 진흥을 지원하며, 공공기관인 NAK와 Naktuinbouw를 통해 종자 품질 및 안정성 제고

4. 일본

○ 소비자 중심 품종개발 방식 도입, '기능성 강화' 품종 육성 노력과 더불어 대외 경쟁력이 높은 종자를 높은 가격에 수출하는 전략

○ 사카타 및 다끼이와 같은 글로벌 기업의 채소종자 생산이 증대된 이후 식량 및 원예종자

중심의 산업구조가 채소 및 원예종자 중심으로 개편됨

○ 대규모 회사는 다품목 위주의 생산체제로 글로벌 시장 공략, 소규모 회사는 품목별로 전문화·특성화하여 국내시장 공략

5. 중국

○ 잠재적 거대 종자시장으로 국가주도의 지원 정책 추진 중

○ 2010년 종자법 시행을 통해 종자 육성·증식·판매를 민간센터에 전면 개방한 이후 민간 기업 수가 급증하고 글로벌기업의 중국 진출이 확대됨

○ 2022년 종자산업 발전계획을 수립·공표하고 규모화·전문화를 통해 종자 기업의 영세성을 극복하고 시장중심체제를 지향함

6. 해외사례 시사점

○ 각국은 기업 및 정책환경에 맞는 다양한 산업진흥 전략을 구사하고 있음

   - 대규모 회사는 다품목 위주의 효율적 생산체제로 글로벌 시장을 공략

   - 소규모 회사는 규모화하거나 더욱 전문화하여 틈새시장을 공략

○ 산업이 성숙기 진입 이전에는 중국과 같은 강력한 정부 지원 필요함

    * 우리나라도 종자산업은 미성숙 산업

○ 종자산업 주요 제도

   ① 품종보호제도 및 품종심사·등록제

   ② 종자품질 관리 및 인증제도

   ③ 공중보건이나 환경보전 목적의 수출입 검역이나 각종 생산·유통단계 규제 등

국내 종자산업은 취약한 시장규모에 비해 너무 많은 수의 종자기업이 난립해 있다. 한국종자협회에 등록된 기업 수는 56개이며 소규모 비등록 업체를 포함하면 약 200여 개에 달한다. 이 가운데 유전자원 보유, 신품종 육성 등 제대로 된 경쟁력을 갖춘 업체는 극소수에 불과하고 나머지는 자생력 없는 영세업체다. (중략) 글로벌 종자기업은 끊임없는 인수합병으로 규모를 키우고 연구개발로 기술력을 높였다는 점을 벤치마킹할 필요가 있다.

GSP를 포함한 정부의 종자산업 지원대책을 보더라도 여러 한계가 노출된다. 우선 단기적 안목에 의한 지원을 추진하고 있다. 채소 등 국내 수요가 많은 작물에 지원이 치중되어 있고 국내 종자기술 수준이 취약한 화훼 및 과수류에 대한 장기적인 투자 안목은 없어 보인다. 19개 선정된 GSP 우선지원품목 중 과수는 감귤, 화훼는 백합 하나에 불과한 실정이다. 아시아 지역의 경제성장 추세를 감안하면 화훼분야는 유럽에 비해 경쟁력이 취약하지만 수요는 확대될 것으로 예상되므로 거시적 미래산업으로서의 육성전략을 마련할 필요가 있다고 본다. 또한, IMF 이후 종자산업은 소규모 영세화되어 가고 있지만 정작 정부의 지원전략은 대규모 종자기업 육성과는 거리가 있다. 종자산업에 대기업 참여를 유도하기 위해 감세 등 다양한 인센티브를 제공하고 해외기업 M/A 촉진을 위해 대폭적인 정책자금 지원대책을 만들어야 하지 않겠나? 아울러, 글로벌 종자기업과 대응하려면 GSP 등 지원정책도 성장이 기대되는 업체를 선별해서 장기적으로 글로벌 수출시장 진입이 가능한 종자를 개발하고 수입 대체효과가 큰 작물을 우선 지원할 필요가 있다고 본다. 이와 병행하여 산·학·연 클러스터를 구축하여 기술력 있는 국내 종자기업과 첨단 생명공학기술, 다국적 종자기업이 발전의 터전으로 삼은 화학산업, 대학의 R/D를 결합하여 지속적으로 육종 인력을 양성하고 다양한 품종을 개발하는 한편, 다양한 유전자원을 발굴하고 보전하는 일에 전력을 다하여야 한다. (후략)

우리나라 종자산업은 산업 전체가 동질성을 갖지 못하고 세부산업별로 각기 다른 구조를 갖고 있다. 식량종자산업은 국가주도형 생산·보급체계를 유지하고 있어 종자의 생산 및 보급에 국가지원이 이루어지고 있으며, 민간의 시장경쟁 원리가 제대로 작동하지 않고 있다. 반면에 채소종자산업은 완전히 민영화되어 있는 상태로 시장의 원리에 따라 종자의 생산 및 유통이 이루어지고 있으며, 소수의 글로벌 기업과 대다수 영세업체로 이루어진 이중구조를 갖고 있다. 한편, 과수 및 화훼종자 산업은 국가 주도와 민간 주도가 혼합된 관민혼합의 중간형태를 띠고 있지만 국내산 품종의 보급률은 극히 낮은 산업구조를 갖고 있다. 따라서 종자산업 발전정책은 종자산업 전체와 관련된 일반적이고 공통적인 발전방안을 마련하는 것과 세부산업별 현안과 관련된 발전방안을 구분하여 마련하는 것이 필요하다.

먼저, 우리나라 종자산업은 식품 안전성과 건강한 먹을거리 제공을 정책적 우선순위로 설정해 GM 종자보다는 교배종의 품종개발에 우선권을 부여하는 형태로 정책방향을 설정하는 것이 필요해 보인다.

식량종자 산업의 경우 식량종자 생산·보급의 민영화가 정부정책의 기본방침으로 설정되어 있지만 민영화 추진여건의 미성숙으로 인하여 시행은 계획대로 이루어지지 못하고 있는 실정이다. 민영화 자체가 바람직한 방향이기는 하나 실천가능성 측면을 고려하여 식량종자 보급의 단계적 민영화를 농협을 활용하여 추진하는 방안을 적극 검토하여야 한다. 식량종자의 품목에 있어서도 민간이양의 우선순위를 정해 순차적으로 민영화할 필요가 있다.

다음으로 채소종자산업이 갖고 있는 구조적인 문제는 소수의 대규모 회사들과 다수의 영세소규모 회사들로 이루어진 이중구조 문제이므로 현 단계에서 추진할 수 있는 가장 현실적인 방안은 소규모 종자회사들 간에 연합체를 구성하여 생산품목의 전문화를 추진하는 것이다. 예컨대 한국종자협회를 비롯한 채소종자단체들이 구체적 실천방안을 제시하고 이를 국가가 지원하는 형태로 협력체계를 구축할 필요가 있다. 예컨대, 대규모 채소종자기업은 글로벌 기업으로 성장할 수 있도록 제도적 여건(R&D, M&A 재정지원 등)을 조성해 주고, 영세 기업들은 품목별 전문화 추진 등 자생적 경쟁력을 갖추도록 지원하는 방안을 강구하여야 할 것이다.

과수 및 화훼종자 산업은 다른 종자산업에 비해 기술력이 떨어져 국내산 품종의 보급률이 낮고 로열티 지출비중도 높은 편이므로 외국의 우수한 신품종을 배척대상으로 삼는 것이 아니라 일종의 선진기술로 받아들여 활용하는 발상의 전환이 필요하다. 로열티를 외국의 육종회사와 협력관계를 도모하는 생산적 투자비용으로 파악하여 외국 육종회사와 합작사업을 추진하는 방안도 적극 검토할 필요가 있다. 아시아 소비자들이 선호하는 품종을 개발함에 있어 국내 종자회사의 개발 콘셉트와 외국 회사의 선진 기술이 결합하여 현지 시장 지향적 신품종을 개발할 수 있다고 본다. 네덜란드와 일본 사례를 교훈삼아 틈새 시장을 공략하는 전략을 취하는 것이 효과적일 것으로 보인다.

그리고 산·학·연 클러스터를 구축하여 기술력 있는 국내 종자기업과 첨단 생명공학기술, 화학산업분야 기술, 대학의 R/D를 결합하여 지속적으로 육종 인력을 양성하고 다양한 품종을 개발하는 한편, 공공기관의 민간부문 기술이전, 기술사업화를 장려하고 연구소 창업 등이 확산되도록 R&D 인프라를 재정비하는 일도 시급하다.

종자강국 실현을 위한 보완대책

개인발표와 피드백

■ 다음의 실제 개인발표 사례를 토대로 어떤 부분이 잘 되었고 어떤 부분이 개선되어야 할 점인지를 살펴보기로 한다.

■ 피드백 대상은 피평가자의 발표내용이다. 실제 평가에서는 발표 후의 질의응답 내용도 평가에 반영되지만 분량이 많아 피드백 대상에서는 제외하였다.

■ 피드백 내용은 하단에 주석으로 정리한다.

피평가자 (가)

　안녕하십니까? 국장님께서 말씀하신 GSP 프로젝트의 정책효과를 평가하고 문제점을 보완하기 위해서 지시하신 내용을 보고드리겠습니다.[1] 보고순서는 현황과 문제점, 개선방안 순입니다.

　먼저 현황입니다.

　첫 번째로 종자산업이 미래농업의 근간임에도 불구하고 종자업체들이 낙후되어 있다는 것입니다.

　두 번째 문제점은 다국적기업의 국내시장이 확대되고 있다는 점입니다.[2] 식량안보에 신경을 써서 종자주권 확보가 필요한 상황인데도 국내시장을 다국적기업이 확대하고 있는 실정입니다.

　세 번째로는 종자시장 규모가 협소하고 무역적자가 지속적으로 발생되고 있습니다.[3]

---

1) 보고대상이 국장이 아니라 과장인데 이를 착각한 것은 몰입도가 낮은 것으로 평가될 수 있으므로 조심하여야 한다. 그리고 보고내용을 'GSP 정책효과 평가 및 보완'으로 한정했는데 이는 과장의 이메일 지시사항과 다르다. 그리고 정책효과 평가 및 보완대책을 보고하려면 현황에서 GSP 정책 시행과 관련한 현황을 언급해야 하는데 종자산업의 현황을 언급하고 있어 보고한다고 발표한 내용과 실제 보고내용이 다르다. 보고의 일관성은 중요한 평가요소임을 유의하여야 한다. 추진배경을 간략히 언급한 점과 보고순서를 밝힌 점은 적절했다.

2) 피평가자 (가)는 현황과 문제점을 혼용하고 있다. 현황은 객관적 실태로서 주관적인 가치판단이 들어가지 않으며, 문제점은 바람직한 목표와 현실과의 갭인 문제를 구성하는 부분이므로 문제점은 가치판단이 포함된다. 따라서 현황과 문제점을 같은 개념으로 이해하고 발표하는 것은 잘못된 것이다. 제시된 자료에도 나와 있듯이 이 내용은 종자산업 현황에서 인용한 것으로 기본적으로 종자산업의 문제점이라고 볼 수 없다. 종자산업이 영세업체 중심으로 구성되어 있는 것은 현황(실태)이고 종자업체들이 영세하여 신품종 개발능력이 부족하거나 외국업체와의 경쟁력이 떨어진다는 것은 문제점이다. 마찬가지로 다국적기업의 시장점유율이 확대되고 있는 것은 (시장점유율이 2000년대 14%에서 현재 50%로 증가한 것은 객관적 사실이므로) 현황이다. 그러나 이러한 현황에 가치판단을 해서 점유율 50%를 적정한 것으로 보면 문제가 아니게 되며, 점유율 50%를 높거나 낮다고 보면 이때는 문제가 된다. 현황의 마지막 부분에 언급된 '종자시장 규모 협소 및 무역적자 발생'의 경우 협소라는 용어가 가치판단을 전제하고 있어 이를 문제점으로 볼 수도 있겠으나 4억 불 시장규모를 협소하다고 판단하더라고 협소한 시장으로 인해 기업규모를 대형화해서 규모경제를 기할 수 없다거나 품종개발의 채산성이 안 맞아서 유전자원 활용이 잘 안 된다는 점 등을 문제점으로 지적하여야 한다. 그리고 현황을 보고할 때 위에서처럼 통계나 사례를 전혀 인용하지 않고 추상적으로 표현하는 것은 가급적 삼가야 한다. 현황을 보고하는 것은 왜 이 이슈가 중요하고도 의미가 있는지를 강조하는 것이기 때문에 가급적 통계나 사례를 인용하여 보고받는 사람의 관심을 집중시킬 필요가 있다.

3) 과장은 자료(1)에서 종자산업 전반의 문제점과 종자산업지원대책의 문제점을 함께 보고하라고 지시하고 있다. 그런데 본 발표는 종자산업의 문제점을 지적하는 데 그치고 있다. 이는 이메일 지시자료를 제대로 읽어 보지 않은 데 기인한 것으로 보인다. 피평가자는 자료에 제시되어 있는 상황개요나 업무지시 이메일을 꼼꼼히 읽고 대처하여야 한다. 참고로 자료(8)에 종자산업 지원대책의 문제점이 잘 정리되어 있다.

이에 대한 대책으로써 첫 번째 종자업체 낙후부분에 있어서는 민자산업을 육성해야 합니다.[4] 세부사업별로 봤을 때는 종자산업의 인프라를 개발하는 것입니다. 품종 개발을 위한 종자산업을 육성해야 하고 R&D 투자를 강화해야 합니다. 대규모 회사와 영세 다수업체라는 이중적 구조를 해결하기 위해 연합체를 구성하고 생산품목을 전문화할 필요가 있다고 봅니다. 예를 들어 종자협회를 비롯한 채소종자단체들이 구체적 실천방안을 마련하고 국가가 이를 지원하는 형태가 되겠습니다.[5]

다국적기업의 국내시장 확대문제에 대해서는 우리기업의 시장점유율을 높여나가야 합니다. 예를 들어 외국의 우수한 신품종을 배척대상으로 볼 것이 아니라 일종의 선진기술에 대해 로열티를 지급하면서 외국 품종회사와 협력관계를 유지할 필요가 있습니다.[6] 네덜란드나 일본처럼 틈새시장을 공략하는 것도 하나의 방법이 될 것으로 봅니다. 세 번째로 시장협소와 지속적 무역적자 발생에 대한 대책으로써 육종인력을 양성해서 다양한 품종을 개발하고 기술력 있는 국내기업과 생명공학기술, 화학산업 대학 R&D를 결합한 산·학·연 클러스터를 구축해서 무역적자를 축소해 나가야 합니다.[7] 시장협소 문제에 대해서는 공공기관의 연구 성과를 민간에 이전하거나 사업화를 촉진시켜서 해결하고 수요자 중심의 패키지산업을 육성하거나 중소기업을 규모화·조직화시켜서 시장규모를 확대할 필요가 있습니다.[8]

기본적으로 종자산업 전체에 대해서는 큰 틀에서 일반 공통적인 발전방안과 세부 산업

---

4) 대책은 문제점과 1:1 대응하는 형식으로 발표하는 것이 바람직하다. 이 발표는 현황과 문제점을 혼용하고 있으므로 여기서는 앞서의 현황에서 지적한 3가지 문제점에 대응하는 대책을 중심으로 검토한다. 먼저, 민자산업을 육성하여 낙후된 종자산업을 발전시킨다는 논리는 종자산업이 민간이 아닌 국가가 주도하는 산업이라고 오해될 소지가 있다. 제시된 자료에 의하면 식량종자산업을 제외한 종자산업은 국가주도가 아니다. 따라서 낙후된 부분이 종자기업의 영세성이라면 이를 극복하는 대안을 제시해야 하고 낙후된 부분이 종자개발의 미흡이라면 R&D 투자 등의 대책을 제시할 필요가 있다. 무엇이 문제인지를 정확하게 짚지 않고 대안을 언급하는 것은 대안의 구체성을 떨어뜨린다.

5) 이중구조 해결방안으로 연합체를 구성하고 생산품목을 전문화한다는 대책은 영세한 다수업체를 대상으로 하는 구체적 대안으로 보여진다. 그러나 '채소종자단체들이 구체적 실천방안을 마련하고 국가가 이를 지원한다'는 표현은 애매모호하다. 뜬금없이 채소종자단체를 언급하는 것도 이해가 쉽지 않다. 자료(9)에 나와 있듯이 채소종자산업은 이중구조가 문제이므로 대규모 기업은 글로벌 기업화하도록 R&D, M&A 재정지원 등을 제도화하고 영세기업은 연합체 구성과 품목별 전문화 추진 시 지원한다는 식으로 언급하는 것이 알맹이 있는 대안으로 평가된다.

6) 외국 품종회사와 협력관계를 유지한다는 대안은 우리 기업의 시장 점유율을 높여나가는 대안으로 구체성이 떨어진다. 협력관계를 바탕으로 합작사업을 수행한다거나 품종개발 기술력을 조기에 전수받는다거나 하는 식의 점유율 확대방안이 제시되어야 한다. 막연한 대안의 제시는 설득력이 적어 좋은 평가를 받기 어렵다.

7) 시장협소와 무역적자를 문제점으로 언급한 후 먼저 무역적자에 대한 대안을 제시하는 것은 순서가 틀렸다. 시장협소 문제에 대한 대안 언급이 우선되어야 한다. 그리고 무역적자의 가장 큰 원인은 수입의존도가 높은 화훼나 과수류 때문이므로 자료(2)를 중심으로 대책을 언급하여야 한다. 여기서 제시된 육종인력의 양성이나 산·학·연 클러스터 구축은 일반적·중장기적 대책이지 직접적인 무역수지 대책이라고 보기는 어렵다.

8) 여기서 제시된 대책들은 시장규모 확대에 간접적으로는 도움이 되겠지만 직접적인 시장 확대 방안으로 보기는 어렵다. 세계시장에서의 점유율이 1%에 불과한 시장규모를 확대하기 위해서는 종자기업의 글로벌 기업화, 영세업체의 경쟁력 강화 등 대책이 효과적일 것으로 보인다.

적 발전방안을 구분하여 추진하며 이와 더불어 수출전략형 품종과 수입대체형 품종에 대해 중장기 품종개발연구를 진행할 필요가 있다고 봅니다.[9]

이상입니다.[10]

---

9) 일반 공통적인 발전방안과 세부 산업적 발전방안이 무엇인지를 구체적으로 언급하면서 구분·추진하자고 제안하여야 한다. 단순히 추상적·선언적으로 양자를 구분하여 추진하자는 보고는 실속이 없다. 그리고 수출전략형 품종과 수입대체형 품종 개발은 무역적자 대책으로 더 알맞은 대안이라고 보여진다.

10) 본 발표는 현황과 문제점을 혼용하고 있고 개선 대책으로 제시한 내용도 구체성이 부족한 발표다. 발표 시간도 5분에 불과하여 발표준비도 충분하지 못한 듯하다. 발표내용만으로는 다소 미흡하지만 발표에서 보여 준 논리구조나 문제점과 개선방안을 연계하려는 자세 등으로 볼 때, 일부 부족한 면을 보완하면 역량을 제대로 드러낼 수 있는 잠재력을 갖고 있는 것으로 보여진다.

피평가자 (나)

안녕하십니까? 저는 종자생명과학과 나종자 사무관입니다.

오늘 저는 GSP 등 기존의 종자산업 지원대책에 대한 대안과 이에 대한 보완점에 대해서 보고말씀을 올리겠습니다.[11] 발표순서는 추진배경, 현황 및 문제점, 개선 대책, 세부 실행계획, 장애요인 극복방안, 기대효과 순으로 발표를 드리겠습니다.[12]

먼저 추진배경입니다. 현재 종자산업 지원대책이 더 강화되고 보완이 필요하다는 지적이 계속 대두되고 있고 이에 대한 연구결과도 나와 있습니다.[13]

다음 현황 및 문제점입니다.

먼저 현황인데요.[14] 첫째, 종자산업이 성장 유망분야라는 점과 둘째 국내 종자업체가 영세하고 로열티 지급이 증가하고 있다는 점, 그리고 세계 종자시장이 급성장하고 있다는 점입니다. 이를 구체적으로 말씀드리면, 종자산업 유망분야는 국내 유전자원이 세계 6위이고 우수한 인적 자원, 육종 기술력을 보유하고 있다는 점입니다. 두 번째 국내종자업체의 영세성과 로열티 지급 증가분인데요. 2018년 124억 원에서 2022년 205억 원으로 로열티가 증가하고 있습니다. 그리고 세계종자시장이 급성장한다는 내용은 2020년 698억 불이 2030년에는 3배가 되는 1650억 불로 성장할 것이 예상된다는 것입니다.

---

11) 과장으로부터 받은 지시사항은 '종자강국 실현을 위한 보완대책'수립이므로 지시사항에 충실하게 보고하겠다고 말하는 것이 바람직하다.

12) 이 발표자의 보고순서는 특색이 있다. 장애요인 극복방안이 세부 실행계획 뒤에 배치되어 있기 때문이다. 통상 장애요인 극복방안은 대책을 제시한 후에 그 대책이 갖고 있는 예상 문제점과 이를 해소하는 방안을 추가할 때 사용한다. 개인발표에서는 문제점과 개선 대책을 제시하기만 해도 충분한데 이를 넘어서서 장애요인 극복방안까지 언급한다면 더할 나위 없이 우수한 발표라 하겠다. 다만, 기대효과는 대책을 언급하기 앞서서 (이때는 대책의 목표로서) 또는 대책을 언급한 직후에 (이때는 대책실행 후의 효과로서) 하는 것이 자연스럽다.

13) 추진배경을 간단히 언급한 것은 적절해 보이나 '연구결과도 나와 있다'는 표현은 다소 생뚱맞다.

14) 현황에서 언급하고 있는 세 가지 중 첫째 부분은 현황이 아니라 종자산업의 중요성 내지 발전 필요성이며, 둘째 부분은 현황이기는 하나 종자업체가 영세하다는 주장을 뒷받침할 통계가 없어 아쉽다. 셋째 부분은 전망이므로 현황으로 볼 수 없다.

다음 문제점에 대해서 말씀드리면,[15] 첫째 종자산업 낙후, 둘째 다국적기업의 국내시장 점유율 확대, 셋째 종자산업의 지속적인 무역수지 적자 부분입니다. 먼저, 종자산업이 낙후되어 있다는 부분인데요. 예를 들어 세계 1위 기업인 몬산토에 비해 우리 1위 기업 매출액이 0.5%에 불과합니다. 그리고 고부가가치 품목의 유전자원이 부족한데 대부분이 저부가가치 품목에 집중되어 있고 고부가가치 품목이 화훼의 경우 10%에 불과합니다. 두 번째, 다국적기업의 국내시장 점유율 확대부분으로 97년 외환위기 이후 5대 기업 중 4곳이 세계 다국적기업에 매각되었고 일반적인 유전자원 반출도 빈발하다는 지적이 있습니다. 세 번째, 종자산업의 지속적 무역수지 적자인데요, 2021년도에 8천8백만 불의 적자였습니다.

이에 대한 개선 대책을 말씀드리겠습니다.

첫째 종자산업 고부가가치 품목 개발 강화,

둘째 국산 종자 개발 지원강화,

셋째 종자산업 무역수지 개선입니다.

먼저 종자산업 고부가가치 품목 개발 강화는 연구개발을 지원해서 GSP와 연계해서 시너지효과를 도모하도록 하겠습니다.[16] 두 번째, 국산종자 개발지원 강화는 신품종 개발을 국책연구원과 민간기업으로 협업체계를 구성해서 지원을 강화하고 지원금을 확대하도록 하겠습니다.[17] 세 번째, 종자산업 무역수지 개선을 위해서 종자기업의 수출지원을 강화하고 산·학·연 클러스터 형성을 지원하며, 수요자 중심 지원체계를 구축하도록 하겠습니다.[18]

---

15) 발표자 (나)는 발표자 (가)와 달리 문제점을 잘 정리하고 있다. 종자업체가 낙후되었다면서 그 예로 우리 종자기업 1위가 세계 1위 기업과 비교하여 매출액이 0.5%에 불과한 점과 유전자원이 저부가가치 품목에 집중되어 있는 것은 들고 있는데 이 두 가지는 종자산업의 낙후로 인하여 초래된 문제이므로 적절한 지적이다. 또한, 다국적기업의 시장점유율 확대문제로 국내 종자기업이 외국기업에 매각된 점과 유전자원의 반출을 들고 있으므로 이 또한 문제점으로 볼 수 있다. 다만, 무역수지 적자 부분에서는 단순히 2021년도에 8천8백만 불 적자라고만 언급한 점은 다소 부족하다. 무역수지가 적자라는 자체도 문제점으로 볼 수 있으나, 이왕이면 무역수지 적자가 커지고 있다는 추세를 나타내주는 것이 문제점으로 더욱 적절하다. 어떻든, 현황과 문제점을 제대로 구분하여 정리하는 역량은 보고서 작성에 매우 중요하다는 것을 유념하여야 한다.

16) 문제점과 대책은 연계되어야 한다. 첫 번째 문제점으로 종자기업의 영세성과 저부가가치 품목 집중을 들었으면 첫 번째 대책으로 영세성 극복방안과 고부가가치 품목 확대를 언급하여야 한다. 영세성 극복방안이 누락되어 있다. 그리고 고부가가치 품목 개발 강화를 위해 연구개발 지원과 GSP 연계를 언급하고 있는데 GSP는 (자료5 참고) 19개 고부가가치 또는 수입대체 품목을 이미 선정해서 집중 지원 중이므로 GSP 연계를 강조하는 것은 기존 대책을 거론한 것에 불과하다.

17) 두 번째 대책으로 들고 있는 국산종자 개발 건은 문제점으로 열거한 다국적기업의 국내기업 인수나 유전자원 반출문제에 대한 직접적인 대책으로 보기 어렵다. 신품종 개발은 앞에서 언급한 고부가가치 품목 확대와 크게 다르지 않아 보인다. 문제점과 연계한 대책이라면 다국적 기업에 대응하는 글로벌 기업 육성이나 재인수 추진이 더 맞지 않을까 싶다.

18) 무역수지 개선 대책으로 언급한 산·학·연 클러스터 구축이나 수요자 중심 지원체계는 종자산업 인프라 확충이나 R&D 강화와 관련이 크지 무역수지와는 직접적 관련이 적어 보인다.

이에 대한 세부실행계획입니다. 먼저 인프라 강화입니다. 현장 맞춤형 인력을 육성하고 품종보호를 유도하며, 종자관리 정보를 정비해서 데이터 은행을 구축·정비토록 하겠습니다. 두 번째 R&D 강화분야는 기업참여를 유도해서 세제혜택과 지원금 강화를 실시하도록 하겠습니다. 다음 산·학·연 체계에 수요자 중심의 흐름을 정착시키고 유연한 연구개발 전략이 연구풍토로 자리 잡도록 분위기를 조성하겠습니다. 다음은 산·학·연 클러스터 정책 방향과 부합하게 공공기관 연구성과를 민간 이전 및 사업화를 촉진하겠습니다.[19]

장애요인 및 극복방안을[20] 간단히 말씀드리겠습니다. 다국적기업의 WTO 제소가 우려되는데 WTO 내 예외조항들을 검토하고 적극 대응토록 하겠습니다. 다음으로 지원금 남용과 도덕적 해이가 예상되는데 이는 지원금 평가제도를 강화하고 피드백을 강화하겠습니다.

마지막으로 기대효과입니다. 정량적 기대효과는 무역수지 적자를 5년 내 천만 불 이내로 축소하고 로열티도 5년 내 흑자로 반전시키겠습니다. 정성적 기대효과는 종자강국 이미지를 강화하는 데 있습니다.[21] 이상 발표를 마치겠습니다.[22]

---

19) 세부실행계획은 개선 대책의 실행을 위한 세부적인 계획이므로 필요한 법안 마련, 예산확보, 홍보대책, 타스크 포스 팀 등 조직 및 인력 보강에 관한 내용과 일정 중심으로 작성한다. 세부추진계획에 포함되어야 할 사항은 주어진 예시문에 나와 있지 않으므로 발표자가 대책 실행에 필요하다고 생각하는 내용을 임의적으로 간단하게 작성하면 된다.

20) 장애요인과 극복방안을 언급하는 것은 정책기획 역량을 돋보이게 한다. 다만, WTO 제소 문제와 같이 자료에 없는 내용을 발표자의 독창적 생각으로 발표할 때에는 정말 잘 아는 경우가 아니면 안하는 것이 안전하다. 혹 발표자의 독창적 발표내용이 평가자가 알고 있던 내용하고 다를 경우 발표 자체의 신뢰성이 떨어져 발표 전체의 품질에 부정적 영향을 줄 수 있기 때문이다.

21) 기대효과를 굳이 정량적/정성적 효과로 구분하여 발표할 필요는 없다. 그리고 5년 내 흑자로 반전시키겠다거나 종자 강국 이미지를 강화한다는 내용은 기대효과라기보다는 정책의 목표나 정책의지의 표현이다. 이런 내용이라면 맨 마지막에 하기보다는 개선 대책 발표에 앞서 언급하는 것이 보다 적절해 보인다.

22) 발표자 (나)의 발표는 현황과 문제점, 개선 대책 등이 부분적으로는 부족하지만 크게 보면 결정적인 하자가 보이지는 않는다. 형식은 무난하게 일반 보고형태를 취하면 충분하다. 보다 중요한 포인트는 얼마만큼의 논리와 구체적이고 설득력 있는 대안을 담아내느냐에 있다.

피평가자 (다)

안녕하십니까? 농림부 나종자 사무관입니다

종자산업 육성대책 개선계획을 보고드리겠습니다.[23]

먼저 보고순서는 검토배경, 현황, 문제점, 개선방안, 기대효과 순으로 보고드리겠습니다.

GSP 시행 4년째를 맞이하여 정책효과를 평가하고 문제점을 보완하여야 한다는 여론이 높아지는 시점에서 본 개선계획을 마련하였습니다.

두 번째로 현황입니다. 종자산업은 미래성장 동력산업으로 농업의 근간이나 낙후되어 있는 것이 현실이고, 식량안보의 핵심으로 종자주권의 확보를 위해 국가지원 필요성이 확대되고 있습니다. 농업분야 반도체 산업으로 육성 가능한 사업으로 적극 추진을 하여야 한다는 여론도 있고 또 현재 미흡한 실정입니다.[24]

다음은 문제점입니다. 먼저, 종자업체의 낙후입니다. 대부분 종자업체가 영세하고 개발 능력이 미흡하고 종자업체 수는 증가하나 상위 10개사가 국내시장의 80%를 점유하고 있습니다. 2022년 품종보호제도 전면 확대로 로열티 지급이 증가하고 있습니다. 18년도 124억 원, 22년도 205억 원으로 증가추세에 있습니다.[25] 두 번째로 다국적 기업의 국내 시장 점유율 확대입니다. 97년 외환위기 이후 5대 종자회사 중 4곳이 다국적 기업에 합병되어 상당수 유전자원과 우수 육종기술이 유출되었습니다. 외국계 기업의 국내시장 점유율은 2000년대 14%, 현재는 50%를 차지하고 있습니다. 세 번째, 종자시장 규모 협소 및 지속적 무역적자 발생입니다. 국내시장 규모는 약 4억 불이고 식량·채소종자는 거의 수입에 의존하고 있습니다.

다음은 개선방안입니다.

---

23) 보고대상이 같은 부처의 과장이므로 굳이 농림부 나종자 사무관이라고 밝힐 필요는 없다. 보고상황과 대상에 따라 유연하게 대처하도록 한다.

24) 현황으로 발표한 내용이 전부 종자산업 지원 필요성이지 현황과는 거리가 멀다. 종자산업이 처한 현실을 자료(2)와 자료(3)을 중심으로 정리하여 발표하면 된다.

25) 앞에서 살펴본 피평가자 (가)와 마찬가지로 현황을 문제점으로 들고 있다. 제시된 자료가 다소 문제점과 현황을 착각할 여지가 있기는 하나 현황은 주로 통계 중심으로 작성되는 것임을 유념할 필요가 있다.

종자업체 낙후에 대한 대책으로서 소규모 종자회사들 간에 연합체를 구성해서 생산품목의 전문화를 추진하고,[26] 외국의 우수한 신품종을 배척대상으로 삼기보다는 선진기술로 받아들여 활용하는 발상의 전환이 필요하겠습니다. 로열티를 외국 육종회사 협력관계 도모로 생산적 투자비용으로 파악하는 것도 필요할 것입니다.[27] 종자기업을 위한 육종인프라를 구축하고 고부가가치 품종 육성, 우수종자 생산 및 유통, 민간역량 강화 사업생태계 조성이 필요하다고 생각합니다.[28]

마지막으로 기대효과입니다. 세계 종자시장 규모는 2020년 698억 불에서 2030년에는 1650억 불로 증가가 예상됩니다. 우리나라도 꾸준히 노력하면 글로벌 종자강국으로 도약할 수 있을 것으로 생각하고 이 부분에 대해서 많은 지원이 필요할 것으로 생각합니다.[29]
이상으로 보고를 마치겠습니다.[30]

---

26) 낙후된 종자업체에 대한 대책으로 연합체 구성과 생산품목의 전문화를 들고 있는데 그렇게 하면 종자업체의 낙후성이 해결되겠다는 생각은 들지 않는다. 즉, 문제와 대책 간 연계성이 약하다는 느낌이 든다. 그리고 언급한 대책도 막연하게 느껴져 설득력이 부족해 보인다.

27) 로얄티를 외국 기업과의 협력관계 도모를 위한 생산적 투자비용으로 파악한다는 것만으로는 부족하다. 로얄티에 대한 인식을 전환하여 앞으로 무엇을 어떻게 하겠다는 구체적인 내용이 들어 있어야 한다. 그리고 로얄티를 투자비용으로 보면 어떤 문제점을 해결하는 것인지도 불분명하다.

28) 이 부분도 위에서와 마찬가지로 방향성만 있고 구체성이 결여되어 있다. 자료에 제시된 내용 중 얼핏 그럴싸해 보이는 몇몇 대안들을 나열한 느낌이다. 어느 문제점과 관련된 대안인지도 명확하지 않고 내용도 추상적이다.

29) 글로벌 종자강국은 우리나라가 지향하는 정책목표이지 이를 기대효과로 보는 것은 적절하지 않다. 그리고 많은 지원이 필요할 것이라는 표현은 지나치게 추상적이다. 개인발표는 선언적·추상적 용어보다는 구체적·실질적 용어를 사용하는 것이 평가자에게 더 어필한다.

30) 이 발표는 총체적으로 현황과 문제점, 개선 대책 등의 내용이 부실하여 좋은 평가를 받기 곤란한 수준이다. 30분의 짧은 시간을 활용하여 핵심을 파악하기 위해서는 평상시 정책자료를 꾸준히 읽어 보는 연습이 필요하다. 그리고 발표 시간도 주어진 7분 중 4분 정도 사용하였다. 발표 시간은 가급적 충분히 사용하여야 한다.

피평가자 (라)

안녕하십니까? 농림부 나종자 사무관입니다.

종자산업 지원대책 개선방안에 대해서 보고드리도록 하겠습니다.

보고순서는 검토배경, 현황, 개선방안, 기대효과 순으로 하겠습니다.[31]

먼저 검토배경입니다. 최근 언론에서 종자산업 현황과 문제점을 조명하였고 그 내용에 GSP 포함 지원대책의 강화가 필요하다는 내용이 있었습니다.[32] 이에 따라서 개선방안을 검토하게 되었습니다.

다음은 현황입니다. 현재 저희 나라[33] 종자업체가 낙후되어 있습니다. 그 관계로 로열티가 해마다 증가하고 있습니다.[34] 그다음에 다국적기업의 국내 시장 점유율 확대가 계속되고 있습니다. 5대 종자기업 중 4곳이 다국적기업에 합병되었습니다. 세 번째 종자시장 규모 협소 및 지속적 무역적자가 발생하고 있습니다. 국내 시장 규모는 4억 달러에 불과하며 무역 적자는 8,800만 원 달러가 발생하였습니다.

다음은 개선방안입니다. 먼저 인프라 구축입니다. 그 실행계획으로 맞춤형 인력을 양성해야 합니다. 두 번째로 유전자원 활용도를 제고해야 합니다. 세 번째로 품종 보호를 해야 합니다.[35] 두 번째 개선 방안입니다. 연구 개발에 중점을 두어야 합니다. 실행 계획으로

---

31) 보고사항에 문제점 부분이 생략되어 있다. 문제점과 대책은 연계되는 것이므로 문제점이 없으면 무엇을 개선할 것인지 불분명해지므로 반드시 문제점이 포함되어야 한다. 이 발표자의 '보고드리도록 하겠습니다', '--순으로 하겠습니다' 식 표현은 약간 귀에 거슬린다. 단순하게 '보고드리겠습니다, -- 순입니다' 라고 하는 것이 좋다.

32) '언론에서 ~~조명하였고 ~~강화가 필요하다는 내용이 있었습니다' 이런 식의 표현은 부자연스럽다. '언론에서 ~~조명했는데 (또는 하고 있는데) ~~강화가 필요하다는 의견이 대두되어 개선방안을 검토하게 되었습니다' 라고 표현하는 것이 적절하다.

33) '저희 나라'로 표현하지 말고 '우리나라'로 해야 한다. 존댓말과 낮춤말을 구분해서 정확하게 사용하도록 하자. 사소한 것 같지만 이런 표현은 귀에 거슬리기 쉽다.

34) 종자업체가 낙후되면 로열티가 증가한다는 인과관계는 쉽게 수긍되지 않는다. 자료(2)를 보면, 로열티 증가는 품종보호제도에 기인한다. 우리 종자업체가 선진화되어 신품종 종자를 많이 개발하고 수입을 대체해 나가면 로열티가 감소하겠지만 무역규모가 확대되어도 로열티는 증가할 수 있다. 보고서를 작성할 때 인과관계를 잘 따져보고 제대로 분석해야 보고서의 설득력이 커진다.

35) 앞서 지적하였듯이 문제점을 정리하지 않고 곧바로 개선방안을 발표하고 있어 개인발표를 통해 평가하고자 하는 문제해결 역량이나 기획역량 등을 볼 수 없다. 그리고 인프라 구축이라는 개선방안을 실행하기 위한 계획을 3가지 언급하였지만 3가지 계획 모두 선언적일 뿐 구체적이지 못하다.

는 시장 경쟁력을 강화해야 하고 기업 참여를 유도시키고 산·학·연 클러스터 강화가 필요합니다.[36] 세 번째로 사업화와 수출을 증대해야 합니다. 사업화와 수출이 늘어날 수 있도록 먼저 선두그룹을 지정해서 앞서 나가게 하고 군소 기업은 그룹화를 통해서 이에 대응해 나가야 될 것 같습니다.[37] 그다음에 종자 수출에 대한 정부의 간접지원이 필요하겠습니다. 해외 사례를 보면 미국, 프랑스, 네덜란드에서는 품종 보호권이나 특허권 같은 사용권 보장제도와 수입종자에 대한 관세 등 간접적인 형태로 종자 사업을 지원하고 있습니다. 이런 것도 벤치마킹해야 할 것 같습니다.[38]

네 번째 기대효과입니다. 이런 식으로 개선방안을 검토해 나가면 단기적으로는 효과가 없을지라도 장기적으로 보면 종자업체가 성장해가고 국내 종자시장 점유율도 확대될 뿐만 아니라 수출도 증가할 것으로 사료됩니다.[39]

이상입니다.[40]

---

36) 연구개발을 강화하는 실행계획 또한 앞서와 마찬가지로 선언적일 뿐 어떻게 하겠다는 구체성이 없다. '시장 경쟁력을 제고해야 한다'고만 주장하면 구체성이 없지만 '종자기업에 대한 감세나 정책자금 지원을 확대하여 경쟁력을 제고한다'고 주장하면 구체적이라는 인상을 줄 수 있다.

37) 선두그룹 지정과 군소기업의 그룹화를 통해 사업화와 수출을 증대하겠다는 개선방안도 여기에 그치지 말고 조금 더 구체적인 내용이 필요하다. 가령 선두그룹을 지정하고 선두기업에 대해 세제 및 자금지원을 통해서 시장을 선도하게 하고, 그룹화를 통해 생산품목의 전문화를 추구하고 군소기업에 대해서는 감세나 기술이전 등의 정책적 지원책을 강구하겠다는 식으로 개선방안을 보다 구체화할 필요가 있다.

38) 해외사례를 정리하여 개선방안 수립에 인용하는 것은 자료를 다각적으로 검토하여 대안을 제시하는 역량 즉 정책기획 역량을 보여 주는 것으로 평가된다.

39) 앞의 발표자들과 마찬가지로 기대효과라고 말하기에는 미흡한 수준이다. 기대효과는 가능하면 정량적으로 표현하는 것이 깔끔하다.

40) 이 발표는 문제점 부분이 생략되어 있고 개선방안도 구체성이 부족하다. 자료에 대한 이해가 제대로 되지 않아 대충 발표해버린 듯하다. 해외 사례를 인용하여 국내 종자기업을 지원해야 한다는 내용을 제외하고는 일반적·선언적 주장으로 일관하고 있어 핵심 문제점과 대안을 제대로 이해하고 있다는 느낌을 주지 못하고 있다. 발표 시간도 주어진 시간의 반에도 못 미치는 3분여에 불과하다. 개인발표를 갑자기 잘할 수는 없다. 그러나 자료의 핵심을 파악하고 제시된 상황과 과제를 숙지하여 현황-문제점-개선방안(구체적 실행방법 포함)-세부 실행계획의 순서에 맞게 내용을 채워 넣는 연습을 꾸준히 하면 좋은 평가를 받을 수 있다.

종자강국실현을 위한 보완대책[41]

안녕하세요. 과장님?

지난번 지시하신 종자강국 실현을 위한 보완대책을 보고하겠습니다.

보고순서는 현황, 문제점, 보완대책, 세부 실행계획 순입니다.

먼저 현황입니다.

○ 세계 종자시장이 연간 5~10%씩 성장하여 2020년 약 7백억 달러에 이르고 있는데 우리
나라의 종자시장규모는 농산물 4억 불을 포함 10억 불 규모이며 점유율은 세계시장의
1%로 미미합니다.

○ 국내 종자업체는 2008년 332개→2022년 1,073개로 크게 증가하였으나 상위 10개사가
80% 이상 점유하고 있어 대다수 업체가 영세합니다.

○ 다국적 기업의 시장점유율도 2000년대 14%→현재 50%로 크게 확대되고 있으며 특히
97년 외환위기 이후 5대 종자기업 중 4곳이 다국적기업에 합병되어 유전자원과 육종기
술이 유출된 바 있습니다.

다음은 문제점입니다. 문제점은 종자산업 전반의 문제점과 종자산업 지원대책의 문제점
두 측면에서 보고드리겠습니다.

먼저 종자산업 전반의 문제점입니다.

첫째로, 채소종자산업은 소수 대기업과 다수의 영세기업이 혼재하는 이중구조를 띠고
있어 신품종 개발능력과 국제경쟁력이 부족합니다. 더군다나 2012년 품종보호제도 전면
확대에 따라 로열티 지급이 증가하고 있는 실정입니다.

---

41) 개인발표는 각인각색이므로 모범답안이 있을 수 없다. 그렇지만 독자의 편의를 위해 필자가 개인발표를 한다면 이런
식으로 자료를 작성해서 발표하겠다는 차원에서 종자강국 실현을 위한 보완대책에 관한 필자 나름대로 발표내용을
정리한 것이다.

둘째로, 과수 및 화훼종자 산업은 기술력이 부족하고 국내산 품종 보급률도 낮고 로열티 지출비중도 높은 실정입니다.

다음 종자산업 지원대책의 문제점입니다.

첫째로, 선택과 집중전략을 채택한 GSP프로젝트 등은 국내기술이 취약한 화훼 및 과수류 중 백합과 감귤에 한정·지원하고 있어 장기적 투자대책이 부족하다는 점입니다.

둘째로, 영세한 종자업체 현실을 감안할 때 지원대책은 대규모 종자기업 육성과는 거리가 있다고 보입니다. 글로벌 경쟁력이 있는 종자기업이 산업발전에 절실합니다.

마지막으로, 산·학·연 클러스터 구축대책이 부족합니다. 육종인력의 양성과 신품종의 개발 그리고 다양한 유전자원의 발굴과 보전은 산·학·연 클러스터 기반 위에서 가능하기 때문입니다.

다음은 종자강국 실현을 위한 보완대책입니다.

보완대책은 종자산업의 문제점을 해소하고 지원대책의 문제점을 보완하는 내용을 종합하여 보고드리도록 하겠습니다.

첫째, 글로벌 종자기업의 육성이 필요합니다. 종자산업, 특히 경쟁력이 있는 채소종자산업에 대기업 참여를 유도하기 위해 감세 등 인센티브와 해외기업 M/A를 위한 정책자금대책을 강구할 필요가 있습니다. 이와 병행하여 소규모 영세 종자회사 간 연합체를 구성하여 품목별 전문화를 추진토록 하여 이중구조를 해소해 나가야 합니다.

다음으로, 과수 및 화훼산업은 기술력이 부족하므로 외국 육종회사와 협력관계를 구축하여 합작사업을 활성화하여 로열티를 생산적 투자비용으로 전환시켜야 합니다. 아시아국가 대상 품종 개발 시 해외기업의 선진 기술과 우리의 개발 컨셉트를 결합하면 네덜란드나 일본처럼 틈새시장을 공략하는 아시아국가 대상의 신품종 개발이 가능할 것으로 판단됩니다. 아울러 GSP 지원품목 중 과수와 화훼분야가 감귤과 백합에 불과하므로 이 분야 성장성을 감안하여 과감히 지원대상 품목을 확대할 필요도 있습니다.

세 번째로 산·학·연 클러스터를 구축하여 기술력 있는 종자기업과 첨단 생명공학기술,

화학산업, 대학의 R&D를 결합하여 육종인력의 양성, 다양한 품종의 개발, 유전자원의 발굴과 보전에 힘써야 합니다. 이와 더불어 공공기관의 민간부문 기술이전, 기술사업화를 장려하고 연구소 창업 등이 확산되도록 R&D 인프라를 재정비하는 일도 중요합니다.

마지막으로 세부 실행계획입니다.

먼저, 글로벌 기업육성을 위한 지원대책을 마련하기 위해 현행 종자산업법을 개정하여 지원근거를 마련하고 관련 예산을 확보하여야 합니다. 법개정 및 예산확보를 위한 부내 타스크 포스 팀을 구성하여 금년 상반기 중 안을 확정하고 연내 법개정 및 예산확보에 적극 나서야 할 것입니다.

다음으로 현재 운영 중인 '종자산업 발전위원회' 산하에 실무연구회를 발족시켜 GSP 19개 품목 외에 화훼 및 과수분야 추가 가능 품목 선정을 위한 시장조사에 착수하고 연내 품목 선정을 완료하도록 추진할 필요가 있습니다. 아울러, 산·학·연 클러스터 구축과 종자산업 인프라 확충계획을 확정하기 위한 업무는 국내외 관련 분야 전문가를 망라하는 연구단을 금년 상반기 중 구성·완료하고 내년을 종자산업 도약의 원년으로 삼아 10년 내 세계종자강국으로 도약하도록 준비할 필요가 있다고 하겠습니다.

이상으로 보고를 마치겠습니다.
보고드린 내용에 대해 궁금하신 사항 질문해 주시면 감사하겠습니다.

개인발표
모의사례

2

학교폭력
근절대책

과제 시행 방법

1단계 30분 동안 자료 검토 및 발표 내용을 개조식으로 작성함

　　* A4지 1~2장에 ① 현황 ② 문제점 ③ 개선대안 ④ 세부실행계획 순으로 적어놓고 해당되는 내용을 키워드 중심으로 채워가면서 정리

2단계 5분 발표, 15분 질의응답

　　* 질의응답 과정에서 제공된 자료를 활용할 수 있음

배경상황

◆ 귀하는 교육부 학교폭력대책과의 문지성 사무관입니다.

◆ 2012년 현재 학교폭력 가해율은 12.0%, 피해율은 12.6%로 학교폭력의 심각성이 좀처럼 감소하고 있지 못하고 있으며 피해 학생 10명 중 4.5명이 자살을 생각할 정도이며, 또한 같이 피해를 당할까봐 방관하는 학생들도 여전한 상황입니다.

◆ 최근 들어 정부는 학교폭력을 근절하기 위한 다양한 정책을 수립하여 시행하고 있으나, 국민들의 기대를 충족하지 못하는 등 정책효과가 미흡한 실정입니다.

◆ 또한 기존에 실행되고 있는 정책이 학교폭력 감소에 영향을 미치지 못해 실효성이 떨어진다는 지적도 나오고 있습니다.

◆ 이에 학교폭력을 근절시키기 위한 대안 및 계획을 수립하여 보고하라는 국장의 지시가 있었습니다.

◆ 참가자는 현 학교폭력의 현황과 원인을 파악하여 이를 근절하기 위한 대안을 제시하고 이를 실행하기 위한 구체적인 계획에 대하여 보고해야 합니다.

보낸 사람	교육부 박한국 과장 <kypark@edu.go.kr>
받는 사람	문지성 사무관 <hkmoon@edu.go.kr>
받은 시간	2013-04-27 11:27:23
제　목	학교폭력 근절대책 수립보고
첨부 파일	

문사무관 수고가 많습니다.

학교폭력을 근절하기 위해 작년에 많은 정책이 시행되었지만 아직 미흡한 부분이 많이 있는 것 같아 이에 대한 대책 마련이 시급한 것 같습니다.

이에 보기에만 그럴듯한 정책이 아니라 실효성 있는 대안이 필요한 시점이니만큼 학교폭력 문제를 해결하기 위한 실질적인 대안을 수립하여 29일 오전에 보고해 주시기 바랍니다.

(학교폭력예방 및 대책에 관한 법률 제2조)

- 학교 내외에서 학생 간 발생한 상해, 폭행, 감금, 협박, 약취, 유인, 명예훼손, 모욕, 공갈, 강요, 성폭력, 따돌림, 사이버 따돌림 등
- 정보통신망을 이용한 음란·폭력 정보 등에 의하여 신체·정신 또는 재산상의 피해를 수반하는 행위

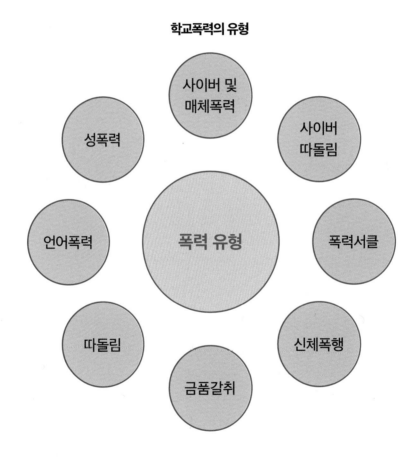

학교폭력의 유형

연도	피해율	가해율
2006	17.3 %	12.6
2007	16.2 %	15.1
2008	10.5 %	8.5
2009	9.4 %	12.4
2010	11.8 %	11.4

2010년 학교폭력 피해율, 가해율

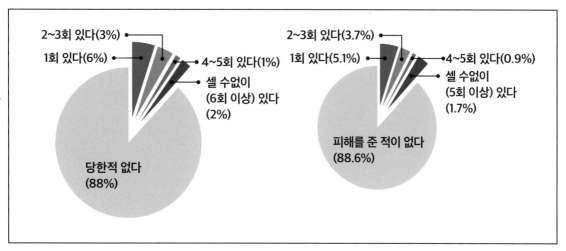

*2011년 학교폭력 실태 발표 및 대책 강화 촉구 기자회견(청소년 폭력예방재단)

연도별 학교폭력 피해, 가해율 추이 표

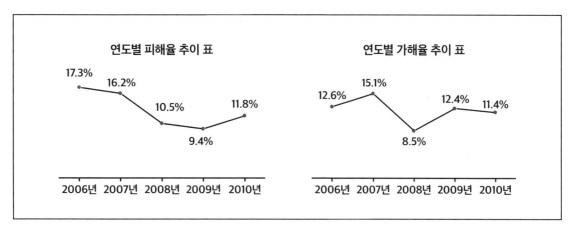

*2011년 학교폭력 실태 발표 및 대책 강화 촉구 기자회견(청소년 폭력예방재단)

연도	심각성 인식도
2008	28.6 %
2009	32.8 %
2010	38.1 %

최근 1년간 학교폭력 피해 고통 정도

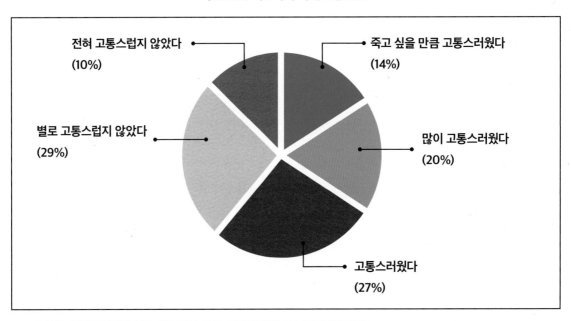

*2011년 학교폭력 실태 발표 및 대책 강화 촉구 기자회견(청소년 폭력예방재단)

성별에 따른 학교폭력 후 고통 정도

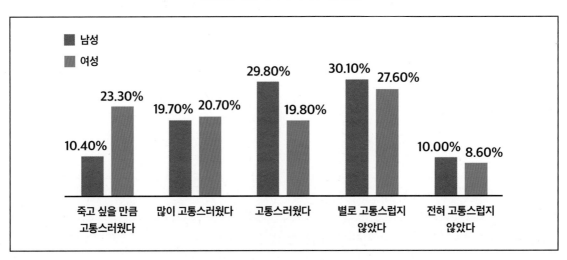

*2011년 학교폭력 실태 발표 및 대책 강화 촉구 기자회견(청소년 폭력예방재단)

집단 따돌림을 견디다 못해 지난해 12월 투신자살한 대전 D 여고 A양(17)의 같은 반 반장이 자책 끝에 아파트에서 투신해 자살했다. 16일 대전 둔산경찰서에 따르면 이날 오후 6시 35분 대전 둔산동 모 아파트 1층 출입구 지붕에 여고생 P양(17)이 쓰러져 있는 것을 행인이 발견해 경찰에 신고했다.

P양은 인근 병원으로 옮겨져 심폐소생술을 받았지만 3시간여 만에 사망했다. 경찰은 "P양은 지난해 12월 초 자살한 A양의 같은 반 반장으로 집단 괴롭힘 때문에 고민하던 A양을 데리고 담임교사를 찾았다가 별다른 도움을 받지 못한 뒤 A양이 자살하자 죄책감에 시달리다 자살을 선택한 것으로 파악됐다"고 밝혔다.

A양과 P양은 절친한 사이였던 것으로 알려졌다. 경찰에 따르면 P양은 A양이 자살한 이후 교육청 산하 청소년상담센터인 'Wee센터'에서 상담을 받아왔다고 한다. 친구의 죽음에 대해 자신도 책임이 있다는 자책감 때문이었다는 것. 시교육청 관계자는 "센터 상담교사에 따르면 P양이 '꿈에서 죽은 친구가 자주 나타난다'며 괴로워했다"면서 "상담교사도 충격이 매우 큰 상태"라고 전했다. 경찰 관계자는 "유서가 발견되지 않아 정확한 자살 원인은 추가 조사를 해 봐야 알 수 있을 것"이라고 말했다.

지난해 12월 A양의 자살 당시 유족은 "일부 학생으로부터 지속적인 따돌림을 당했고, 사고 직전 담임교사를 찾아가 도움을 요청했지만 별다른 도움을 받지 못했다"고 주장했다. A양의 친척 오빠는 "여동생을 죽음으로 내몬 학교 학생들과 이를 방치한 교사가 처벌되길 원한다"며 A양이 자살하기 전 폐쇄회로(CC)TV 영상을 인터넷에 공개했다. 경찰은 이후 사건을 재조사했다. 결국 친구를 잃은 상실감과 자책감에 경찰 조사 압박까지 겹쳐 P양이 극단적인 선택을 했다는 설명이다.

보낸 사람	김일도 주무관 <idkim@edu.go.kr>
받는 사람	문지성 사무관 <hkmoon@edu.go.kr>
받은 시간	2013-04-26 09:30:15
제 목	기존 학교폭력 대책 문제점 (초안) 송부
첨부파일	기존대책 문제점 검토

문사무관님 수고가 많습니다.

얼마 전 사무관님께서 지시하신 기존 폭력근절대책 문제점을 나름대로 검토한 내용입니다.

현재 시행 중인 폭력예방 대책을 6가지 측면에서 사무관님 요구사항을 반영하여 구성하였습니다. 보내드리는 자료가 과장님께서 작성 중이신 근절대책 마련에 도움이 되었으면 합니다.

앞으로도 필요하신 자료가 있으시면 언제라도 말씀 주시기 바랍니다.

김일도 주무관 드림

■ **성적 중심의 입시위주 교육으로 핵심가치인 '인성' 교육 소홀**

○ MB정부 출범 이후 창의·인성교육을 적극 추진하였으나 인성교육의 성과는 낮은 편

○ 인성교육 잘하는 교사를 우대하는 정책이 미흡

○ 인성교육 강화차원에서 입학사정관제, 자기주도 학습전형 등 새로운 입시제도를 도입했으나, 성적 중심의 학생 선발 관행이 지속

■ **학교폭력 신고 -조사 처리과정의 문제**

○ 교육부의 1588-7179, 여성부의 1388, 경찰청의 117 등 신고전화가 각 기관에 산재하여 혼란 가중

○ 기존 경찰청 소속 '117 여성·아동·청소년 경찰지원센터'에서 상해·폭행·성범죄 이외의 학교폭력에 대해서는 대응 미흡

　- 경찰청, 시도 교육청, 학교 간 가해 학생의 인적 사항 및 학교폭력 내용에 대한 정보 공유체계 부재

■ **가해 학생에 대한 조치와 피해 학생 보호의 한계**

○ 전학·특별교육 등 학교폭력 예방 및 대책 법률상 조치를 가해 학생이 거부하는 경우 이에 대한 강제력이 없어 실효성 확보 불가

○ 가해 학생을 피해 학생으로부터 분리하여 피해 학생을 보호할 수 있는 법적 근거 미비

○ 학교폭력이 가장 많은 중학생의 경우 소년법상 촉범소년에 해당되어 보호처분에 그치게 됨에 따라 실효적 처벌이 제한

○ 학교폭력으로 인한 조치사항이 학교생활 기록부에 기재되지 않아 교사의 학생생활 지도력 약화

■ **학교폭력 사안에 대한 교사의 권한·역할 부족 및 개입 곤란**

○ 학부모가 학교폭력 사안에 대한 교사의 조사를 거부하는 경우 이를 진행할 법령상 권한 부재

○ 경찰에 신고. 고소된 사안은 수사 개시를 이유로, 법원에 넘겨진 사건은 재판 중이라는

이유로 학교의 개입이 어려운 실정

■ 규칙을 준수하는 학교문화 미정립
○ 학교에서 타인을 배려하고 법과 질서를 존중하는 민주시민 의식과 준법 정신을 체득할 수 있는 다양한 교육프로그램 제공 미흡
○ 학생 생활규칙 등 학생들의 생활을 규율하는 규칙이 문서상으로만 존재하고 적극적으로 활용하지 못하는 실정

■ 학교폭력 유발 환경에 대한 견제와 감시 장치의 미비
○ (온라인 게임) 산업육성 위주의 관련법령으로 인해 게임 중독 등 교육적 역기능에 대한 규제 미비
○ (인터넷, SNS) 폭력만화·음란 동영상 등 유해 정보를 접할 수 있는 통로는 많아지고 있으나 이에 대한 모니터링 등 대책은 미흡
  - 특히, 언어적·정신적 폭력 공간화되어 가는 SNS 대응책 부족
○ (일진 등 폭력문화) 성인사회의 조직적 폭력집단 문화를 학교에 유입하는 학교 내 폭력 서클에 대한 대책 미흡

범정부 차원의 학교폭력 해결 노력이 초장부터 벽에 부딪히고 있다. 일선학교와 교사들의 비협조로 학교폭력 신고 실적이 너무 부진한 것이다. 당국의 미흡한 대처도 한몫을 하고 있다. 지난 4일부터 시작한 학교폭력 피해신고 접수는 서울의 경우 그제까지 36건에 그쳤다. 특히 학교나 교사를 통한 신고는 단 한 건도 없다고 한다. 되레 학생들에게 학교폭력을 외부에 알리지 말라며 입막음하는 교사들이 적지 않다고 한다. 이러니 단속에 나선 경찰이 궁여지책으로 학교 주변 우범지대를 뒤지고 다닐 수밖에 없다. 학교폭력이 일선 학교와 교사들의 그릇된 처신 속에서 확산되고 있는 격이다.

교사들이 학교폭력을 쉬쉬하며 덮으려 하는 것은, 교원 평가에서 감점을 받지 않기 위한 것이라고 한다. 인사고과와 승진 때문에 수많은 제자들이 폭력에 노출돼 신음하는 것을 방치하고 있다면 이만한 비교육적 처사도 없다. 그 외에도 학교 위신이 실추되는 것을 우려하거나, 학교폭력 책임을 지지 않으려는 생각도 은폐행위를 부추겼을 듯하다. 학교 안에서 해결하기 위해 신고를 안 하는 교사들도 있겠지만, 이 역시 학교폭력의 심각성을 이해 못한 행동이다. 학교폭력은 이미 학교 차원에서 해결할 수 있는 수위를 넘었기 때문이다.

학교폭력 신고 교사에게 표창장을 줘 자진신고를 늘리겠다는 당국의 제도개선책도 실효성이 낮아 보인다. '시끄러운 일'에 휘말리기 싫어하는 교사와 학교, 보복을 두려워하는 학생들이 당국을 믿고 따라줄 것인지 의문이다. 교육현장의 폭력문화를 청산하기 위해서는 학교와 일선교사들의 일대 의식전환이 절실히 요구된다. 아울러 교육 당국은 일회성 대응이 아니라 보다 종합적인 근본대책을 마련할 필요가 있다.

　　정부는 학교폭력을 차단하고 피해 학생을 보호하기 위해 '학교폭력과의 전쟁'을 선언했다. 지난해 7월 학교폭력 예방 및 대책에 관한 법이 시행됐지만 학교폭력이 여전히 만연하고 있다는 판단에 따른 것이다. 교육인적자원부·문화관광부·청소년보호위·대검·경찰청이 공동으로 지난해 말 초등 4학년부터 고3까지 전체 학생 575만 9000여 명을 상대로 학교폭력 실태를 조사한 바 있다. 그 결과를 보면 학교폭력 피해 경험자는 신체적 폭행 2.51%, 협박 3.08%, 금품 갈취 4.22%, 집단 괴롭힘 0.63%다.

　　요즈음 학교폭력은 조직적이며 연령층이 낮아지고 수법이 흉포화하고 있다는 게 교육부와 경찰청의 분석이다. 특히 초·중·고의 폭력조직인 '일진회'는 학교 단위에서 지역 단위로 광역화하고 있다. 이들은 걸핏하면 흉기를 휘두르고 성폭행과 강도 등 성인범죄 뺨치는 일탈행동을 저지른다. 또 휴대전화 사용과 PC방 이용이 보편화하면서 전화요금 등을 마련하기 위한 탈선도 서슴지 않는다.

　　학교폭력은 피해 학생에게 엄청난 신체·정신적 충격을 준다. 정상적인 학교생활을 불가능하게 하며 심한 경우 죽음에 이르게 하고 성인이 돼서도 정상적인 활동을 못 하는 사례도 없지 않다. 학교폭력이 끊이지 않는 것은 피해 학생이 보복을 두려워해 신고를 꺼리기 때문이다. 신고기간을 지정해 가해 학생의 자수와 피해 학생의 신고를 유도한다고 하지만 자발적 신고를 기대하기는 힘들다. 평소 부모와 교사가 자녀와 학생의 행동과 태도를 주의 깊게 관찰하고 이상한 점이 있으면 상담하는 등 애정 어린 관심이 필요하다.

　　학교폭력은 단속만으로는 근절되지 않는다. 청소년이 건전하게 성장할 수 있도록 가정과 학교의 환경정화가 시급하다. 텔레비전 프로그램과 영화·컴퓨터게임의 폭력장면은 학교폭력을 조장하는 온상이다. 학교폭력은 모방범죄가 대부분이다. 감수성이 예민하고 판단력이 부족한 초·중·고생이 가상공간의 폭력장면을 접하지 않도록 지도해야 한다.

부산경찰청이 학교폭력을 효과적으로 예방하기 위한 대책으로 '스쿨 폴리스(school police·학교경찰)' 제도의 도입을 검토하고 있다. 전직 경찰관 등 전문인력을 초·중·고교에 상주시켜 폭력예방 업무를 맡게 하는 제도다. 미국에서 시행되고 있는 '캅스 인 스쿨(cops in school)' 프로그램을 본뜬 것이다. 미국 내에서 2,000여 개 학교가 이 프로그램에 참여하고 있으며 학교에 상주하는 경찰 수는 약 4,000명에 달한다고 한다.

부산경찰청이 이런 아이디어를 내놓은 것은 최근 창원의 한 중학교에서 엽기적인 폭력사건이 일어난 때문이다. 폭력 클럽 소속 학생들이 또래 학생들을 290차례에 걸쳐 폭행을 하고 심지어 성추행까지 해 왔다. 그런데도 피해 학생들은 보복이 두려워 학교를 졸업한 뒤에야 경찰에 신고했다고 한다.

오죽하면 학교에 경찰을 상주시키겠다는 생각까지 할까 싶다. 그러나 스쿨 폴리스 제도는 쉽게 결정할 사안이 아니다. 교육 현장의 문제는 교육적으로 푸는 것이 바람직하다. 전직 경찰관이 학교에 상주하게 되면 학생 지도 문제 등을 놓고 교사들과 의견이 엇갈릴 수 있다. 경찰관의 업무와 권한을 어디까지 해야 할 것인지도 어려운 문제다. 학교 분위기가 위축될 수도 있다.

미국에서도 학교경찰이 학생들에게 공포감을 안겨줄 수 있다고 하여 도입 당시 큰 논란이 일었다고 한다. 도입에 앞서 교사와 학부모들의 의견을 충분히 듣고 공론화하는 과정을 반드시 거쳐야 할 것이다.

1. 미국(캘리포니아주): 유치원부터 학교폭력 예방교육 의무화

○ '행동'을 연습하는 체험적 교육과정(친구들의 압박에 대한 대응, 분노를 인식하고 비폭력적 대응 등)

○ 학생 스스로 갈등을 해결할 수 있는 또래중재 프로그램 운영

　　*Peer Mediation Program: 학생들이 추천하여 일정 교육과정을 이수한 학생중재자를 학급당 2명씩 양성하고, 갈등조정전문가가 학생중재자에 대한 교육과 갈등조정을 지원

2. 노르웨이: 예방교육 체계화

○ 학생 스스로 방관자가 되지 않도록 교육

　- 폭력을 보면 반사적으로 "스톱" 합창, 학급회의 수시 개최

○ 집단따돌림에 대처하기 위한 Zero Program을 통해 학교 역량 제고 (Zero는 3~5개 학교로 구성되고 17개월간 진행)

　　* Zero내 각 학교에 교장, 담임, 부모, 학생을 구성원으로 하는 집단 구성

　- 년 6회 세미나 개최 (외부전문가 참석)

　- 3대 원칙: 무관용, 책임과 헌신, 지속적 대처

3. 핀란드: 끼바 꼬울루(Kiva Koulu) 프로젝트 운영

○ 전체학교의 82%(2,500교) 참여, 학교당 3명의 교사가 2일간 사전 연수

○ 1,4,7학년을 대상으로 2시간씩 10회 교육

　- 가·피해자에 대한 교육뿐 아니라 '방관자'가 피해자를 돕도록 교육

　　* 토의, 집단활동, 역할극 시연 등 프로젝트를 수행하여 학급당 규칙을 만들고 학년 말에는 규칙을 모두 모아 자치조약에 서명한 후 준수

　- 교사는 학교폭력 예방 조끼 착용(경각심 유발), 학부모용 자료 보급

4. 독일: 주정부 차원의 대상별 '폭력 예방 네트워크' 가동

○ 경찰, 교사, 사회교육사로 구성된 전문팀이 예방교육 실시

○ 일반인 대상 '폭력-목격-돕기' (GSH) 캠페인 실시

○ 전문가는 학부모, 교사, 경찰, 사회교육사를 대상 전문 홈페이지 운영

자료 9 | 학교폭력 예방대책 5개년 계획(안)

[과제 1] 학교폭력 예방 및 근절을 위한 교육, 지원강화

(1) 학교폭력 예방교육

학교폭력 예방교육뿐만 아니라 인성교육 및 인권에 대한 교육을 조기 실시하고, 아울러 충동성 및 분노와 같은 감정을 조절할 수 있는 능력을 함양하도록 문제해결 중심적인 교육도 실시

(2) 학교안전망 강화

학교안의 사각지역 및 위험지역에는 CCTV를 추가 설치하고, 배움터 지킴이를 통해 학교 내 순찰을 강화하여 학생들이 위기상황에서 즉각적인 도움을 받을 수 있도록 조치. 또한 CCTV에 대한 관리가 소홀하여 설치를 하더라도 방치되는 경우가 많으므로, 배움터지킴이를 활용하여 CCTV를 관리

[과제 2] 피해자 보호 및 가해자 선도강화

(1) 피해 학생보호

학교폭력 피해 학생에 대한 교내 상담에 대한 지원이 더욱 강화하고 교외의 사후관리 방안으로는 학교폭력 SOS지원단과 KT신변보호 서비스 등 홍보 및 사업을 강화하여, 교내에서 지원하지 못하는 피해학생 및 부모상담과 피해 학생 보호서비스를 제공

(2) 가해 학생선도

현재까지 위탁기관 및 시설이 많지 않고 체계화되지 않아, 학교에서 특별교육이수에 대한 선도조치를 내려도 갈 수 있는 곳이 많지 않으므로 Wee프로젝트 및 위탁시설의 확대 및 활성화를 통해 재발방지 및 근본적인 심리적 문제 해결 도모

[과제 3] 인적자원 전문성 강화

(1) 교원 전문성 강화: 교원연수 의무화 및 평가시스템 구축

(2) 학교폭력 대책 자치위원회 자치위원 대상 교육 실시로 전문성강화

[과제 4] 학교폭력 예방·근절 지원추진체 운영활성화

(1) 자치위원회 활성화 방안

각 학교별 자치위원 인력풀 확보 및 도단위 학교폭력 대책 지역위원회의 경우 영역이 넓어서 각 학교별 자치위원회 지원에 어려움이 있으므로 시·군·구 단위의 지역위원회를 활성화하여 유기적으로 학교폭력 대책 자치위원회를 지원하고 사안처리에 도움을 줄 수 있는 방안 강구

(2) 지역사회 내 폭력예방 및 대처협력망 구축

CYS-net의 홍보 및 활성화를 통해 지역 내 기관들이 유기적으로 협조할 수 있는 체제 구축 및 Wee프로젝트와 CYS-net사업 연계 촉진

(3) 학교폭력 중앙점검체제 구축 및 운영

학교폭력의 실태 및 예방대책과 그 세부사업을 지속적으로 평가할 수 있는 시스템을 구축하고 평가정보를 공시하여 투명성을 확보. 이를 위해 폭력예방 사업별 인지도, 효과성, 실적, 학교폭력 결과지표(학교폭력 피해율, 학교안전도 지표 등)등 다양한 변인과의 관계성을 평가할 수 있는 학교폭력 중앙점검체제 구축 및 운영방안 마련

[과제 5] 범정부차원의 사회적 분위기 조성

학생, 학부모, 교원이 모두 인지하고 있으면서 실행도 잘 됐던 사업인 '학교폭력 추방의 날' 사업을 활용하여 학교폭력 정책 홍보 시 정책에 대한 인지도 제고와 학교폭력 신고, 자치위원회 활동, 다양한 정책지원 활성화에 기여할 것으로 판단됨

개인발표와 피드백

- 다음의 실제 개인발표 사례를 토대로 어떤 부분이 잘 되었고 어떤 부분이 개선되어야 할 점인지를 살펴보기로 한다.

- 피드백 대상은 피평가자의 발표내용이다. 실제 평가에서는 발표 후의 질의응답 내용도 평가에 반영되지만 분량이 많아 피드백 대상에서는 제외하였다.

- 피드백 내용은 하단에 주석으로 정리한다.

피평가자 (가)

1. 추진배경

○ 현재 학교폭력으로 인한 자살 및 피해율이 증가함(11%대)

○ 가해율 역시 증가추세(11%대)[1]

○ 다양한 정책 시행하나 실효성 없어 근절 위한 구체적 대안 필요

2. 현황[2]

○ 가해율 '06~'08년 하락하였으나 '09년부터 상승추세('10년 기준 11%)

○ 피해율 역시 유사한 추세/방관하는 학생들도 여전함

○ 심각성에 대한 체감도 상승추세('10년 기준 38%)

○ 최근 집단 괴롭힘으로 힘들어하던 여학생 자살로 그 친구까지 죄책감에 자살하는 사건 발생(기존 상담방법 및 인식 등 제대로 역할을 못 함)

○ 교사들이 교원평가 및 학교위신 등 문제로 학교폭력 은폐 경우 상당

3. 문제점[3]

○ 입시 위주의 학생 선발 및 교육으로 인성교육 소홀

○ 학교폭력 신고전화가 각 기관별(여성부, 교육부, 경찰청) 혼재하여 혼란 가중

○ 처리에 있어서도 각 관련 인적사항 등 공유체계 부재로 처리 어려움

○ 가해 학생에 대한 법률상 연령 등에 의해 강제력이나 실효성 떨어짐

○ 피해 학생 보호할 법적 근거 미비 및 교사의 학교폭력 조사 권한이 학부모 의사에 따라

---

1) 추진배경 첫 번째 줄과 두 번째 줄에서 학교폭력관련 현황을 소개하고 있어 현황과의 차별성이 없다. 따라서 추진배경에서는 현재 추진 중인 학교폭력대책이 실효성이 없어 보다 구체적 대안 마련이 필요하게 되었다는 점을 언급하는 정도가 적당하다. 아예 추진배경을 삭제하고 곧바로 현황부터 시작하는 것도 무방하겠다.

2) 통계나 사례를 인용하면서 학교폭력의 심각성을 잘 설명하고 있다.

3) 문제점이 6개나 나열되어 있다. 많기도 하지만 그 순서가 핵심 문제점 순서로 보이지도 않는다. 이런 식으로 문제점을 열거하는 것은 곤란하다. 이하 개선방안도 마찬가지이지만 3~4개 이상의 문제점들을 들고자 할 때에는 문제점들을 범주화하도록 하자. MECE 원칙을 상기하여, 예컨대 6개의 문제점을 폭력발생 전 예방-폭력발생 시 신고 등-폭력발생 후 처리대책으로 구분하고 폭력발생 후 대책도 가해 학생과 피해 학생으로 구분하여 문제점을 제시하면 발표내용이 보다 일목요연해져 평가자의 주목을 더 끌 수 있게 된다. 이렇게 하면 개선방안도 자연스럽게 문제점 부분을 범주화해서 설명할 수 있게 되어 더욱 효과적이다. 문제점을 범주화하지 못한 경우에는 다음의 개선방안부분에서라도 범주화하여 대안을 열거할 필요가 있다.

제한됨

○ 학교 내에서도 학생 생활 규칙을 문서로만 정립해 실제 예방 교육 등 프로그램 제공 미흡/ 온라인, SNS, 폭력 집단 등에서의 접근성을 규제하거나, 대응책 등이 부족

4. 개선방안[4]

○ 학교폭력을 최전선에서 관리하는 교사 의식전환이 우선되어야 함

○ 자발적 신고는 사실상 기대하기 어려운 사실. 따라서 평소 부모와 교사가 학생 태도에 관심, 관찰을 유심히 하여 상담 필요(대안이나 방향성 부족)

○ 모방 범죄를 막을 수 있도록 가상공간의 폭력 장면 접근 차단에 주력(차단방법 구체화 필요)

5. 세부추진계획[5]

○ 자치 위원회 및 중앙 점검체계 두 각계 전문가 토대 네트워크 구축

○ 전직 경찰관 등 전문가를 교내에 상주시켜 학교폭력 예방 업무수행

○ 유치원부터 예방교육에 주력하여 의무적으로 체계화된 교육 시행

○ 자체 학습 내 규칙, 규율 등을 정비하고, 방관자가 생기지 않도록 역할에 대한 교육도 필요

○ 범 정책적 사회적 분위기 조성을 위한 홍보 및 정책지원 강화

○ 인권에 대한 교육 및 문제해결 중심 교육 시행

○ 안전망 강화를 위한 CCTV 추가 설치

---

[4] 문제점과 개선방안부분이 상호 연계되어 있지 않다. 예를 들어, 문제점으로 인성교육이 소홀하다고 지적했으면 개선방안에도 인성교육 강화와 관련된 내용이 포함되어야 하는데 개선방안에 이에 대한 내용이 없다. 교육관련 내용이 세부추진계획에 있기는 하나 인성교육과 직접적으로 연결된다고 볼 수 없다.

[5] 개선방안에 포함되어야 할 내용들이 대부분이다. 피평가자 A는 개선방안을 일종의 개선방향 정도로 이해하고 발표한 것으로 추정된다. 일반적으로 세부추진계획은 개선방안에 들어 있는 내용에 대해 앞으로 어떻게 실현시켜 나갈 세부적인 계획이므로 교육시행에 필요한 법안이나 예산확보, 홍보대책, 조직 및 인력보강에 관한 내용 중심으로 작성하여야 한다. 세부추진계획에 포함되어야 할 사항은 주어진 예시문에 나와 있지 않으므로 발표자가 개선방안에 적시한 내용을 중심으로 알아서 작성하여야 한다.

피평가자 (나)

1. 추진배경[6]

○ 학교폭력의 심각성이 감소하지 않음

○ 최근 정부는 학교폭력 근절을 위해 다양한 정책을 수립하였으나, 국민들의 기대 미충족 및 정책 효과 미흡, 실효성이 떨어짐

2. 현황[7]

○ 학교 내외에서 발생한 상해, 폭행, 따돌림 등에서 정보통신망을 이용한 폭력까지 학교폭력의 유형이 다양

○ 학교폭력 심각성에 대한 체감도는 상승되는 추세지만, 학교폭력 피해율과 가해율은 감소되지 않은 상황

3. 문제점[8]

○ 성적 중심의 입시 위주 교육으로 인성교육 소홀

○ 학교폭력 대응 미흡, 정보 공유체계 부재 등 처리 과정의 문제 발생

○ 가해 학생에 대한 조치와 피해 학생 보호의 한계

○ 학교폭력 사안에 대한 교사의 권한, 역할 부족 및 개입 곤란

○ 규칙을 준수하는 학교 문화 미정립

○ 학교폭력 유발 환경에 대한 견제와 감시 장치 미비

---

6) 추진배경을 깔끔하게 설명하고 있어 출발이 좋다.

7) 통계나 사례를 인용하여 설명하지 않고 다소 밋밋하게 학교폭력 체감도나 피해율, 가해율을 언급하고 있어 다소 부족하다는 느낌을 준다.

8) 피평가자 A에서 지적한 바와 같이 문제점들이 범주화해서 정리가 되어 있지 않다. 문제점과 개선방안과의 연계에 있어서는 비교적 문제점에 제시되어 있는 사항들이 개선방안에 포함되어 있어 피평가자 A보다 돋보인다. 예컨대, 인성교육 소홀문제는 예방교육 강화로, 가해 학생조치와 피해 학생보호 문제는 피해자 보호 및 가해자 선도강화로, 교사의 권한/역할 부족 문제에 대해서는 인적자원 전문성 강화로 대응하고 있는 점이 그러하다. 그러나 제시된 문제점을 모두 다 대책으로 연결하고 있지는 못하다. 문제점과 대책이 연계되지 못하는 이유 중 하나는 문제점은 문제점대로, 대책은 대책대로 따로따로 작성하기 때문일 것이다. 자료를 보면서 대책을 먼저 구상하고 그 후에 문제점을 찾아 연결하는 방법도 시도할 만하다.

4. 개선방안[9]

○ 학교폭력 예방 및 근절을 위한 교육, 지원 강화

○ 피해자 보호 및 가해자 선도 강화

○ 인적자원 전문성 강화

○ 학교폭력 예방·근절 지원 추진체 운영 활성화

○ 범정부차원의 사회적 분위기 조성

5. 향후 실행계획[10]

○ 인성교육, 인권에 대한 조기교육 실시, CCTV 추가 설치, 배움터 지킴이 등을 통한 순찰 강화 및 CCTV관리

○ 학교폭력 SOS지원단, KT신변보호 서비스를 통한 피해 학생 보호 WEE프로젝트 및 위탁 시설 확대를 통한 가해 학생 선도

○ 교원 연수 의무화를 통한 전문성 강화

---

9) 개선방안 첫 번째와 개선방안 네 번째는 따로따로 구분하는 것보다 하나로 묶는 것이 좋을 것 같다.

10) 피평가자 A와 마찬가지로 '향후 실행계획'은 '개선방안'을 보다 구체화한 것으로 개선방안에 포함하여야 할 내용들이다. 그리고 첫 번째 실행계획 하단의 CCTV 추가 설치 등은 인성교육과는 관련이 없으므로 별도 계획으로 정리해야한다. 여기서도 앞선 지적과 마찬가지로 개선방안이 구체적이지 못하다. 교육소홀문제에 교육강화를 개선방안으로 제시하는 것은 교육을 강화한다는 단순한 정책방향에 불과하지 어떻게 해서 교육소홀문제를 해결하겠다는 것인지 즉 '무엇을 어떻게'라는 실질적인 내용이 빠져있다고 하겠다. 역량수업을 진행하다 보면 대부분의 참가자들이 구체적인 대안을 제시하는 것을 어려워한다. 해당분야 전문가도 아니고 사전에 이러한 문제를 생각해 본 것도 아니라는 이유에서다. 개선방안을 제시하라는 것은 자료에도 없는 내용을 본인이 창의적으로 생각해서 구성하라는 뜻은 아니다. 제시된 자료를 꼼꼼히 살펴보고 그중에서 구체적이고 알맹이가 들어 있는 내용을 찾아 인용하면 된다. 특히 제시된 자료 중 해외사례를 활용하면 비교적 구체적 대안 마련이 그리 어렵지 않다. 그 정도 수준이면 수준급 발표로 충분하다. 사례에 대한 전문성이 부족하다고 짐짓 포기하지 말고 자료를 잘 활용하면 된다는 점을 잊지 말자.

피평가자 (다)

1. 추진배경[11]

○ 학교폭력 근절을 위한 다양한 정책을 수립·시행하고 있으나, 학교폭력의 심각성은 점차 증가되고, 이러한 정책은 실질적인 해결책이 되지 못하므로, 실효성 있는 학교폭력 근절 대책 모색이 시급함

2. 현황[12]

○ 2006년도 대비 2012년도 학교폭력 가해율은 12.0%→11.8%

○ 2006년도 대비 2012년도 학교폭력 피해율은 12.6%→11.4%

○ 심각성 체감도 급증 2008년도 28.6% ⇒ 2010년도 38.1%

○ 학교폭력 고통 정도 60% 이상 고통 심각-남성보다 여성의 고통 정도가 2배 이상

○ 기존정부가 실행해온 학교폭력 근절대책은 초반에는 피해율이 급감하여 효율성이 있었지만, 점차 학생, 교사, 학부모, 가정, 학교, 정부차원에서의 소극성으로 성과 효율성 미흡

3. 문제점[13]

○ 인성교육 미흡, 관행적 교육

○ 신고 체계의 다양화로 인한 실질적인 해결책 강구 미흡

○ 가해자에 대한 조치 처벌 강제력 미흡, 피해자 보호관련 법적 근거 부재, 교사의 지도력 부재

○ 교사 체벌권한 부족, 경찰과 교사사이의 책임과 의무 경계 모호

○ 감시 장치, 경찰 공권력 등 강제성 부족으로 인한 실효성 저하

---

11) 현황과 구분되게 깔끔하게 정리한 점이 돋보인다.

12) 학교폭력관련 통계를 인용하여 학교폭력의 심각성을 잘 설명하고 있어 지적할 사항이 없는 잘 된 발표다.

13) 문제점도 뒤의 개선방안과 비교적 잘 연계하여 정리하고 있는 점은 돋보이나, 문제점을 범주화하여 발표하면 더 인상적이었을 것이다. 문제점을 5개나 범주화하지 않으면서 나열하는 것은 자칫 지루하다는 느낌을 주기 때문이다. 한 가지 더 지적하고 싶은 것은 문제점으로 맨 먼저 인성교육의 부재를 들고 있는데 그 이유는 아마도 피평가자 C는 이 점을 학교폭력이 증가하는 제일 중요한 원인으로 보았기 때문일 것이다. 그렇지만 교육문제를 핵심 원인으로 보는 것은 학교폭력문제를 다소 느슨하게 인식하고 있는 것으로 평가받을 소지도 있어 보인다. 생각건대 인성교육 강화를 핵심 대책으로 제시하는 것은 학교폭력을 줄이는데 즉시적 효과를 거두기 어려워 설득력 있는 대책으로 언급하기는 부족하지 않나 싶다.

4. 개선 대책[14]

○ 인성교육 의무 교육화(ex.윤리, 도덕, 가정, 교련 등)→성적반영

○ 신고기관의 일원화

○ 교육기관에 처벌에 관한 법적 근거 마련 필요(법 개정 필요)

○ 학교와 경찰, 가정 등 학교폭력 근절을 위한 지역단위 협의체 운영(정부 지원사업 실시)

○ 상담기관 설치 의무화

5. 향후 추진방향[15]

○ 학생, 교사의 성적/평가에 반영하여 교육프로그램 의무화, 평가로 인식개선교육

○ 다양한 신고기관의 DB통합 시스템을 통해 ONE-STOP 신속한 처리·대책 가능

○ 처벌에 관한 법 개정으로 기관에 권한을 부여하고 의무와 책임에 대한 강제성 부여

○ 교육부 지원사업의 일환으로 정부지원금을 통한 학교 내 폭력근절을 위한 상담실 운영, 감시 장비 및 시설 설치 등

○ 교육부, 경찰 등 부처 간 연계, 협업 강화 필요

---

14) 해외사례를 인용하면서 예방교육의 내용을 정비하는 등 내용이 추가되었으면 더욱 세련된 발표가 되었을 것이다. 예를 들어, 외국은 예방교육을 이러저러하게 실시하고 있으니 우리도 이를 참고하여 연간 ○○시간, 월 ○○시간 의무교육을 시행하고 이를 평가에 반영하자고 구체적으로 언급하는 것이 설득력이 높다.

15) 향후 추진방향에 들어있는 내용을 앞의 개선방안에 묶어서 발표하고 세부계획으로 4번의 개선 대책을 실천하기 위한 예산, 홍보, 조직 등 수단중심으로 구성하였으면 훨씬 좋았을 것이다. 가령, 예방교육을 의무적으로 실시하고 이를 평가에 반영하기 위해서는 강사진 확보, 교재 개발, 평가시스템 보완 등이 필요할 테니 이러한 준비를 위한 타스크포스팀 구성, 예산의 확보, 가해 학생 전학 및 선도를 위한 대안학교 설립 운영 등에 필요한 법개정 등등의 내용을 5번에 담는 것이 바람직하다.

피평가자 (라)

1. 추진배경[16]

○ 지난해 7월 '학교폭력 예방 및 대책에 관한 법'시행

○ 정부는 학교폭력과의 전쟁을 선언했으나 학교폭력은 여전히 만연

○ 학교폭력 근절을 위해 실효성 있는 대안 등 대책 마련 시급

2. 현황[17]

○ 지난해 12월 대전 D 여고 A양 집단 괴롭힘으로 투신자살 등

○ 최근 1년간 학교폭력으로 인한 피해고통 정도가 61%에 달해

○ 최근 초등학교 4학번부터 고등학교 3학년 전체 학생 575만 9,000여 명을 조사결과, 신체 폭행 2.51%, 협박 3.08%, 금품갈취 4.22%, 집단 괴롭힘 0.63%로 조사

○ 또한 피해 학생 10명 중 4.5명이 자살을 생각하고, 피해를 우려하여 방관하는 학생들 여전

3. 문제점[18]

○ 성적 중심의 입시위주 교육으로 인성교육 소홀

○ 교육부, 여성부 중 학교폭력 신고 전화 산재하여 혼란 가중

　- 경찰청, 시도교육청, 학교 간 학교폭력의 정보 공유체계 부재

○ 가해 학생에 대한 조치와 피해 학생 보호의 한계

　- 가해 학생이 학교폭력예방 및 정책업무상 조치 거부 시 강제력 없어

　- 가해 학생과 피해 학생 보호할 수 있는 법적 근거 미비

　- 학교생활기록부에 학교폭력 관련 조치사항 기재 못해 교사 지도력 약화

○ 교사의 권한·역량 부족 및 개입 곤란

　- 학부모가 교사의 관련 조사 거부 시 진행할 법령상 권한 부재

---

16) 현황과 구분하여 간결하게 정리하였다.

17) 통계와 사례를 활용하여 설명한 점은 돋보인다. 그러나 학교폭력이 심각해지고 있는지 또는 완화되고 있는지에 대한 설명이 없이 단순히 학교폭력 현황을 밋밋하게 정리하는 선에서 그치고 있는 것은 아쉽다. 학교폭력 통계를 횡단면자료만 활용하고 추세치를 인용하지 않고 있기 때문이다. 가령 관련통계가 증가추세를 보이거나, 해당 사례가 심각할수록 정책적 개입 필요성은 더 커지기 마련이다. 개인발표에 있어서 현황부분을 설명할 때 잊지 말아야 할 포인트는 관련통계의 추세나 대표적 사례 등을 적절히 활용하여 발표하는 주제의 심각성을 강조하여야 한다는 점이다.

18) 앞서의 지적과 마찬가지로 범주화하지 않고 7가지나 되는 문제점을 나열하다 보니 듣는 사람으로서는 발표내용이 산만하게 느껴지고 조리가 없게 들린다.

- 신고 및 법원에 넘겨진 사건은 수사 및 재판 중이라는 이유로 학교 개입 어려워
○ 학교생활 규칙 등 문서상으로만 존재, 실제 활용성 떨어져
○ 온라인게임, 인터넷, SNS, 일진들의 폭력문화 등 학교폭력 유발 환경에 대한 견제와 감시 장치 미비
○ 학교폭력 신고건 수 서울의 경우 36건에 그쳐
    - 학교나 교사를 통한 신고는 한 건도 없어
    - 교원 평가 때문에 피해 학생들에게 입막음하는 교사도 적지 않아

4. 개선방안[19]

○ 학교폭력 예방 및 근절을 위한 교육, 지원 강화
    - 학교폭력 예방교육
    - 학교안전망 강화
○ 피해자 보호 서비스 및 가해자 선도 강화
○ 인적자원 전문성 강화
    - 교원전문성 강화
    - 학교폭력대책위원회 자치위원 대상 교육 실시
○ 학교폭력 예방, 근절 지역 추진체 운영활성화[20]
    - 자치위원회 활성화 방안
    - 지역사회 폭력 예방 및 대처협력망 구축
    - 학교폭력 예방체제 구축 및 운영
○ 범정부 차원의 사회적 분위기 조성
    - 학교폭력 추방의 날 사업 확대. 다양한 정책지원 활성화
○ 해외 예방교육 사례[21]
    - 미국: 유치원부터 예방교육 의무화
    - 노르웨이: Zero program 운영
    - 핀란드: 끼바꼬우르 프로젝트 운영
    - 독일: 에반 네트워크(정부 차원) 가동

---

19) 문제점부분과 마찬가지로 범주화하지 않은 점이 아쉽고, 문제점과 연계되어 제시된 대책도 있으나 1:1 대응이 부족하다.

20) 문제점에서 지적하지 않은 사안을 대책에서 언급할 경우 맥락을 파악할 수 없어 대책이 합리적이라는 인상을 주기 어렵다. 학교 내 자치위원회나 지역사회 협력망 구축이 되어있지 않아 학교폭력이 증가하고 있는 것은 아니다.

21) 미국이나 노르웨이 사례는 첫 번째 개선방안으로 제시한 예방교육 시 참고할 사례로 언급하는 것이 보다 효과적이다. 해외사례를 개선방안의 하나로 제시하는 것은 설득력이 떨어진다.

필자 답안

학교폭력 근절대책 발표내용

1. 추진배경: 학교폭력 피해 학생 10명 중 4.5명이 자살 생각 등 심각한데 폭력이 감소하지
않고 있어 대책 마련이 시급함

2. 현황

○ 피해율과 가해율: 정체, 심각성 체감도: 점증 (28%/'08 – 38%/'10)

  – 학폭 주요특징: 조직적, 흉포화, 저연령화

○ 여학생 체감도: 남학생보다 2배 이상

   * 왕따 자살 학생 죄책감 자살사례 언급

3. 문제점

■ 학교폭력 발생이전

○ 인성교육 소홀

○ 규칙준수 문화 미확립

○ 온라인게임, 인터넷, SNS, 일진 등 학폭 유발환경 문제

■ 학교폭력 발생이후

○ 신고·조사과정상 문제

  – 교육부, 여성부, 경찰청 번호 제각각

  – 경찰은 학교폭력에 미온적, 가해 학생에 대한 정보공유 안 돼

  – 지역단위 폭력예방/대처 네트워크도 부재

  – 학교교사들도 학폭 중요성 몰이해 및 사건 은폐 등

○ 피해 학생 보호 미흡

  – 가해 학생을 전학 등 조치할 수 있는 근거 부재

  – 중학생은 보호처분에 불과하여 실효성 미흡

  – 생활기록부에 학교폭력에 관한 사항 기재할 수 없게 되어 있음

  – 가해 학생 선도교육 기관도 없음

4. 개선방안

■ 예방대책

○ 학교폭력 예방교육 강화

- 방송교육과 가정통신문 위주에서 탈피

- 인성교육과 충동성 예방 및 분노조절 능력 함양교육도 병행

   * 노르웨이사례 참고: 교장/담임/부모/학생 구성 제로프로그램

   * 핀란드 사례 참고: 교육에 토의. 집단활동, 역할극 등 활용

○ 학교안전망 구축 강화

- 신고기간 설정하되, 자발적 신고 안 하므로 주의 깊은 관찰과 상담

- 교내 사각지대 및 위험지역에 CCTV 추가 설치하고 배움터지킴이를 활용한 순찰강화
   와 CCTV 관리

○ 폭력예방을 위한 사회적 분위기 조성

- '학교폭력추방의 날'과 같은 범사회적 캠페인 지속 전개

- 온라인게임 폭력성 심사 강화 및 학생대상 문화활동 내실화

■ 발생 후 처리대책

○ 피해 학생 보호 및 가해 학생 선도대책 마련

- 학교폭력 대책자치위원회 및 상담교원 전문성 강화

- 대안교육 위탁기관 활성화: 가해 학생과 피해 학생 및 보호자 심리 안정 등 지원 강화

- 불가피한 경우 가해 학생 퇴학 등 조치 법적 근거 마련

   * 단, 스쿨 폴리스 도입은 신중 검토 필요

○ 폭력예방 및 대처협력망 구축

- 지역 내 유관기관 간 협조시스템 정비 및 연계 강화

   * 독일사례 참고: 폭력예방 네트워크 가동-일련의 학교폭력 관련사업 평가 및 결과 공시체계 구축

- 신고전화 통일, 학교폭력 정보 공유 등 사업의 효과성 평가

5. 세부실행계획

○ 지역단위 네트워크 구축을 위한 중앙-지방정부 협의체 구성

○ 예방교육 등 세부추진계획 마련을 위한 범정부 간 협의체 구성

- 교육부, 경찰청, 기재부 등 관계기관 대책회의체 운영

- 관련예산 확보 및 사회적 캠페인 등 사회적 분위기 조성계획 마련

○ 가해 학생 퇴학 조치 및 대안교육 위탁기관 지정 및 활성화 등을 위한 법개정 금년도 정기국회에서 추진

제4장

현안업무처리

제4장 **현안업무처리**

현안업무처리는 서류함기법이나 미결업무처리라고도 한다. 영어로는 인바스켓(In Basket)인데 약칭으로 IB라고 한다. IB는 미국식 결재방식에서 그 용어가 유래하였는데 우리도 종전 아날로그시대에는 상사 사무실에 3개의 칸이 있는 결재함에 "기결, 미결, 보류"라고 적혀있는 것을 본 독자도 있으리라고 본다. 미국도 과거에는 상사 사무실에 '기결'을 'out', '미결'을 'in', '보류'를 'pending'이라고 적어놓은 서류함이 있었는데 처리하여야 할 서류들은 'in'이라고 쓰여 있는 칸에 놓여있으므로 'in basket'으로 불리게 되었다.

역량평가에서의 현안업무처리는 피평가자 혼자서 다양한 형식으로 주어지는 현안업무들을 50~60분 동안 처리하는 과정을 글로 작성한 후 그 처리결과를 평가자 인터뷰를 통헤 평가하는 기법이다. 현안업무처리는 개인발표와 마찬가지로 혼자서 처리하는 유형의 기법이지만 개인발표와는 달리 보고서를 작성·제출하여야 하며, 처리할 업무도 1개가 아니라 1+2, 또는 1+3형태를 취하는 경우가 많다. 요즈음 인사혁신처에서 실시하는 현안업무처리에서는 3개 과제가 출제되며 이 중 하나는 통상 기획보고서 작성과제이며 나머지 2개 과제는 보고서 작성보다는 가벼운 소과제들이다. 기획보고서는 주로 정책이슈를 다루고, 소과제는 언론 오보대응이나 민원 대응, 고객 불만이나 직원의 고충처리, 타부서와의 갈등이나 업무협의 등 비정책분야의 업무가 주종을 이룬다.

이처럼 복수의 업무를 처리하게 하는 현안업무처리기법에서 사용하는 상황설정은 현실과는 매우 다르다는 점을 유의할 필요가 있다. 가령 현재가 수요일 오전 11시이고 해외출장 때문에 1시간 후에는 공항으로 출발하여야 하는데 그 전 1시간 동안에 업무를 처리해야 한다거나, 부임한 지 며칠 안 되지만 지금부터 50분 동안 3가지 업무를 처리하고 그 후에는 지방출장을 가야 하며, 출장 중에는 업무처리가 불가능하다고 한다. 차분하게 생각하면서 꼼꼼하게 자료를 수집하고 시간을 갖고 업무를 처리하는 현실상황과는 너무 다르지 않은가? 일부 피평가자들은 이런 어처구니없는 상황 설정에 저항감을 갖기도 한다. 이런 심리상태가 되면 과제에 제시된 업무들을 처리함에 있어 몰입도가 떨어지게 되어 평가에 불리하게 작용될 소지가 다분해진다. 이런 비현실적인 상황을 설정하는 의도는 '평가자가 피평가자 잠재 역량의 발현 여부를 용이하게 관찰하기 위하여'라는 점을 받아들이도록 한다. '왜 이런 식으로 말도 안 되는 상황을 설정하는가'라고 생각하게 되면 피평가자 본인만 손해 보게 된다.

그리고 다른 평가과제에서도 마찬가지지만 과제상황에 몰입하여야 한다. 과제를 받은 직후 과제에 제시된 피평가자의 이름, 소속 부처 명칭과 부서, 직위, 부임일자, 업무처리 일, 관련 직원 등을 노트에 적어놓고 과제처리과정에서 가끔씩 확인하고 활용하도록 한다.

또 하나, 많은 피평가자들이 IB 기법처리에서 궁금해하는 것 중 하나는 수기로 보고서를 작성하는 경우 글씨가 악필이라 감점요인으로 작용하지 않을까 걱정한다는 점이다. 몰라볼 정도가 아니라면 악필을 걱정할 필요는 없다. 평가자 입장에서는 인터뷰 시간을 통해 보고서 내용에 대해 보완할 수 있기 때문이다. 그리고 평가장소에 노트북도 배치되어 있으므로 글씨보다 노트북 활용이 편한 경우에는 노트북을 활용하면 된다.

현안업무처리는 4~5개의 평가기법 중 제일 어려운 기법이다. 왜냐하면 혼자서 해내야 하는 기법이면서도 답안지를 작성해야 하기 때문이다. 답안지 작성에 필요한 시간이라도 많이 주면 좋으련만 달랑 50~60분 이내에 여러 과제를 작성해내야 하기 때문에 더욱 힘들다. 이런 이유로 역량평가에서 실패한 공무원들이 제일 어려웠다고 지적하는 평가기법이기도 하다. 보고서를 작성해 본 지 오래된 일선 근무자일수록 힘들어한다.

집단토론이나 역할연기는 상대방에 따라 대응하는 것이므로 상황에 따라서는 본인의 약점이 드러나지 않고 대충 넘어갈 수도 있으나 현안업무처리는 평가대상 역량이 그대로 드러나게 된다. 그렇다고 너무 비관하거나 부정적으로 생각할 필요는 없다. IB를 만점으로 통과할 필요는 없는 것이며 '내가 어려우면 다른 사람도 어렵기 마련이다'라고 생각하는 것도 도움이 된다.

현안업무처리를 제대로 하려면 IB기법의 특징을 제대로 파악하고 있어야 한다. IB 기법의 특징은 다음 세 가지다. ① 복수의 업무를 ② 짧은 시간 내에 ③ 글로 작성한다.

① '**복수의 업무**'라는 특징에서 처리할 업무의 수와 내용을 확인하고 여러 업무들 간 처리순서를 정할 필요가 발생한다.

② '**짧은 시간 내에**'라는 특징에서 업무별 처리 시간을 균형 있게 배분할 필요가 생긴다. 전체 평가시간이 통상 50분~60분이고 처리업무는 1+2 혹은 1+3 형태이므로 1+2의 경우 큰 과제에 해당하는 기획보고서는 30분, 소과제는 10분~15분이 적당하고, 1+3의 경우 기획보고서는 20분~30분, 소과제는 10분 이내에 처리하도록 한다.

③ '**글로 작성한다**'라는 특징에서 작성할 문서의 분량과 문장 형태를 정해야 할 필요가 생긴다. 통상적으로, 1개의 기획보고서는 개인발표 시 제시되는 참고자료보다는 적은 분량의 참고자료를 활용하여 작성하므로 A4용지 1~2장 정도에 개조식으로 작성하면 된다. 그리고 2~3개의 소과제는 기획보고서 작성보다는 비교적 간단하게 처리 가능한 성격의 업무이므로 A4용지 1/2 쪽 정도에 개조식으로 작성하면 충분하다.

1 처리할 업무 확인하기

1) 처리대상 업무 확인하기

IB의 첫걸음은 처리하여야 할 업무를 제대로 파악하는 것이다. 처리할 업무가 명백하게 제시되어 있지 않은 경우에는 제공된 자료를 꼼꼼히 읽고 처리대상 업무를 확인해야 한다. 처리할 업무를 나누어 파악하는 경우와 합쳐서 보는 경우에 따라 수행할 업무의 개수는 달라지겠지만 업무를 빠짐없이 처리한다는 점에서는 동일하므로 나누거나 합친다고 문제 될 것은 없다. 다만, 최근의 인사혁신처 평가센터는 처리대상 업무를 명확하게 제시하고 있다. 따라서 피평가자는 처리할 업무가 무엇인지 명백하게 파악할 수 있으므로 이 점은 크게 신경 쓸 필요가 없다.

2) 처리할 업무 내용 제대로 파악하기

주어지는 자료를 살펴보면 처리할 업무가 무엇인지 다 포함되어 있다. 그렇지만 피평가자들이 자료를 대충대충 훑어보게 되면 처리업무의 일부분을 빠뜨리는 경우가 일어나기도 한다. 가령, 어느 학회에서 개최하는 토론회에 담당 국장의 참석을 요청하면서 참석자가 발표할 발제문 제목과 목차를 같이 보내달라는 공문을 처리하는 업무를 하게 되었다고 하자.

이 경우 피평가자는 1차적으로 처리대상 업무를 '토론회 참석건'으로 확인하고, 2차적으로 참석자의 확정과 발제문 제목과 목차의 작성 두 가지 업무를 처리하여야 한다고 파악하여야 한다. 그렇지만 많은 경우 국장 참석은 당연한 것으로 생각하고 단지 발제문 제목과 목차 작성에만 몰두하기도 한다. 이런 경우 제대로 '토론회 참석 건'에 관한 업무를 처리하였다고 볼 수 없다. 제공되는 자료를 꼼꼼히 읽으면서 처리대상 업무를 제대로 확인하는 노력을 기울여야 한다.

2 우선순위와 처리방법 정하기

1) 우선순위 정하기[1]

처리해야 할 과제를 파악한 다음에 할 일은 어느 과제를 우선 처리할 것인가를 정해야 한다. 통상적으로 과업 처리의 우선순위는 시급성과 중요도를 바탕으로 결정한다. 이런 관점에서 우선순위는 ① 시급하고도 중요한 것 ② 시급하지만 중요도가 낮은 것 ③ 중요하지만 시급하지 않은 것 ④ 중요도도 낮고 시급하지도 않은 것의 순으로 정하면 될 것이다. 그렇지만 한 피평가자가 중요하거나 시급하다고 생각하는 업무가 다른 피평가자에게는 그렇지 않을 수 있다. 그러므로 우선순위를 정함에 있어 정답은 없다.

다만, 통상적으로 ① 외부와 관련된 업무, ② 조직차원에서 통제하기 어려운 업무, ③ 조직에 부정적 영향을 주는 업무, ④ 파급효과가 큰 업무 등이 시급성과 중요성이 클 것이므로 우선순위가 높다고 하겠다. 예컨대, 언론의 부정적 기사에 대응하는 업무는 위의 ①~④ 기준에 모두 해당되므로 우선순위가 매우 높다고 하겠다. 어떻든, 무슨 근거로 1번 업무를 2번 업무보다 먼저 했느냐는 질문을 받았을 때 이러한 요소들을 감안하여 대답할 수 있으면 된다.

여기서 한 가지 팁을 제공하면 각 업무를 수행할 때 단위업무별로 별지를 사용하라는 점이다. 3~4개의 업무를 수행하면서 그 내용이 많지 않으므로 A4 용지에 순서대로 작성할 수도 있는데 그렇게 처리하면 그 자체가 처리순서가 되므로 자칫 본인이 생각하는 우선순위에 따라 작성하지 않고 주어진 과제 순서대로 작성한 것으로 보여진다. 이 점 유의하여 기획보고서가 아닌 소규모 과제라도 반드시 별지에 작성하고 작성된 답안지를 우선순위에 따라 정리하여 제출하도록 한다.

2) 업무 처리방식 정하기

지금부터는 주어진 현안업무를 정한 순서에 따라 하나하나 처리해 나가야 한다. 이때 제일 먼저

---

1) 최근 IB 평가에서 과제 처리 순서도 볼 수 있도록 제시되고 있어 우선순위 선정 자체가 평가에서는 별로 의미가 없다. 다만, 인터뷰 과정에서 평가위원이 질문할 수 있으므로 이 점만 유념하면 충분할 것이다. 그러나 여기에서 굳이 우선순위에 대하여 설명하는 이유는 실제 업무를 처리함에 있어 우선순위를 정하는 것이 중요하기도 하고, IB에 대한 독자들의 올바른 이해를 돕기 위함이기도 하다.

고려할 사항은 해당 업무를 직접 처리할 것인지 아니면 부하직원에게 위임할 것인지를 판단하는 것이다. 또 직접 처리하더라도 업무 일부분을 부하직원에게 위임하는 혼합형 업무처리형을 택할 수도 있다.

일반적으로 보면 직접 처리하는 업무는 기획보고서나 정책방안 등을 수립하는 업무, 검토의견 작성 등 본인의 생각과 의견을 직접적으로 보여 주어야 하는 업무들이다. 추가 정보를 탐색하거나 사실관계 확인 등이 필요한 업무까지 직접 처리할 필요는 없다. 오히려 적절히 업무를 위임하는 것이 업무의 효율적 처리와 상사로서의 리더쉽에 더 부합하여 피평가자의 역량을 더 돋보이게 하기도 한다.

그러나 업무처리를 위임할 때 반드시 주의할 점이 있다. 백지위임은 안 된다는 점이다. 막연하게 '○○ 주무관이 알아서 초안을 작성하도록 지시하고 후에 검토'하는 방식으로 위임해서는 안 되며, 위임하는 업무의 처리기준과 방향을 명백하게 밝히면서 위임하여야 한다. 역량평가에서는 피평가자의 역량을 평가하는 것이 목적이기 때문에 백지위임 시 해당 업무와 관련한 역량을 평가자가 관찰할 수 없기 때문이다. 현실적으로 공직사회에서는 부하직원이 먼저 기안을 하는 형태가 다반사이지만 역량평가에서는 관찰되지 않는 역량은 역량이 없는 것으로 간주하기 때문에 포괄적 위임이나 백지 위임은 금기사항이다.

3 업무 처리하기

1) 기획 보고서 작성하기

IB에서의 기획(또는 정책) 보고서는 정식 보고서가 아니므로 일반적 보고서의 틀을 반드시 지켜야 하는 것은 아니며, 지시문에서 요청하는 형태로 작성하는 것이 더 중요하다. 예컨대 지시문이 '학교밖청소년 지원 정책의 문제점을 파악하고 개선방안을 수립하라'는 내용이라면 일반적 보고서 형식을 취하는 것이 맞을 것이다. 그러나 지시문이 '해외 주요국의 정책 사례를 바탕으로 우리 실정에 맞는 출산장려 정책(안)을 마련하라'는 것이라면 출산장려정책 현황-해외 주요국 사례 요지-정책 개선방안 순으로 보고서를 작성하는 것이 더 적절할 것이다. 요컨대, 일반적인 보고서 작성 순서를 따르기보다는 과제 지시내용에 따라 유연하게 보고서 목차를 정하는 것이 바람직하다. 그리고 보고서 분량이 1~2쪽에 불과하므로 개조식으로 작성하고, 핵심 위주로 간단명료하게 작성하도록 한다.

보고서의 첫 단계인 현황은 특정 문제에 관한 특징이나 증가감 등 추세를 객관적으로 기술하는 단계이다. 현황에서 다루는 대상은 주어진 문제에 따라 달라지는데 가령 가계부채 축소 방안이 과제라면 가계부채의 증가추세나 소득 대비 부채 비율 등이 현황에서 다룰 대상이 될 것이고 현행 가계부채 대책의 개선 방안이 과제라면 현재 추진 중인 가계부채 축소 방안의 주요 내용과 예산, 정책효과 등이 현황에서 다룰 대상이 될 것이다. 출산장려 방안을 수립하라는 과제의 현황은 출산 관련 통계가 주된 부분을 차지할 것이고, 기존 출산장려 방안의 개선안을 보고하는 것이 과제인 경우에는 현재 추진 중인 출산대책-양육비 지원, 보육시설 확충 등-의 주요 내용 및 정책 효과 등이 현황에서 다룰 내용이 될 것이다.

그리고 현황을 작성할 때에는 가급적 관련 사례나 통계를 인용하는 것이 평가자의 관심과 주의를 끄는 데 효과적이다. 다만, 인용되는 통계는 정확해야 한다. 잘못된 통계를 바탕으로 논리를 전개하게 되면 보고서의 신뢰도가 떨어지게 되어 통계를 인용하지 않은 것보다 더 좋지 않은 결과를 초래할 수 있다.

다음으로 문제점은 문제가 초래된 원인을 규명하는 가치판단 성격을 띠고 있으므로 객관적 성격을 띠고 있는 현황과 혼재하여 (예컨대, 현황 및 문제점) 작성하기보다 별도로 작성하는 것이 좋다. 문제점을 작성할 때는 ① 핵심 되는 문제점부터 3~4개 이내로 간결하게, ② 이후의 대책과 연계되도록 작성한다. 제공되는 자료에 나오는 모든 문제점을 담으려고 하지 말고 핵심적이라고 판단되는 문제점 위주로 정리하고, 향후 본 보고서의 핵심 부분인 대책과 연계되도록 전개하여야 한다.

예컨대, 기부금 활성화 방안 보고서 작성 시 기부금에 대한 세금공제 방식을 기존의 소득공제 방식에서 세액공제로 전환한 것이 기부금이 활성화되지 못하는 원인이라고 지적했다면 대책 부분에서는 세액공제 제도를 종전 소득공제 방식으로 환원해야 한다고 해야 문제점과 대책이 연계되는 것이다. (주장하는 내용의 객관적 타당성은 별론으로 한다.) 만약, 세액공제 전환을 문제점으로 지적하면서 대책 부분에서 이에 관한 언급이 전혀 없다면 보고서의 논리성은 미흡한 것이 된다.

대책을 작성함에 있어서도 ① 핵심 되는 대책부터 간결하게, ② 이전의 문제점과 연계되도록 한다. 대책을 제시할 때 가급적 범주화하는 것이 바람직하다. 대책을 첫째, 둘째, 셋째 식으로 나열하지 말고 ① 단기, 중/장기 ② 예산상, 비예산상 대책 등으로 소제목을 두어 제시하면 보고서가 보다 구조화되어 평가자에게 좋은 인상을 준다.

대책 작성 시 가장 중요한 것은 콘텐츠가 추상적이거나 모호하지 않고 구체적이고 손에 잡히도록 하여야 한다. 예컨대, 문제점으로 '교육 부족'을 언급하고 그 개선방안으로 '교육 내실화'를 든다면 대책의 방향은 맞지만 '어떻게 교육을 내실화할 것인데?'가 누락되어 있는 추상적 대책에 불과하게 된다. 구체적인 대안이 필요하다고 해서 자료에도 없는 새로운 아이디어를 내놓아야 하는 것은 아니다. 평가자나 피평가자 모두 평가사례에 관한 전문가가 아니며 또 짧은 시간에 사례내용을 숙지하고 보고서를 작성하는 것이므로 자료에도 없는 내용을 대안으로 제시하여야 한다는 부담을 가질 것은 없다.

그렇다고, 대안을 수립하는 데 그간의 조직생활을 통해 얻은 지식과 경험을 활용하지 말라는 뜻은 아니다. 본인의 고유한 의견이나 입장을 담을 수 있다. 다만, 모든 피평가자들이 주어진 정책과제에 대해 비전문가라는 점을 감안하여 주어진 자료를 토대로 대안을 수립하는 것만으로도 충분하다는 점을 강조하고자 한다. 상식적으로 대응하면 된다.

한편, 대책으로 '전문가 회의를 통한 의견수렴', '관련 연구단체 용역의뢰 결과 반영' 등을 포함하는 경우가 종종 있다. 이러한 업무처리는 현실적으로는 합리적 의사결정을 위한 방법이겠지만 역량평가에서는 피평가자의 생각과 의견을 측정할 수 없는 업무처리 방법이다. 이러한 대책은 백지위임과 마찬가지로 피평가자의 논리적 사고의 흐름을 관찰할 수 없으므로 금기사항이라는 점을 꼭 유념하여야 한다.

세부실행계획은 앞서 제시한 대책이 실제 집행되는 데 필요한 행정사항을 작성하는 단계이다. 이 단계에서는 대책 집행에 필요한 사항들 (일정, 예산, 조직, 법령 정비, 홍보 등), 대책 점검에 필요한 사항들 (목표관리, 진행점검 등)에 대해 간단하게 언급하도록 한다. 시간 부족으로 작성하지 못하는 경우 인터뷰 시간을 활용하여 대처하도록 한다. 보고서 작성에 대해서는 앞의 개인발표 부분에서 비교적 상세하게 설명하였으니 이 부분을 참고하기 바란다.

2) 소과제 처리하기

IB에서 소과제는 과제당 10분~15분의 시간 내에 A4 용지 1/2 쪽 정도에 처리하는 업무이므로 기획보고서와는 달리 보고서 형태를 취할 필요가 없다. 일종의 단답형 문제라고 생각하고 처리할 업무 중심으로 개조식으로 간결하게 기술하면 된다.

소과제로 제시되는 업무에는 몇 가지 유형이 있다. 언론이나 민원 대응, 고개 불만이나 직원 고충의 처리, 인력 또는 업무의 조정, 타부서나 직원 간 갈등, 실행계획의 수립 등이 그 예이다. 이런 소과제로 측정하고자 하는 역량은 조직관리, 성과관리, 이해관계 조정 등 역량이므로 제2장에서 설명한 역량별 대응방식을 유념하여 어떤 식 업무처리가 바람직할 것인가에 대해 관심을 갖고 사고훈련을 하는 것이 도움이 될 것이다.

그러나 같은 유형의 소과제라 하더라도 주어진 상황과 여건이 다르면 업무처리방식은 달라질 수밖에 없는 것인데 유형별 대응의 모범답안이 있는 것처럼 선입견을 갖고 천편일률적인 업무처리 방식을 적용한다면 그 결과가 좋을 리 없다. 직원 간 갈등이나 팀워크 촉진을 위해 회식, 호프데이를 제안하고, 직원 동기부여 차원에서 칭찬해 주기, 연수 보내주기, 근무고과 반영하기 등의 답변을 기계적으로 나열하는 것은 금물이다. 이러한 대응방식이 잘못이라는 뜻이 아니라 제시된 소과제 처리상황과 부합되지 않을 수 있다는 뜻이며, 업무처리 방식을 기계적으로 외워서 또는 일률적으로 적용하지 말라는 의미이다.

앞서 IB는 긴박한 상황에서의 업무처리를 가정한다고 언급한 바 있다. 지금 시간이 오전 11시이고 해외출장 때문에 1시간 후에는 공항으로 떠나야 하며 출발 전 3~4가지 업무를 처리해야 하는 상황이 그 한 예다. 이런 설정하에서 처리할 업무의 하나가 직원의 업무 과중에 따른 업무 재조정 요청 건이라고 하자. 이때 여러분은 어떤 생각이 드는가? '지금 정신없이 바쁜데 이런 업무까지 처리해야 하나?'라는 반발심이 생기지는 않는가? 이런 심리하에서 '부하직원의 조정 필요성은 인정하지만 출장 다녀온 후 검토하겠다'고 한다면 이러한 업무처리는 현실적으로는 이해할 수 있지만 역량평가에서는 하나마나한 업무처리 방식이다. 나중에 보자는 식의 업무처리는 대답을 미루는 것이기 때문에 백지 위임과 마찬가지로 역량을 보여 주지 못한다.

언론대응과 관련하여 유의할 점 한 가지는 실제와 같은 언론 해명자료를 작성하지 말아야 한다는 것이다. IB 평가기법은 결코 현실에서와 같은 해명자료 작성을 요구하지 않는다. 언론에 지적이 된 부분에 대한 기관 입장을 담은 해명자료를 작성한다는 대응조치를 적시하는 것으로 충분하다는 점을 잊지 말아야 한다. 보도내용의 경중을 피평가자가 판단하여 이번 사안은 경미하니 해명자료를 대변인실과 협의하여 배부하는 선에서 대응하고자 한다든지 또는 사안이 중대하니 국장이나 차관께서 직접 기자설명회를 갖는 것이 필요하다든지 하는 식의 피평가자 의견을 개조식으로 담으면 된다.

IB 과제 수행에 결코 정답이 있는 것은 아니다. 평가자는 단지 작성된 보고서와 인터뷰를 통해 피평가자의 의견과 생각을 확인하고 측정 대상 역량이 얼마나 발휘되고 있는지를 평가할 뿐이지 피평가자의 의견과 생각이 얼마나 보편타당한지를 평가하지는 않는다.

시간이 부족하여 소과제를 처리하지 못하였을 때 어떻게 해야 하나? 이럴 경우 해당 과제의 제목과 소제목 정도라도 적어놓는 것이 아무것도 없는 백지보다 평가자에게 긍정적 효과가 있다.[2] 예컨대, 처리업무의 제목과 (상황 개요), (처리방안) 정도의 소제목을 달아놓으면 이후 인터뷰 과정에서 만회하는 데 다소나마 도움이 될 것이다.

---

2) 과제 제목이 답안지 양식에 적혀있는 경우에는 해당사항이 없다.

4 인터뷰로 만회하기

보고서 작성 이후에 진행되는 평가자와의 인터뷰 요령을 몇 가지 정리하면 다음과 같다. 우선, IB에서의 인터뷰는 제출된 보고서를 토대로 진행되며, 보고서를 보완하는 차원이므로 제시된 과제를 제대로 처리하지 못하였다면 인터뷰를 통해 이를 만회한다는 생각을 가져야 한다. 대부분의 피평가자가 시간 부족으로 과제를 다 수행하지 못한다. 따라서 소과제를 제대로 못했다고 너무 낙심하지 말고 차분히 대응하도록 하자. 작성하지 못한 소과제에 대한 인터뷰 시 답변은 간략하면서도 자신감 있게 하여야 한다. 그리고 장황하게 변명하거나 설교 조로 답변하는 것은 금물이다.

다음으로, 평가자가 피평가자가 작성한 내용에 대해 반박하거나 반대 논리를 공세적으로 전개할 경우에 당황하지 말고 본인의 생각을 침착하게 설명한다. 만약 피평가자의 발언 중 본인이 잘 모르거나 분명치 않은 사실관계에 대해서는 솔직하게 모른다고 하는 것이 좋다. 때로는 평가자에게 왜 그런지를 역으로 질문하는 것도 하나의 대안일 수 있다. (물론, 공격적인 태도를 보여서는 곤란하겠지만)

5 현안업무처리 Q & A

1) 답안지 작성방법은?

최근의 IB 처리과제 개수는 3개이며, 이 중 하나는 보고서나 기획안 작성 과제이고 다른 두 개 과제는 직원 고충해결, 민원 대응, 중복 일정 조정, 언론 대응 등 다양한 업무를 그 대상으로 한다. 과제 처리방법은 기본적으로 개조식이다. 처리할 과제는 이메일이나, 전화, 쪽지 등 다양한 형식으로 제시되지만 답안은 문제출제 형식에 관계없이 조치사항 중심으로 개조식으로 작성하면 된다(필자의 현안업무처리 답안 참고, 225-227쪽). 먼저, 보고서(기획안) 작성과제는 과제 지시문이 요구하는 대로 작성하면 된다. 즉 문제점을 분석하고 개선방안을 마련하라면 현황-문제점-개선방안 순으로 보고서를 작성하고, 해외사례를 참고하여 우리 실정에 맞는 정책방안을 수립하라면 정책추진현황-해외사례 분석-정책개선방안 순으로 작성하면 된다. 다음으로 기타 과제들 중 민원 대응 관련이라면 민원 요지-조치사항 순으로 구분하여 각각 개조식으로 작성하도록 한다.

2) 해결과제들이 상호 연관성이 있는지 아니면 독립적인지?

과제 유형에 따라 상호 연관성이 있거나 독립적일 수도 있다. 과제가 연결되어 있는 경우 조치사항도 다소 중복되거나 연관성이 있을 수 있으므로 정보 활용에 유념할 필요가 있다.

3) 보고서 작성 시 목차는 발표에서의 목차와 같아야 하는지?

앞의 답안지 작성방법에서 언급했듯이 과제 지시문이 요구하는 대로 작성하면 된다. 굳이 정식으로 보고서를 작성할 때처럼 추진배경-현황-문제점-개선방안-세부실행계획-기대목표-실행 상 장애요인과 극복방안 순으로 작성할 필요는 없다. 인사혁신처 평가센터의 현안업무처리 평가시간은 50분에 불과하여 시간이 부족하므로 이런 식으로 보고서를 작성할 수도 없다. 정식 보고서의 보고순서에 매여 보고서 작성에 과도하게 시간을 쓰면 다른 과제를 처리할 시간이 부족해져서 IB 평가를 망칠 수 있다는 점을 꼭 기억하여야 한다.

4) 자료에 기반하여 답안을 작성해야 하는지 혹은 독창적인 아이디어를 포함해도 무방한지?

보고서 작성과제에서의 정책 개선방안은 전적으로 자료에 기반하여 작성하여야 한다. 자료에 제시되지 않은 아이디어를 포함하지 않도록 한다. 그러나 다른 과제들 가령, 직원고충 해결, 홍보나 조직개편, 법령개정, 언론대응 등의 과제를 처리할 때는 자료에 과제처리에 필요한 해결방안이나 아이디어가 없는 경우가 대부분이므로 그간의 공직경험을 활용하여 대응하여야 한다.

5) 인터뷰 시 답안 내용과 다른 답변을 하는 것은 괜찮은지?

답안 작성 시 자료 활용이 불충분했거나 판단 착오가 있었음을 인지한 경우 이러한 점을 밝히고 입장을 변경하는 것이 답안 내용을 고수하는 것보다 바람직하다.

6) 인터뷰에서 평가위원이 유사한 질문을 반복할 때의 대응방안은?

답변내용만으로는 역량을 관찰할 수 없을 경우 유사질문이 되풀이된다고 생각하고 유연하게 입장을 변경하거나 인터뷰 상황에 맞게 대처하도록 한다.

7) 과제에서 설정된 상황을 임의로 변경해도 되는지?

과제에서 제시된 상황은 가급적 그대로 수용하면서 업무를 처리하는 것이 바람직하다. 당초에는 중복되지 않는 일정들이 어떤 사정으로 중복되었을 때 이를 처리하는 과제가 나왔다고 하자. 즉, 회의 일정과 언론 인터뷰 일정이 겹칠 때 어떤 식으로 업무를 처리하는지를 묻는다면 많은 피평가자들은 회의 일정이나 언론 인터뷰 일정을 바꾸도록 한다든지, 언론 인터뷰를 서면 인터뷰로 변경한다든지 하는 방법으로 두 가지 중복된 업무를 다 처리하고자 할 것이다. 그러나 이런 중복

일정 대응조치를 출제하는 이유는 중복업무에 대한 우선순위 선정 및 차순위 일정에 대한 대응조치를 통해 피평가자의 고객만족역량이나 성과관리역량을 관찰하기 위함이다. 따라서, 중복되는 일정 중 어느 하나를 선택하고 선택의 이유를 밝히는 한편 선택하지 못한 업무에 대한 후속 조치사항(회의 대참자나 언론 인터뷰 담당자 지정 등)을 언급하면 된다. 또 다른 예로 5개 정책으로 1조의 예산을 집행하고 있는데 5개 정책 중 3번째 정책의 중요성이 커져 이 정책의 우선순위를 1위로 높이고 투입예산도 증액해야 하는 경우 1조 외에 추가 예산을 확보하여 대처하겠다고 하기보다는 후순위 정책의 예산을 조정하여 총 1조의 범위 내에서 조정하는 것이 무난한 대처방법이다. 과제에서 일부러 설정한 상황을 피평가자가 임의로 변경하는 것은 올바른 대응방법이 아니다. 평가과제의 상황 설정은 평가를 위한 것이므로 실제의 공직현실과 다를 수밖에 없다는 점을 유념하여야 한다.

8) 답안 작성시간이 절대적으로 부족한데 자료 핵심을 빨리 파악하는 방법은 무엇인지?

자료 핵심을 빨리 파악하기 위해서는 다양한 자료를 보면서 연습하는 것 외 왕도는 없다. 이런 연습에는 많은 시간이 소요되지만 그렇다고 손 놓고 있을 수도 없으므로 중앙부처 홈페이지에서 다양한 정책보고서를 찾아 시간을 정해놓고(예: 20~30분) 보고서를 읽고 주요 내용을 1~2페이지로 요약하는 훈련을 반복할 것을 추천한다. 여러 번 해 보면 핵심을 파악하는 역량이 커지고 나름대로의 요령도 생기게 된다. 또한 제시된 자료 중 신문기사는 꼼꼼히 다 읽지 않고 헤드라인이나 중간 제목 정도만 훑어보아도 되는 경우가 많다는 점도 참고하기 바라며, 통계 등 현황자료는 개선대안이나 문제점과 관련되는 통계나 수치를 발췌하여 활용하는 것도 시간 절약에 유용할 것이다.

이해관계 조정

소과제를 통해 평가하고자 하는 역량은 정책기획이나 전략적 사고 등과 같은 사고 분야 역량을 제외한 여타 역량 −성과관리나 조직관리 등의 업무 분야 역량과 이해관계 조정과 같은 관계분야 역량이다. 앞의 제2장 역량개발의 노하우에 제시된 연습 사례를 참고하기 바라며, 본 장에서는 조직관리와 이해관계 조정 역량을 중심으로 사례연습을 해 보도록 하자.

이해관계 조정 사례연습

다음 제시된 과제를 토대로 이해관계 당사자 간 조정 방안을 도출해 보자.

과제 배경상황

◆ 오늘은 2025년 7월 1일입니다.

◆ 본 과제에서 귀하는 미래도로공사 도로부장을 맡게 됩니다.

◆ 미래도로공사는 도로 분야 '중소기업 기술 개발 지원 사업'을 운영해 왔습니다. 그러나 기술 개발에 초점을 맞춘 지원정책으로는 관련 중소기업이 직면한 다양한 애로사항을 풀어내기 어렵다는 문제가 제기되어 문제 해결을 위한 방편으로 '중소기업 혁신 패키지 사업'을 추진할 계획입니다.

◆ 동 사업은 연구개발 지원, 경영 컨설팅, 마케팅 지원 사업으로 구성되어 있으며 이 사업 재원에 충당하기 위하여 5개 기술 개발 지원 사업 중 사업 효과성에 논란이 있는 사업의 예산을 50%씩 감축할 예정입니다. 그러나 기존 사업을 담당하고 있는 부서에서는 현재 추진 중인 기술 지원정책은 단기간에 효과를 보기 어려운 성격을 지니고 있고 또 문제가 있다면 일부 개선해서 시행하면 된다고 주장하면서 강하게 반발하고 있습니다.

◆ 도로본부장은 귀하에게 '중소기업 혁신 패키지 사업' 추진에 필요한 300억 원의 재원 마련을 위해 기존 기술 지원 5개 사업 중 50% 예산 삭감 대상 사업을 선정하고, 아울러 동 사업의 원만한 시행을 위한 담당부서 직원 설득방안을 마련하여 보고할 것을 지시하였습니다.

1. 추진 배경

○ 기술 개발에 초점을 맞춘 기존 사업에 대해 실효성 의문이 제기됨

  * 연구개발 예산: 350억 (2014년)→900억 (2024년)

  * 소부장 국산화율: 75% (2014년)→45% (2024년)

○ 도로분야 신기술 융합 및 사업화에 대한 정책지원 수요가 급증

2. 사업 개요

■ 기본 방향: 소부장 국산화율 제고 및 기술혁신을 통한 경쟁력 강화

■ 사업 개요

○ 중소기업 혁신지원 패키지: 연구개발, 생산성 혁신, 판로개척 중심

○ 시범 사업 기간 및 사업비: 2026년 1년, 총 500억

■ 주요 사업 내용

○ 연구개발 자금 지원: 소재·부품·장비 연구개발 지원으로 국산화율 제고

○ 경영 컨설팅 제공: 기술, 자원, 관리, 스마트 팩토리 등

○ 마케팅 지원: 국내외 전시회 개최, 현지 바이어 수출 상담 기회 제공

3. 기존 사업 체계 개편 및 예산 확보 방안

○ 중소기업 혁신지원 패키지 사업 예산 중 200억은 별도 확보 예정

○ 기존 사업 중 차년도 예산 50% 삭감으로 신 사업 예산 300억 확보

  * 예산 삭감된 사업은 추후 중소기업 혁신지원 패키지 사업으로 통합

	기존 기술개발 지원사업	사업 실적 (100점 기준)				2025 (억 원)
		2022	2023	2024	평 균	
1	기술개발 인프라 조성	57	53	60	56.7	150
2	소부장 기술 개발	68	66	64	66	200
3	특허/인증 비용 지원	55	60	63	59.3	100
4	예비창업자 기초연구 지원	43	47	46	45.3	250
5	기술 이전 지원	67	63	58	62.7	200
						900

* 기존 사업 예산 총 900억 원 중 300억 삭감 예정

자료 2 · 중소기업 기술개발 지원사업 만족도 조사

- 조사기간: 2025. 5.1 – 5.31
- 조사대상: 중소기업 기술개발 지원사업 참여 기업 250개 업체

(단위: %)

	기술개발 인프라 조성	소부장 기술개발	특허/인증 비용 지원	예비창업자 연구 지원	기술 이전 지원
만족	45 %	70	75	50	55
보통	20 %	20	20	10	15
불만족	35 %	10	5	40	30

- 공통 문제점
  - 중소기업 기술개발 단계 지원에만 한정되어 있음
  - 사업 지원 절차가 복잡하고 후속 연구지원 체계가 없음
  - 기술 교류, 시장 개척 및 판로 확보에 대한 지원이 전무함
- 참여 기업들의 사업별 주요 의견
  1) 기술개발 인프라 조성: 중소기업 수요는 높으나, 연구소 시설 한계로 이용 가능 시설이 부족함
  2) 소부장 기술개발: 도로공사에서 필요한 기술 개발 업체를 대상으로 하고 있어 지원대상 범위가 한정적임
  3) 특허/인증 비용 지원: 활용도가 높으나 특허 출원 건수 대비 등록 건수 저조함
  4) 예비 창업자 기초연구 지원: 개발된 기술의 사업화 비율이 저조함
  5) 기술이전 지원: 기술이전 수혜기업의 내부역량 부족으로 사업화로 연결되지 못함

자료 3 기존 사업 담당 부서 차장이 보내온 이메일

보낸 사람	중소기업 지원부 김지원 차장
받는 사람	도로혁신실 도로부 박미래 부장
받은 시간	2025-07-02 09:30
제 목	중소기업 혁신지원 패키지 사업 신설 관련

박미래 부장님, 김지원 차장입니다. 도로혁신실에서 추진 중에 있는 '중소기업 혁신지원 패키지 사업' 신설에 대한 중소기업 지원부 직원들의 우려가 상당히 큽니다. 직접 찾아뵙고 말씀드려야 하나 기일이 촉박하여 먼저 이메일로 부서원들의 의견을 전달합니다.

1) 중소기업 기술개발 지원 사업은 장기간 꾸준한 지원에 따라 서서히 효과가 나타나는 사업 성격을 띠고 있습니다. 단기간의 운영성과를 토대로 사업 성패를 판단하는 것은 성급한 결정이라고 생각합니다. 현 사업의 문제점을 파악하고 이를 개선하여 당초의 지원사업이 소기 성과를 달성할 수 있도록 보다 중장기적 관점을 유지하여야 할 것입니다.

2) 중소기업 혁신지원 패키지 사업이 기존 사업과 비교하여 어떤 장점과 파급효과를 보일지 의문입니다. 중소기업이 시장에 진입하는 데 있어서 가장 큰 어려움을 느끼는 연구개발 분야에 집중하는 것이 더 효과적이라고 생각합니다.

3) 그동안 사업 운영을 통해 얻은 노하우와 경험이 이제야 빛을 발하고 있는 상황이라 사업 신설에 대한 기대보다 우려가 앞서는 것이 사실입니다. 사업 규모가 축소될 경우 기존 사업에 참여하고 있는 기업들의 불만이 커질 우려가 크므로 최대한 기존 사업이 유지될 수 있도록 축소 사업 수를 최소화할 필요가 있다고 봅니다.

4) 규모를 축소할 기존 사업 선정 시 3개년 실적 평균점수를 단일 지표로 활용하는 것은 문제가 있다고 생각합니다. 특허비용 지원사업의 실적은 3개년 평균이 낮지만 점차 실적이 상승하는 추세이므로 다른 사업들보다 장기적으로 봐야 한다고 생각합니다. 부디 '중소기업 혁신지원 패키지 사업'에 대해 재고해 주시기 바랍니다.

자료 4 전문가 의견

미래신문 A 논설위원	최근 실시한 설문조사 결과를 보면 중소기업 지원사업에 대한 정책 인지도 및 만족도가 매우 낮은 점수를 기록한 것으로 나타났습니다. 지원이 필요한 우선순위를 보면, 국내외 판로개척 부문에서 어려움이 가장 크며, 생산 기술이나 자원, 관리시스템 등을 개선하는 생산성 혁신지원 요구도 큽니다. 그렇지만 연구개발에 대한 자금지원이 필요하다는 의견은 제일 낮은 15% 수준에 불과합니다. 현행 사업에 대한 냉철한 재검토가 필요한 시점입니다.
정책연구소 연구원 B 씨	현재의 중소기업 지원정책은 예산이 대부분 기술개발 단계에 집중되어 있어 기술개발을 완료하더라도 사업화 단계까지 나아가는데 필요한 제도적 공백이 큰 상황입니다. 기술개발이 수요시장으로 연계되지 못하고 기술의 사업화율이 미흡한 부분을 해결해야 합니다.
도로대 정책학과 C 교수	제도적 공백도 문제지만 사업 중복에 따른 문제도 심각합니다. 기술이전 지원사업의 경우 산업부의 '기업 기술이전 지원 및 확산사업', 과학부의 '중소기업 기술이전 및 사업화 지원사업' 등 다양한 정부부처 및 자치단체에서 시행하고 있습니다.
도로기술협회 D 회장	중소기업 생산성 향상을 목적으로 전문지식을 증진하는 지원이 필요하다고 생각합니다. 출원 전 기술컨설팅을 지원한다면 특허 출원이 등록으로 연결되는 데 큰 도움이 될 것입니다. 이 외에도 마케팅활동 및 설비투자, 생산기술 개발 등 경험이 풍부한 전문가의 컨설팅 기회가 확대될 필요가 있습니다.

이상의 자료를 토대로 이해관계 조정과 관련된 소과제 현안업무처리를 하도록 한다. 이해관계 조정 역량은 이해관계 파악-조정방안 수립-협력관계 유지라는 하위 행동요소로 구성되어 있다. 따라서, 우선적으로 할 일은 이해관계자가 누구인지, 그리고 관련된 사안에 대한 당사자들의 요구사항이나 불만사항이 무엇인지를 파악해야 한다. 위 자료에서 미래도로공사는 기존 사업의 성과가 저조한 점을 인지하고 중소기업의 니즈를 반영하기 위하여 기존의 '중소기업 기술개발 지원사업' 대신에 '중소기업 혁신패키지사업'을 추진하고자 한다. 반면에 기존 사업을 수행하고 있는 공사의 담당 부서 직원들은 시간이 걸리는 기술개발 사업의 성과가 천천히 나타나고 있는 마당에 단기적 성과가 저조하다는 이유로 사업을 폐지하고 새로운 사업을 시행하고자 하는 것은 바람직하지 않다면서 '중소기업 기술개발 지원사업'을 그대로 운영하고자 한다. '이해관계 파악' 과정은 제시된 과제에서 이해관계 당사자의 입장이 왜 그러한지를 탐색하는 과정이다.

공사의 '중소기업 혁신패키지사업' 추진 이유 및 필요성에 관한 자료는 어디서 찾을 수 있을까? 제시된 자료가 많지 않으므로 관련 자료 파악은 비교적 용이할 것이다. (자료 1)의 추진배경, (자료 2)의 만족도 조사 자료, (자료 4)의 전문가 의견 등이 새로운 사업을 하지 않으면 안 될 근거가 될 것이다. 연구개발 예산 증가에도 불구하고 국산화율이 지속 감소 중이고, 기존 사업에 대한 인지도나 만족도가 매우 낮으며 기술개발을 위한 자금지원 필요성도 크지 않다는 설문조사 결과, 판로 개척이나 생산성 혁신 지원이 연구개발 지원보다 더 필요하다는 조사결과 등이 그것이다.

이제는 부서원들이 '중소기업 혁신패키지사업'을 반대하는 이유를 정리할 순서이다. 반대사유는 (자료 3)에 정리되어 있다. (자료 3)에는 반대 이유로 4가지를 들고 있는데 자세히 보면 처음 2개는 기존의 중소기업 기술개발 지원사업 유지 필요성, 즉 '중소기업 혁신패키지사업'을 반대하는 이유에 대해 언급하고 있고 후반부 2개는 기존 '중소기업 기술개발 지원사업'의 일부를 삭감하는 경우(즉 공사의 입장을 수용한다면) 필요한 사항을 언급하고 있으므로 부서원 이해관계는 두 가지로 구분하여 대응하여야 한다는 점을 유념할 필요가 있다. 후반부 2개 항목은 나중에 예산을 삭감할 사업을 선정할 때 고려할 사항이므로 여기서는 부서원들의 신 사업 반대 이유를 중심으로 정리해야 한다. 반대 이슈는 다음과 같을 것이다. ① 기술개발 지원사업의 효과는 단기간이 아닌 장기간에 걸쳐 나타나므로 단기 성과를 바탕으로 폐지여부를 정하는 것은 곤란하며, ② 중소기업이 제일 어려움을 느끼는 분야는 연구개발 분야이므로 이를 지원하는 것이 효과적이다.

이런 맥락에서 필자의 조치내용은 다음과 같다.

1. 이해관계 당사자 및 이해관계 파악

  ○ 공사 입장: 현 '기술개발 지원사업' 조정→'중소기업 혁신패키지 사업' 추진

   * 혁신패키지사업 신설 배경: 연구개발 성과 부진 및 기술개발 중심 기존 사업의 실효성 의문, 새로운 지원 수요 급증 등

  ○ 부서원 입장:

   - 현 '기술개발 지원사업' 부분 보완하여 시행

    * 혁신패키지사업 반대 이유: 기술개발 사업은 단기 성과로 판단 곤란, 중소기업의 독자적 연구개발은 매우 어려워 지원 불가피함

   - 중소기업 혁신패키지사업 시행할 경우 요구사항: 감축 사업 최소화 및 단순한 실적평가점수 위주 선정 지양

그러면 다음 단계로 넘어가 이해관계를 조정할 수 있는 방안을 수립해 보자. 독자가 미래도로공사 도로부장으로서 할 일은 '중소기업 혁신패키지사업'의 원만한 시행을 위한 설득방안을 마련하여 도로본부장에게 보고하면서 아울러 신 사업 추진에 소요되는 300억 원 마련을 위해 기존 '중소기업 기술개발 지원사업' 중 50%씩 삭감할 대상사업을 선정하는 것이다.

반대이유에 대한 부서원 설득방안은 (자료 1)에서 연구개발 예산은 지난 10년간 350억에서 900억으로 크게 증가했지만 소부장 국산화율은 75%에서 45%로 30%P 하락할 정도로 효과가 미흡하다는 점, 기존의 지원사업을 전부 폐지하는 것이 아니라 효과가 미흡한 사업 중심으로 축소할 것이라는 점을 활용할 수 있을 것으로 보여진다. (자료 4)에서는 설문조사 결과에 의하면 기업은 국내외 판로개척과 생산성 혁신지원을 제일 시급한 것으로 요구하고 있으며 연구개발 지원은 우선순위가 제일 낮은 15%에 불과하다는 점, 기존 지원사업 중에는 사업 중복에 따른 낭비요인, 기술의 사업화로 연결되지 못하는 약점이 있다는 점을 활용할 수 있을 것이다.

재원 마련방안의 경우 (자료 1)의 3번 예산 확보방안과 (자료 2)의 지원사업에 대한 만족도 조사 내용, (자료 3)의 이메일 내용 중 3)번, 4)번 내용이 관련되므로 이를 토대로 수립하여야 할 것이다. (자료 1) 추진계획에 의하면 실적 평가가 낮은 사업은 ① 예비창업자 기초연구 지원, ② 기술개발 인프라 조성, ③ 특허/인증 비용지원 순이다. (자료 2)를 보면 사업의 만족도는 ① 기술개발 인프라 조성, ② 예비창업자 기초연구 지원, ③ 기술이전 지원 순서로 낮게 나타나고 있다. (자료 3)에서 부서원들은 예산 감축 사업 수를 가급적 최소화하고, 실적평가 점수를 단순 평균점수가 아니

라 실적추세 등을 고려하여 사업을 선정할 것을 요구하고 있다. 이러한 부서원의 의견을 수용하는 경우 특허/인증 비용지원 사업은 실적이 완만한 상승추세를 보이므로 삭감대상 사업에서 제외할 필요가 있다는 점을 유념할 필요가 있다. (자료 4)에서 기술이전 지원사업은 부처 간 중복성이 있다는 의견이 제시되어 있다.

위 내용을 종합적으로 고려하면, ① 예비창업자 기초연구 지원 ② 기술개발 인프라 조성 두 가지 사업은 실적과 만족도에서 모두 낮으므로 삭감대상 사업에 우선 포함시키고, 특허/인증 비용지원 사업은 기술이전 지원사업보다 실적은 낮지만 실적이 지속 상승하고 있고 기술이전 지원사업은 중복성 문제가 약점이기도 하므로 기술이전 지원사업을 삭감대상 사업으로 추가하면 될 것이다. 그리고 위 3가지 사업의 예산이 총 600억이므로 50%를 삭감하면 필요재원 300억이 조성된다. 이런 맥락에서 필자의 조치내용은 다음과 같다.

2. '중소기업 혁신패키지 사업'에 반대하는 부서원 설득방안

○ 기술개발 사업은 단기 성과로 판단 곤란

 - 연구개발 예산은 지난 10년간 350억에서 900억으로 크게 증가했지만 소부장 국산화율은 75%에서 45%로 30%P 하락할 정도로 효과가 미흡

 - 기존의 지원사업을 전부 폐지하는 것이 아니라 효과가 미흡한 사업 중심으로 축소할 것

○ 중소기업의 독자적 연구개발은 매우 어려워 지원 불가피함

 - 기업은 국내외 판로개척과 생산성 혁신지원을 제일 시급한 것으로 요구하고 있으며 연구개발 지원은 우선순위가 제일 낮은 15%에 불과

 - 기술지원 사업의 중복성에 따른 낭비요인도 심각함

  * 예시: 산업부와 과학부 등의 기술이전 사업 중복됨

 - 예비창업자 기초연구 지원사업은 개발 기술의 사업화 비율이 저조하고, 기술이전 지원사업은 수혜 기업의 내부역량 부족으로 사업화 저조함

3. '기술개발 지원사업' 중 삭감대상 사업선정

○ 선정기준: 실적평가점수, 실적 추세, 만족도, 문제점 등을 종합 고려

 - 실적평가 점수 낮은 순서: 예비창업자 기초연구 지원, 기술개발 인프라 조성, 특허/인증 비용지원

 - 실적평가 점수는 낮지만 지속 상승 중인 사업: 특허/인증 비용지원

 - 만족도 낮은 순서: 기술개발 인프라 조성, 예비창업자 기초연구 지원, 기술이전 지원

 - 부처 간 중복성있는 사업: 기술이전 지원

- 기술 사업화가 어려운 사업: 예비창업자 기초연구 지원, 기술이전 지원
○ 선정 사업: 예비 창업자 기초연구 지원사업 (250억), 기술이전 지원사업 (200억), 기술개발 인프라 조성사업 (150억)

    * 실적/만족도가 낮거나, 부처 간 중복성 및 기술 사업화가 어려운 사업

    * 특허/인증 지원사업은 실적은 낮지만 평가점수 상승추세이며, 여타 문제점도 없는 사업으로 장기적 효과 거양 가능 사업으로 판단되어 제외

조직관리

다음으로 조직관리(동기부여 포함)와 관련된 사례연습을 하도록 한다. 동기부여 역량은 2021년 5월 이후 인사혁신처의 과장후보자에 대한 역량평가에서 조직관리 역량의 하위 행동요소로 포함되어 있어 여기 사례에서도 같이 다루고자 한다. 다음 제시된 과제를 통하여 동기부여를 포함한 조직관리 역량에 대한 사례연습을 해 보자.

과제 배경상황

◆ 오늘은 2025년 9월 15일입니다.

◆ 본 과제에서 귀하는 청소년부의 청소년지원과 민지원 과장 역할을 맡게 됩니다.

◆ 학교밖청소년 지원정책을 담당하고 있는 청소년지원과의 직원들은 최근 학교밖 청소년의 급증으로 업무스트레스가 커지고 있는 상황에서 전임 과장의 갑작스런 입원으로 과장자리가 2개월 간 사실상 공석이어서 과원들의 업무부담이 더욱 가중되고 있었습니다. 그런 상황에서 귀하는 2일 전에 청소년지원과장으로 부임하게 되었습니다.

◆ 부임 후 귀하는 애로사항을 호소하는 과원들의 이메일을 받게 됩니다. 귀하는 본 과제에서 다양한 고충을 토로하는 직원들의 애로사항을 원만히 해결할 수 있는 방안을 구체적으로 제시함으로써 직원들이 업무에 전념하고 주어진 업무 목표를 달성할 수 있는 근무환경을 조성하여야 합니다.

자료 1 청소년지원과 조직도 및 업무 추진 상황

추진 업무	담당자	업무 중요도	업무량	비고(진척도)
학교밖청소년 실태조사 기획	김영수 사무관 정우현 주무관	상	중	10월 말 완료 목표 (60%)
학교밖청소년 공청회 준비	유한욱 사무관 김수민 주무관 한준기 주무관	상	중	10. 5. 개최 (70%)
학교밖청소년 관계기관워크숍	김영수 사무관	중	중	10. 11.~12. 개최 (40%)
학교밖청소년 지원사업공모전	최우람 주무관	하	상	10. 15. 결과 발표 (50%)
멘토링프로그램 기획	송진호 사무관 유정은 주무관	중	상	11. 30. 완료 목표 (30%)
학교밖청소년 연구보고서작성	유한욱 사무관	상	하	9. 20. 완료 목표 (90%)

성명(연령)	점수	총평
유한욱 (36)	89	+ 업무 능력이 뛰어나고 완벽주의 성향이 있음 + 부하직원에 대한 배려가 부족한 편임 + 문서작성 능력이 우수함
김영수 (41)	87	+ 책임감이 매우 높고 업무 추진력이 우수함 + 일처리 속도가 빠르며, 계획력이 뛰어남
송진호 (45)	83	+ 다정다감하며 팀원들과의 팀워크를 중시함 + 업무 처리속도가 느린 편, 소극적 업무 태도 + 업무 기획력이 좋은 편임
김수민 (33)	83	+ 업무처리가 신속하고 대처가 빠른 편 + 꼼꼼하지 못한 편임 + 업무를 독단적으로 처리하기도 함
한준기 (40)	78	+ 지시에 따라 성실하게 업무를 수행함 + 매우 신중하고 꼼꼼한 편임
정우현 (35)	81	+ 매우 성실하며, 맡은 바 업무에 최선을 다함
유정은 (37)	-	+ 2024년 10월 전입 + 꼼꼼하고 차분한 편임 + 업무 습득 및 대처는 다소 느린 편임
최우람 (39)	78	+ 사교적이고 친화력이 있음 + 업무를 독단적으로 처리하는 경향이 있음

자료 3 유한욱 사무관의 이메일

보낸 사람	유한욱 사무관
받는 사람	민지원 과장
받은 시간	2025-09-15 09:30
제 목	업무 고충

과장님 안녕하십니까? 유한욱 사무관입니다.

업무 수행에 어려운 점이 있어 과장님께 메일을 드립니다.

현재 학교밖청소년 정책 공청회 관련하여 김수민 주무관과 한준기 주무관이 함께 업무를 진행하고 있습니다. 두 주무관 모두 성실하고 업무에 대한 자부심도 커서 열심히 일하고 있습니다.

그러나 두 주무관의 상반된 업무스타일로 힘든 점이 한두 가지가 아닙니다. 김수민 주무관은 적극적이지만 성격이 매우 급합니다. 일상적 업무를 진행할 때에도 제때 안 되면 불안해하고 서두르다가 실수를 하기도 합니다. 반면, 한준기 주무관은 느긋하고 여유로운 성격이어서 업무는 꼼꼼하게 하지만 김수민 주무관과는 달리 업무 처리에 많은 시간이 소요됩니다. 이렇게 두 주무관의 스타일이 정반대이다 보니 협업을 해야 하는 경우에 갈등이 빈번하게 발생합니다.

지난주에 진행했던 청소년지원 프로그램 공모전 자료를 분류하는 작업을 할 때에도 둘이 같이 해야 하는데 성격 급한 김수민 주무관이 한준기 주무관을 기다리지 못하고 먼저 작업하게 되어 불만이 생겼고, 한준기 주무관은 자기가 늦은 것도 아닌데 김수민 주무관이 서둘러 재촉하는 바람에 분위기가 냉랭해졌다면서 같이 일하기 어렵다고 토로하기도 하였습니다.

이런 상황에서 어떻게 부하직원들을 잘 리드해 나가야 할지 사실 잘 모르겠습니다. 주무관들의 갈등을 해소하고 팀을 잘 끌고 나가는 것이 사무관의 역할인 것은 알지만 저도 제 할 일이 적지 않고 신경 쓸 일이 많아 제 업무에만 집중해서 성과를 내고 싶습니다.

제가 어떻게 해야 할지 조언해 주시면 감사하겠습니다.

유한욱 사무관 드림

자료 3 유한욱 사무관의 이메일

보낸 사람	한준기 주무관
받는 사람	민지원 과장
받은 시간	2025-09-15 15:30
제 목	과장님께

과장님 안녕하십니까? 한준기 주무관입니다.

이런 말씀 드리는 것이 옳은 것인지 고민하였으나 과장님의 도움이 필요하다고 생각되어 메일을 보냅니다.

요즈음 제가 업무에 집중하기가 어렵습니다. 제가 다른 팀원들에 비해 늦게 입사하여, 비록 나이는 많지만 늘 배우려는 자세로 업무에 임하고자 합니다. 제 나름대로는 열심히 한다고 하는데, 다른 직원들 보기에는 그렇지가 않은가 봅니다.

최근에는 저와 같이 업무를 하는 김수민 주무관과의 갈등 때문에 고민입니다. 제가 어떻게 보면 느긋해 보이고 때로는 느리게 보이기도 하지만 저의 장점은 빠르게 일을 처리하기보다 실수 없이 차분하게 일을 해 나가는 것이라고 생각합니다. 그런데 김수민 주무관과 너무 업무 추진 방식이 다르다 보니 상대적으로 일이 빠른 김주무관 같은 사람들은 제가 일을 못한다고 생각합니다.

분명히 저는 함께 하는 업무가 있으면 제가 맡은 부분을 준비하고 있지만, 김주무관이 워낙 성격도 급하고 일처리도 빠르다 보니 제가 일을 안 하거나 게으름을 피우는 것처럼 보이나 봅니다. 문제는 이런 부분을 제게 공격적으로 얘기한다는 것이죠. 그것도 다른 직원들 앞에서요. 제가 나이가 많다 보니 아무리 같은 주무관 급이라고 이해하려 해도 불편하고 속상합니다. 요즘은 정말 같이 대화하거나 업무를 하기가 너무 힘이 듭니다.

유한욱 사무관에게도 이런 문제에 대해 상의해 봤지만 지켜보시겠다고만 하시네요. 저보다 나이가 어리셔서 그런 건지, 저를 어려워하시는 것 같기도 하고요. 그래서 고민 끝에 과장님의 조언을 부탁드립니다.

자료 5 김영수 사무관의 이메일

보낸 사람	김영수 사무관
받는 사람	민지원 과장
받은 시간	2025-09-14 12:30
제 목	과장님께

과장님 안녕하십니까? 김영수 사무관입니다.

제가 몸이 아파서 일주일 정도 병가를 신청해야 할 것 같습니다. 이로 인해 제가 담당하고 있는 업무와 관련된 사항의 진척상황을 보고드리고자 합니다.

1. 실태조사 기획 업무 관련
실태조사를 담당할 조사기관 선정작업을 진행 중에 있는데 3일 전에 희망 조사기관 접수가 마감되었고, 조사기관 평가작업이 곧 완료될 예정입니다. 평가가 완료되면 조사기관 선정을 확정하고 확정발표하여야 하는데 마감시한이 20일입니다. 제 치료기간 중이라 제가 마무리할 수가 없는 형편입니다.

2. 워크숍 세부일정 및 자료집 제작 확정 관련
10월 11-12일 예정인 워크숍이 1박 2일 일정인데 아직 세부 일정을 확정하지 못했습니다. 세부 일정이 확정되어야 워크숍 자료집을 제작할 수 있는데 일주일 이내에 세부일정 및 자료집에 대한 완성본이 준비되어야 업무 일정에 차질이 없습니다.

꼼꼼한 준비가 많이 필요한 업무인데 갑작스럽게 건강상의 문제가 생겨 죄송하게 생각합니다. 빨리 회복하고 업무에 복귀하도록 하겠습니다.

감사합니다.

김영수 사무관 드림

보낸 사람	송진호 사무관
받는 사람	민지원 과장
받은 시간	2025-09-14 16:30
제 목	과장님의 조언을 구합니다

과장님 안녕하십니까? 송진호 사무관입니다.

오랜 고민 끝에 제가 맡고 있는 멘토링 프로그램 기획업무와 관련하여 과장님의 조언을 받고 싶어 이렇게 메일을 보냅니다.

사무관 승진 전까지만 해도 저는 제 단독으로 처리하는 일 중심으로 근무했었습니다. 그러나 사무관으로 승진되어 주무관 2명과 함께 팀으로 일을 하게 되어 한편으로는 으쓱하기도 하고 다른 한편으로는 리더로서 잘할 수 있을까 걱정이 되기도 합니다.

리더가 되다 보니 팀원들 업무 관리까지 하게 되는 상황이 초래되어 많이 버겁습니다. 이번에 새로 합류한 유정은 주무관의 경우 멘토링 프로그램 기획업무 중 국내외 성공적 멘토링 프로그램 자료 수집 업무를 맡겼는데 처음 맡은 업무라 그런지는 모르겠으나 전혀 진척이 없어 제가 대신 업무를 하고 있는 상황입니다. 제가 따로 하는 일도 적지 않은데 팀원 업무까지 챙기려고 하니 부담이 많이 됩니다.

또 같이 일하는 최우람 주무관의 경우 학교밖청소년 지원사업 공모전을 단독 수행하고 있어 바쁠 수도 있겠지만 멘토링 프로그램 기획업무와 관련한 진행 상황 보고에 소홀하고 공모전 사업에 바쁘다는 핑계로 저를 피하는 것 같기도 합니다.

제가 총괄하는 멘토링 프로그램 기획업무는 제가 사무관이 되어 처음으로 진행하는 업무이기도 하고 업무량도 많아 세심한 관리와 팀워크가 필요한 상황이기 때문에 잘 감당해내고 싶습니다. 그러나 현재로선 두 주무관과의 관계 설정도 힘이 들고 제가 따로 하고 있는 업무에도 지장을 초래하고 있어 어떻게 해야 할지 막막합니다. 조언을 부탁드립니다.

송진호 사무관 드림

이상의 자료를 토대로 조직관리와 관련된 소과제 현안업무처리를 하도록 한다. 조직관리 역량은 인적·물적 자원의 확보-자원의 효율적 활용을 핵심 하위요소로 한다. 따라서, 우선적으로 할 일은 당면한 과제나 목표를 달성하기 위해 필요한 인적·물적 자원이 무엇이고 어떻게 확보할 수 있는지를 생각해야 한다. 여기서 하나 특기할 것은 역량평가 현장에서는 물적 자원과 관련된 상황은 별로 나타나지 않는다는 점이다. 물적 자원은 일반적으로 예산을 의미한다. 예산 확보는 공직사회에서 현실적으로 조직관리 역량을 나타내는 매우 중요한 행동요소이지만 역량평가에서 시뮬레이션으로 구현하기가 어렵기 때문에 잘 활용되지 않는다. 그 결과, 역량평가에서 조직관리 역량을 측정하는 도구로는 물적 자원보다는 인적 자원이 주로 활용된다. '인적 자원을 어떻게 확보하고 활용하느냐'를 중심으로 상황을 설정하고 역량을 관찰한다고 이해하면 될 것 같다.

여러분이 지금 수행할 역할은 청소년부의 민지원 청소년지원과장이다. 이틀 전에 과에 부임하여 메일을 열어 보니 총 4개의 메일이 와 있음을 알게 된다. (자료 3)과 (자료 4) 메일은 유한욱 사무관과 함께 일하는 두 주무관(김수민, 한준기)의 관계에서 발생하는 고충이므로 사실상 하나의 처리과제라고 할 수 있다. 다음 (자료 5)는 김영수 사무관의 업무공백 처리에 관한 소과제이며, (자료 6)은 송진호 사무관의 애로사항에 관한 내용이다. 따라서 여기서는 총 3개의 소과제가 조직관리와 관련하여 제시되어 있는 셈이다.

우선 첫 번째 과제부터 살펴보자.

맨 먼저 할 일은 고충을 제기하는 직원의 특성을 파악하는 일이다. 유한욱 사무관은 업무능력도 뛰어나고 일도 잘하지만 직원에 대한 배려심이 부족한 것으로 나와 있다. 이메일에서도 자기 업무만 잘하고 싶다는 뜻을 피력하기도 한다. 팀워크를 촉진하는 리더십이 부족하다는 것을 파악할 수 있다. 그리고 같이 일하는 두 주무관 간의 갈등, 특히 한준기 주무관의 고충은 나이는 많고 경력은 짧은 입장에서 일을 못하거나 게으름을 피우는 것도 아닌데 인격적으로 무시당하고 있다는 고충을 갖고 있는 것으로 파악된다.

이런 상황에서 과장으로서 어떤 대응조치를 해야 할까? 이메일을 보낸 직원이 두 명이므로 각각의 직원에 대해 대응하는 것이 좋을 것이다. 유한욱 사무관의 경우 리더십을 발휘하고 싶어 하고 또 그래야 한다는 점을 인식하고 있으므로 잘할 수 있도록 지원하는 내용이 필요할 것 같고, 한준기 주무관은 나이 어린 동급자로부터 인격적 대우를 받지 못해 속상해 있는데 이는 한준기 주무관의 문제라기보다는 김수민 주무관의 언행에 기인하는 것으로 보이므로 김수민 주무관과의 대화를 통해 사실관계를 파악하고 여사 사례가 재발되지 않도록 조치하겠다는 내용 등을 언급하면 무난하지 않을까 싶다. 이런 맥락에서 유한욱 사무관에 대해서는 맡은 일을 잘하고자 하는 마음에 대해 격려하는 한편, 직원들을 리드하는 팀장으로서의 리더쉽을 배양할 필요성을 언급하면서 유사무관에게 갈등관리 및 리더쉽 관련 교육을 권하거나 수강토록 권유하는 등의 지원 용의를 분명하게 밝혀 주면 좋을 것 같다. 그리고 두 주무관 간의 갈등에 대해서는 성격이나 일하는 방식의 차이로 인한 직원 간의 갈등은 쉽게 해결하기 어렵지만 두 주무관 간 담당 업무를 가급적 구분하여 같이 일해야 하는 상황을 가능하면 줄이도록 업무 분장을 명확화하는 것도 하나의 솔루션이라고 제언하면 괜찮을 것 같다.

한준기 주무관에 대해서는 먼저 한주무관의 고충에 대해 '많이 힘들겠다'는 식의 공감을 표명하고, 김수민 주무관의 부적절한 언행에 대해서는 조만간 김주무관과의 면담을 통해 사실관계를 확인하고 그런 사태가 재발하지 않도록 주의를 촉구하겠다는 점을 확실하게 밝히도록 한다. 아울러, 유사무관에게 업무를 재분장하여 가급적 같이 일하는 환경이 없도록 지시하였다는 점을 밝혀 향후 걱정거리를 줄여 주는 쪽으로 대응할 필요가 있을 것이다. 여기서 한 가지 김수민 주무관과의 면담을 과장이 직접 할 것인지 유사무관에게 면담토록 지시할 것인지에 관하여 생각해 볼 필요가 있다. 과장이 직접 한다면 위에서 언급한 내용처럼 조치하면 될 것이고, 만약 유사무관에게 면담을 지시한다면 그렇게 하도록 유사무관에게 지시하였다는 점을 밝히고 그럼에도 불구하고 종전 사태가 재발한다면 과장에게 알려달라고 언급하는 것이 필요할 것이다. 필자로서는 사무관에게 리더쉽 발휘 기회를 주는 차원에서 사무관에게 면담을 지시하는 쪽으로 조치할 것이다. 이상 내용을 토대로 한 필자의 대응조치는 다음과 같다.

1. 유한욱 사무관과 한준기 주무관의 고충처리

○ 유한욱 사무관에 대한 조치내용

(유사무관 리더쉽 관련 조언)

- 유사무관에 대한 격려: 업무처리 능력도 뛰어나고, 맡은 일을 잘하고자 최선을 다하는 유사무관을 든든하게 생각함

- 리더쉽 및 갈등관리 역량 배양 권고: 사무관은 본인의 일만 잘 하면 되는 주무관과는 다르므로 팀워크 촉진을 위한 리더쉽이 중요하다는 점을 강조하면서 관련 분야 교육 수강이나 공부할 것을 권유함

(직원 갈등 해결방안 제시)

- 두 직원 간 업무 재분장: 직원의 성격이나 일하는 방식은 고치기 어려우므로 둘이 부딪치게 될 상황을 미연에 방지

- 김수민 주무관과의 면담 실시: 한준기 주무관에게 공격적 언사 사용 여부 확인 및 동료 직원 존중토록 지시
○ 한준기 주무관에 대한 조치내용
- 고충에 대한 공감 표시: 나이 어린 김주무관과의 관계로 힘들어하는 점에 대해 공감을 표현
- 불미 사례 재발 방지 조치 언급: 유사무관에게 김수민 주무관 면담토록 지시, 사실관계 파악 후 공격적 언사 지양토록 촉구할 예정, 유사 사례 재발 시 나에게 메일로 알려주기 바람
- 한주무관 격려: 성실/꼼꼼한 업무처리 신뢰 및 활기찬 근무 당부

다음 두 번째 과제는 김영수 사무관의 병가로 인한 업무 공백이 발생하는 상황에 대한 대응조치를 파악하는 내용이다.

예기치 못한 일로 업무 공백이 발생하는 경우 그 업무와 유사한 업무 담당자, 업무의 난이도, 다른 직원의 업무 형편 등을 고려하여 대신 업무를 추진할 직원을 선정하여야 한다. 김사무관의 일주일 병가 동안 업무를 대신 진행할 직원을 선정하기 위하여 먼저 할 일은 해당 업무가 무엇인지 명확히 파악하는 일이며, 다음으로는 그 업무와 관련되는 직원이 있는지, 관련은 없지만 해당 업무의 난이도나 업무형편을 감안할 때 대신 처리가 가능한 직원이 누구인지를 정하는 일이다.

이메일 내용을 보면 김영수 사무관의 일주일 병가 기간 중에 반드시 처리할 일은 ① 실태조사 기획업무 관련하여 실태조사 기관 선정의 확정과 발표 (9. 20한), ② 워크숍 세부일정 확정(9. 21한)이라는 두 가지 업무이다. 실태조사 기획업무는 김영수 사무관과 정우현 주무관이 함께 담당하고 있으며, 업무중요도와 업무량은 각각 상/중이다. 워크숍 업무는 김영수 사무관 단독 수행업무이며 업무중요도와 업무량은 각각 중/중이다. 먼저, 실태조사 기획업무는 조사기관 선정 확정 및 평가 업무인데 평가작업이 진행 중에 있으므로 고도의 기획역량이 필요한 상황은 아닌 것으로 판단되고, 주무관과 같이 일하고 있다는 점을 고려하여 결정하면 될 것 같다. 다음 워크숍 업무는 김사무관 단독 수행업무이며, 업무 중요도 및 업무량이 중/중인데 업무 대체자를 같은 사무관급을 할지 아니면 주무관 중에서 선정할 것인지를 고려하고 다음으로 직원들의 업무형편을 감안하여 정하는 것이 합리적일 것 같다.

이상 내용을 토대로 한 필자의 대응조치는 다음과 같다.

2. 김영수 사무관 병가에 따른 업무 담당자 선정
○ 실태조사 기획업무: 정우현 주무관

(선정이유)

- 김영수 사무관과 함께 수행 중인 업무

- 현재 진행되고 있는 평가기관 선정결과를 토대로 기관 확정 및 발표업무로 정주무관이 전담하여도 잘 할 수 있을 것으로 판단됨

○ 워크숍 세부일정 확정: 송진호 사무관

(선정이유)

- 김영수 사무관 단독 수행업무이므로 같은 사무관급에서 선정

- 유한욱, 송진호 사무관 중에서 유한욱 사무관은 연구보고서 작성이 9. 20. 까지 완료되어야 하고, 공청회 준비도 70% 진척도라 여유가 없어 보임

- 송진호 사무관은 업무 기획력이 뛰어나고, 멘토링 기획업무가 진척도 30%로 낮지만 11월 말 시한으로 일주일 정도의 시간적 여유는 있을 것으로 판단함

끝으로 세 번째 과제를 처리해 보자.

이 과제는 송진호 사무관에 대한 조언이다. 송사무관의 메일을 보면 송사무관은 갓 승진하여 처음으로 중간관리자 역할을 담당하고 있는데 송사무관의 애로사항은 함께 일하는 주무관의 업무 처리가 늦어 대신 업무를 처리하는 문제와 단독 업무를 담당하는 주무관이 업무 진행 상황에 대한 보고를 소홀히 하는 문제 두 가지이다. 직원의 업무 속도가 늦어 대신 업무를 처리하는 상황에 대해 어떤 조언을 하면 좋을까? 그리고 업무 보고를 소홀히 하는 직원에 대해서는 어떤 대응조치를 해서 제대로 진행 상황을 보고하게 할 수 있을까? 조직생활을 함에 있어서 정해진 답은 없으므로 여러 가지 방법이 가능할 것이다. 필자로서는 업무 속도가 늦은 직원에 대해서는 속도가 더딘 원인이 무엇인지를 정확히 파악해야 해법도 나올 수 있을 것이라고 생각한다. 업무 수행 방법을 몰라서인지, 해당 업무에 대한 지식이나 경험이 부족해서인지, 아니면 업무 한계가 불분명해서인지 등등... 원인이 밝혀져야 처방이 가능할 것이므로 상황에 맞게 유연하게 대처하도록 한다. 업무 보고를 소홀히 하는 직원에 대해 대놓고 왜 보고를 안 하느냐고 따지면서 적기에 보고하라고 지시하기는 현실적으로 어렵지 않을까? 그러면 어떤 식으로 접근하는 것이 부드러우면서도 관리자로서의 역할을 제대로 수행하는 것일지 생각해 볼 필요가 있다. 이런 맥락에서 필자의 조치사항은 다음과 같다.

3. 송진호 사무관에 대한 조언

○ 직원 업무 처리 문제

- 업무 부진 원인 파악

- 파악한 원인에 따라 적절한 조언 제시

  * 업무 수행 방법을 잘 모를 경우: 업무 수행방식에 대해 자세하게 설명하고, 처리과정을 모니터링하되 절대 대신 업무를 처리하지 말 것

  * 업무 한계가 불분명하면 사무관과 주무관의 업무 분장을 명확히 설정하고, 업무 지식이 부족하다면 관련 업무 교육과정 수강 기회 제공

○ 업무 보고 소홀문제: 업무 점검회의 정기 개최 지시

○ 송진호 사무관에 대한 관심과 격려: 관리자 경험이 축적되면 리더십이 커질 것임을 언급하면서 팀워크를 촉진토록 격려함

현안업무처리
모의사례

1

가계부채 구조개선 대책
관련 현안업무처리

가계부채 구조개선 대책 관련 현안업무처리

과제 시행 방법

1단계 50분 동안 자료 검토 및 업무처리 내용을 개조식으로 작성함

　　* 기획(정책)보고서는 일반 보고서 형식 또는 지시문에서 요구하는 내용에 따라 A4 용지 1~2쪽 작성함

　　* 기타 소과제는 현황 및 조치사항을 A4 용지 1쪽 이내로 간결하게 정리함

2단계 20분간 인터뷰 실시

　　* 현안업무처리에서 평가자는 피평가자가 작성한 보고서를 중심으로 인터뷰를 진행하며, 보고서와 인터뷰 내용을 토대로 평가함.

　　* 인터뷰 과정에서 제공된 자료와 작성한 보고서를 활용할 수 있음

배경상황

◆ 오늘은 2016년 10월 14일 수요일, 시간은 오후 4시입니다.

◆ 귀하는 금융위원회 금융정책과로 부임한 김안정 사무관이며, 잠시 후 5시에 2주간 해외출장을 위해 공항으로 출발해야 하며, 출장 중 업무 공백이 발생하지 않도록 처리하여야 할 업무가 쌓여 있는 상황입니다.

◆ 귀하는 앞으로 1시간 이내에 과장님께 보고할 가계부채 구조개선 대책에 관한 기획안을 마무리하는 등 현재 추진 중인 업무들에 대해 문서로 적절한 조치를 취해야 합니다.

- 10월 -

일 (SUN)	월 (MON)	화 (TUE)	수 (WED)	목 (THU)	금 (FRI)	토 (SAT)
				1	2	3
4	5	6	7	8	9	10
11	12	13	14 Today	15	16	17
18	19	20 해	21 외	22 출	23 장	24
25	26	27	28 가계부채대책 검토회의	29 가계부채대책 홍보회의	30 금융정책학회 심포지움	31

보낸 사람	금융정책과장
받는 사람	김안정 사무관
받은 시간	2016-10-13 09:27:23
제 목	가계부채 구조개선 종합대책 마련

김사무관 수고 많습니다. 과장입니다.

우리 위원회에서 지난 2011년 수립·시행 중인 가계부채 연착륙대책에도 불구하고 소득대비 부채비율이 증가하는 등 가계부채 상황이 악화되고 있어 가계부채에 관한 현행 대책을 점검하고 보완하여 가계부채 감소정책의 실효성을 제고할 필요성이 커지고 있습니다.

이에 우리위원회는 가계부채를 감소할 수 있는 획기적인 대책을 강구하여 다음 달 중순에 가계부채 구조개선 종합대책을 발표할 계획입니다. 발표에 앞서 이달 28일(수요일)에는 위원장님을 모시고 내부 검토회의를 진행할 예정입니다.

마침 김사무관이 모레부터 해외출장을 가야 하니 내일 중으로 가계부채 구조개선 종합대책 요약안을 이메일로 보고하여 주기 바랍니다. 기획안에 2011대책 평가를 통한 문제점을 적시하고 향후 부채감소를 위한 대책의 주요방향을 포함하여 주기 바랍니다.

- '14.8월 LTV·DTI 규제 합리화 이후 주택 거래 증가 및 기준금리 인하 등의 효과로 가계대출의 양적 규모는 예년보다 빠르게 증가[*]

  * 가계대출 증감액(조 원)

  ('13.1~7월) +19.2→('14.1.~7월) +19.8

  ('13.8~12월) +21.5→('14.8.~12월) +39.6

  * LTV(loan to value ratio): 담보물 가치 대비 대출인정금액

  DTI(Debt to income ratio): 소득 대비 부채상환비율

- 가계소득 대비 부채 부담이 높아 민간소비를 제약하고 있으며, 부문별 취약요인이 여전히 존재

○ 대출구조 개선에 상당한 진전이 있었으나, 변동금리·일시상환 대출 비중이 아직까지 높은 수준

○ 저소득층, 영세자영업자 등 취약계층의 상환능력이 악화되고, 제2금융권 대출, 전세대출 증가 등의 잠재적 불안요인도 잔존

가처분소득 대비 가계부채	주택담보대출 구조	소득분위별 부채 증감율

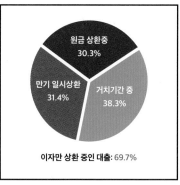

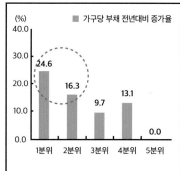

* 가계부채: 자금순환 기준   * 은행권, '13년 말 기준   * '13년 가계금융복지조사

[참고] 가계부채 증가 추이

(조원,%)	07년	08년	09년	10년	11년	12년	13년	14년 9월
가계 신용	665.4	723.5	776.0	843.2	916.2	963.8	1,021.4	1,060.3
	(9.6)	(8.7)	(7.3)	(8.7)	(8.7)	(5.2)	(6.0)	(6.7)
가계 대출	630.1	683.6	734.3	793.8	861.4	905.9	962.9	1,002.9
	(9.5)	(8.5)	(7.4)	(8.1)	(8.5)	(5.2)	(6.3)	(6.8)
은행	363.7	388.6	409.5	431.5	455.9	467.3	481.1	501.9
	(5.0)	(6.8)	(5.4)	(5.4)	(5.7)	(2.5)	(3.0)	(6.2)
비은행	198.1	221.3	237.9	266.4	297.3	312.5	335.3	354.2
	(13.9)	(11.7)	(7.5)	(12.0)	(11.6)	(5.1)	(7.3)	(8.7)
상호 금융	101.4	117.3	131.3	152.4	171.9	182.2	195.5	210.3
	(15.9)	(15.7)	(11.9)	(16.1)	(12.8)	(6.0)	(7.3)	(11.3)
보험	57.0	63.3	66.1	68.0	74.7	79.6	86.4	88.5
	(10.5)	(10.9)	(4.4)	(2.9)	(9.9)	(6.5)	(8.5)	(5.9)
여전사	30.7	31.3	31.5	36.3	38.8	40.3	42.9	44.8
	(21.6)	(2.1)	(0.7)	(15.1)	(7.0)	(3.8)	(6.4)	(4.0)
우체국	2.3	2.5	1.7	1.5	1.7	1.5	1.3	1.2
	(13.6)	(9.9)	(△34.1)	(△10.5)	(11.5)	(△8.6)	(△11.6)	(△9.4)
저축 은행	6.8	6.9	7.3	8.2	10.2	8.9	9.2	9.5
	(△11.6)	(2.1)	(6.1)	(11.3)	(24.9)	(△13.1)	(3.8)	(5.0)
기타	68.3	73.8	86.9	95.9	108.2	126.2	146.4	146.8
	(23.3)	(8.0)	(17.8)	(10.4)	(12.8)	(16.6)	(16.1)	(4.6)
판매 신용	35.3	39.9	41.7	49.4	54.8	57.9	58.5	57.4
	(11.9)	(13.1)	(4.4)	(18.5)	(10.9)	(5.6)	(1.1)	(5.0)
개인금융 부채(A)	-	-	-	-	1,098.2	1,153.9	1,218.7	1,265.6
	-	-	(5.1)	(5.6)	(5.9)			
가처분 소득 (B)	565.6	599.4	621.8	660.1	697.8	724.4	758.3	-
	-	(6.0)	(3.7)	(6.2)	(5.7)	(3.8)	(4.7)	-
A / B	-	-	-	-	157.4	159.3	160.7	-

소득 대비 가계부채 비율 국제비교

구분	2002	2004	2006	2008	2010	2011	2012	2013
Hungary	26.2	40.4	53.0	74.7	79.1	72.5	61.6	56.3
Italy	59.4	66.3	76.2	81.4	90.1	89.8	91.1	90.2
France	77.5	81.9	93.6	98.7	107.5	107.1	103.6	104.2
Greece			72.7	85.2	104.2	111.4	109.0	112.3
United States	112.4	126.9	139.7	135.3	127.3	119.1	113.9	114.1
Spain	93.502	112.9	143.3	149.4	148.1	141.7	140.9	131.8
Japan	139.5	137.4	137.3	132.2	131.9	128.3	127.1	129.2
Korea	–	122.1	137.5	149.7	154.0	157.4	159.3	160.3
Sweden	121.6	137.0	153.8	159.5	148.2	141.8	140.9	131.9
Norway	146.9	160.4	197.1	202.9	204.4	207.9	213.9	215.2
Denmark	242.9	261.9	299.4	339.4	325.1	319.5	317.0	310.2
AVERAGE	106.7	114.4	127.2	129.9	138.8	138.3	137.3	136.1

*출처: 한국은 한국금융연구원(2010~2012년은 OECD), 기타국가는 OECD

1. 가계부채 적정증가를 위한 관리방안

가. 은행권의 가계대출 관리를 강화

○ 고위험대출 및 편중대출에 대한 BIS 위험가중치 상향적용

○ 은행 영업점 성과평가 지표 개선(수익성·건전성 지표 보강)

○ 차주 소득 등 상환능력확인 관행 정착 등

○ 예대율 준수기간 단축(13년 말→12년 6월 말) 등 관리강화

나. 제2금융권 가계대출의 증가요인을 억제하고 건전성을 강화하되, 단계적 시행 등을 통해 서민금융이 위축되지 않도록 추진

○ 여전사 (여신전문금융회사 약칭) 레버리지 규제 도입

○ 여전사·상호금융의 대손충당금 제도 단계적 강화 등

다. 체크카드 활성화로 지급결제 관행 개선 및 불필요한 신용이용 억제

○ 체크카드 사용 활성화를 위한 세제지원 우대 등

2. 가계대출 구조개선방안: 고정금리·비거치식 분할상환 대출 활성화를 유도하고 주택금융공사를 통해 은행의 장기자금조달을 지원

○ 이자상환액 소득공제 한도 차등화(현재 1,000만 원→고정금리·비거치식 분할상환 대출: 1,500만 원, 기타 대출: 500만 원)

○ 은행의 주택신용보증기금 출연료율 차등화

  – 고정금리·비거치식 분할상환대출 요율 인하 등

○ 은행의 고정금리·비거치식 분할상환 대출 자체목표 설정(예: 16년 말까지 전체 주택담보대출의 30% 수준) 및 실적점검

○ MBS·커버드본드 발행 활성화로 은행 장기자금조달 지원 등

3. 금융소비자 보호 강화방안

○ 변동금리대출에 대한 설명의무 강화

○ 고정금리 대출로 전환 시 중도상환수수료 면제 등

○ 대출모집인 불법·부당행위 등에 대한 점검 강화

4. 서민금융기반 강화방안

○ 미소금융·햇살론·새희망홀씨 대출 등을 통한 서민금융 공급확대

○ 저신용·저소득층의 대출 만기연장과 금리부담 경감을 위해 채무조정·전환대출 등 지원노력 강화

○ 서민우대금융 자금지원기준 등 개선(햇살론)

○ 과다·허위 대부광고에 따른 서민피해 방지방안 마련·추진

○ "사이버지부" 활성화, 안내·홍보강화, 신용회복지원협약 참여기관 확대 등 신용회복지원 활성화 추진

가계부채는 오랜 기간 누적된 구조적 위험으로 기업부채와 달리 단기간 해결이 어려운 문제이므로 시스템리스크 완화를 위한 단기 대책과 함께, 인내심을 갖고 중장기적 구조개선 노력을 착실히 병행 추진하여야 한다. 또한, 가계부채가 우리 경제의 부담이 되지 않도록 적정수준으로 관리하는 한편, 가계부채 조정 과정에서 민간소비·주택시장 등 여타 경제부문에 악영향이 없도록 점진적으로 위험을 해소하여야 한다. 이와 아울러, 가계부채 측면의 구조개선 촉진 노력과 함께, 가계소득 증대 등 가계건전성 제고를 위한 종합적 대응도 병행할 필요가 있다.

이를 위해 우선 가계의 소득대비 부채비율을 핵심관리지표로 설정하여 가계부채 증가속도를 경제성장률을 고려하여 관리하고 가계소득과 성장률 격차를 축소해 나가야 한다. 그러기 위해서는 우선, 주택담보대출은 주택거래와 연동되므로 주택거래 증가에 따라 거래수요를 뒷받침하는 대출증가는 불가피하고 필요한 측면도 있으므로 만기상환위험을 일시상환에서 분할상환으로 변경시켜 나가고, 금리변동의 영향을 덜 받도록 변동금리에서 고정금리로의 전환을 촉진하며, 원리금은 조금이라도 갚아 나가도록 거치식에서 비거치식으로의 전환도 유도할 필요도 있다.

다음으로는 전세대출 안정화 차원에서 전세에서 월세로 바뀌는 임대시장 구조변화에 대응하여, 전세수요 쏠림을 완화하도록 금융지원 제도를 정비하면서 저리의 공적보증부 전세대출을 서민층 중심으로 지원하고, 여타 계층은 시중 전세대출 상품을 이용토록 유도하는 방안도 고려하여야 한다. 또한, 고위험·고금리 대출을 이용 중인 취약차주의 대출구조 개선·금리부담 경감방안도 강구할 필요가 있으며, 현재 진행 중인 국민행복기금의 채무조정·신용회복 지원을 지속하고 보다 효율적이고 유기적인 서민금융 지원 체계로 개편할 필요성도 커 보인다.

끝으로 상호금융 등 제2금융권의 가계대출 건전성 제고, 구조개선 등을 추진하고 대출 취급 시 차주의 상환능력을 철저히 확인·관리하는 관행이 정착되도록 유도하여야 한다.

1. 미국 서브프라임 위기대책

○ 경기활성화를 위한 재정대책

 - 세출확대(GDP 5.5% 규모)로 보건, 교육 및 저소득층 지원 확대

 - 감세 조치로 근로소득세액 공제 확대, 주거 및 교통 지원 확대

 - 주정부 및 지방정부 지원: 건강 및 육아부문

○ 금융시장 안정화 대책

 - 부실자산 프로그램: 7천억 달러 지원으로 금융기관 건전성 제고

 - 예금보장한도 10만 달러에서 25만 달러로 상향 조정

 - 은행의 선순위 우선주 매입, 소비자금융관련 비은행기관 지원 등

○ 유동성 공급대책: 단계별 신용 경색 대응조치에 초점

 - 은행에 대한 경매방식으로 주기적 자금 공급

 - 하위등급 채권을 담보로 우량채권을 대여하여 유동성 공급

2. 노르웨이: 부채상환법 제정하여 가계부채 조정

○ 자발적 채무 변제 불능 시 법정관리 신청 허용: 생계유지 최소수입을 제외한 잔여분을 채무변제에 사용

○ 채무자와 채권자 간 직접 협상을 통해 변제

3. 스웨덴

○ 부실화된 저축은행에 대한 정부 출자 및 국유화 조치

○ 부실화된 상업은행 인수 및 지급보증 (보증 시 수수료 징구하여 도덕적해이 차단과 자산 매각 효율화 도모)

○ 기타 은행의 경우 부실채권 정리기구 설립하여 대응

○ 이후 금융시스템 강화법을 제정하고 은행지원청 설립하여 금융 감독 기능 강화

 * 은행의 회생, 정부소유 지분가치 상승 등으로 공적 자금 상당 회수

보낸 사람	신승훈 주무관
받는 사람	김안정 사무관
받은 시간	2015-10-14 09:30:15
제　목	가계부채 구조개선 대책 홍보(안)

김안정 사무관님. 신승훈입니다.

다음 달 중순경 발표예정인 가계부채 구조개선 대책과 관련하여 10월 29일 목요일로 예정되어 있는 홍보관계자 회의에 사용할 초안을 별첨과 같이 정리해 보았습니다. 검토해 주시고 더 필요한 사항을 말씀해 주시면 김사무관님 출장기간 중에 보완하도록 하겠습니다.

신승훈 드림

별첨: 가계부채 구조개선 대책 홍보활용 자료

자료 8 - ① 가계부채 구조개선 종합대책 홍보 활용자료(안)

1. 홍보 목표: 가계부채 구조개선 종합대책 의미 및 기대효과 설명

2. 홍보 타겟
○ 단기적
- 수도권 및 광역도시 아파트 밀집지역 서민대상 홍보
- 은행 등 금융권 우선 이해 촉진
○ 중장기적
- 수도권 및 광역도시 이외 전국 가계부채 대상 가구

3. 홍보매체 특징

광고 매체	특 징	적용 방법	광고 단가
TV 공익광고	파급 효과 큼	1회 평균 40초	5,000천 원
라디오 광고	고정 청취자 대상	평균 40초	350천 원
CATV	TV광고 보조매체	교양, 주요 4 채널	250천 원
신 문 광 고	대책 심층홍보	10대 일간지 5대 경제지 20개 지방지	65,000천 원 20,000천 원 10,000천 원
무 가 지	지하철 이용자	3개사 평균	5,000천 원
열차.지하철	이용객	차내 벽면	18천 원(개당)
인터넷 광고	네티즌	주요 3개사 평균	22,000천 원

4. 홍보방안 제안
가. 신문광고: 10월 하순부터 2주간 중앙 10대 일간지 기고
나. TV 광고: 10월 하순부터 2주간 공익광고 주 2회
다. 무가지 광고: 동일 기간 3개 무가지 광고 주 1회
라. 팜플렛 제작 배포
마. 금융권 대상 설명회 전국 단위 개최
바. 디지털 홍보: 정책홍보 블로그 운영, 유명 포탈사이트 자료게시

보낸 사람	금융정책과장
받는 사람	김안정 사무관
받은 시간	2015-10-14 11:30:15
제 목	연합뉴스 보도 대응 지시

김사무관 수고가 많습니다. 과장입니다.

오늘 아침 연합뉴스에 보도된 가계부채 폭등기사로 파장이 커지고 있습니다. 우리가 마련 중인 가계부채 구조개선 종합대책에 대한 부정적인 여론이 확대될 수도 있으므로 송부하는 관련기사를 면밀히 살펴보고 다각적인 방안을 검토하여 보고하여 주기 바랍니다.

『역대 정부 "경기부양" 명목 가계 부채 '폭탄 돌리기'
2003년 금리 3%대 진입후 급증
은행 손쉬운 가계대출 확대도 한몫
카드 대란으로 400만 신불자 양산
하우스푸어 확산 홍역만 여러 차례』

그 어느 때보다 빚내기 쉬워진 환경이 조성되면서 우리 경제의 아킬레스건으로 꼽히는 가계부채는 한층 빠르게 늘어날 전망이다. 1997년 말 외환위기를 거치며 조성된 저금리 기조에 정부의 내수 진작책과 금융회사의 소매영업 강화가 맞물려 가계 빚은 10년 넘게 급등세를 이어 가고 있지만, 가계소득 증가 속도가 이를 따르지 못하면서 가계부채는 양과 질 모두에서 악화되고 있는 실정이다. 현 정부를 포함한 역대 정부들은 단기적 경기부양을 우선시하며 마치 '폭탄 돌리기'하듯 가계부채 문제 해결을 미루고 있다.

가계부채는 외환위기 직후 빠르게 하향 안정화된 금리에 편승해 급증하고 있다. 특히 한국은행 기준금리가 연 3%대로 진입한 2003년 이후부터 지난해까지 가계신용(대출과 카드사용액을 합한 금액) 규모는 연평균 56조 원 늘면서 2.3배 커졌다. 주택가격 폭등기였던 2005~2007년엔 매년 96조~118조 원의 가계 빚이 늘었다. 이 같은 급등세는 미국과 유럽에서 가계부채가 일제히 줄어들었던 2008년 금융위기 국면에도 변함없었다. 연 성장률이 2.3%로 고꾸라졌던 2012년을 기점으로 주춤해졌던 가계부채 증가세는 지난해 주택담보대출 규제 완화와 두 차례 기준금리 인하에 힘입어 67조6,000억 원이 늘면서 재차 탄력을 받고 있다.

경제 규모에 비례한 가계부채 증가는 불가피하지만, 우리의 경우 부채 증가세가 가계소득보다 가파르다는 것이 문제다. 가계가 늘어나는 빚을 갚아나갈 만큼의 소득을 얻지 못하면서 상환 실패 위험이 커지고 있는 것이다. 2011년 157.4%였던 가계 가처분소득 대비 부채 비율은 분자에 해당하는 가계부채가 빠르게 늘어 2012년 159.3%, 2013년 160.7%로 악화됐다. 경제협력개발기구(OECD) 회원국의 평균(135.7%)을 훌쩍 넘는 수준이다. 통계청 조사에서도 가계의 원리금 상환율이 전체 가처분소득에서 차지하는 비중이 지난 3년 동안 4%포인트 이상 늘면서 20%대(21.5%)에 진입했다.

정부 또한 가계부채 악화의 책임을 모면하기 힘들다. 외환위기 수습을 맡은 김대중 정부를 필두로, 역대 정부가 경기 부양을 위해 가계부채 확대를 부추기는 정책을 구사해왔다는 지적이 나온다. 금융회사도 마찬가지다. 금융권 관계자는 "기업금융을 통해 성장에 기여해왔던 은행이 외환위기를 계기로 공적 책무를 외면하고 손쉽게 수익을 거둘 수 있는 가계대출을 늘리면서 부채 급증, 부동산가격 왜곡에 일조했다"고 지적했다.

정부의 가계부채 유발 정책은 벌써 여러 차례 홍역을 치렀다. 현금서비스 확대, 수수료 인하 등을 골자로 한 김대중 정부의 신용카드 활성화 정책은 결국 다음 정부에서 400만 명의 신용불량자를 낳았다. 경기부양에 초점을 맞춘 부동산정책은 금융위기 이후 주택가격 정체에 따른 하우스푸어 확산으로 이어지고 있다. ○○ 에듀머니 대표는 "정부 정책은 전셋값이 폭등하면 전세자금대출을, 대학등록금이 오르면 학자금대출, 실업률이 오르면 햇살론·미소금융 등 무담보 대출을 늘리는 식"이라며 "법 개정과 복지로 해결해야 할 일을 모조리 빚으로 해결하는 셈"이라고 지적했다.

그럼에도 정부는 경기에 미칠 파장을 의식해 당장의 '큰불'만 잡는 미봉책으로 일관하고 있다. 가계부채가 1,100조 원에 육박한 현 상황에서도 정부는 안심전환대출 상품 출시로 은행 가계대출에서 장기·분할상환형 비중을 늘리는 정책을 내놨을 뿐, 신규대출 억제 등 보다 근본적인 대책은 상환능력 심사 강화를 내세우며 은행에 떠밀고 있는 형국이다.

보낸 사람	김동주 금융정책학회장
받는 사람	김안정 사무관
받은 시간	2016-10-14 11:27:23
제　　목	2016 학회심포지움 참석요청

안녕하십니까? 금융정책학회장 김동주 교수입니다.

금융정책학회에서는 10월 30일(금요일) 14시에 광화문소재 프레스센터에서 최근 사회 이슈화되어 있는 가계부채에 대한 정책 심포지움을 개최하고자 합니다.

이번 심포지움 주제는 "국내외 사례분석을 통한 가계부채정책방향"이며 미국, EU, 일본의 금융전문가를 포함한 7명의 발표와 토론이 있을 예정입니다.

바쁘시겠지만 이번 심포지움에 금융위원회 금융정책국장(또는 과장)께서 참석하여 우리나라 가계부채대책 추진계획과 실제운영에 대해 20분간 발제 및 전체토론에 참여하여 주시면 감사하겠습니다. 그리고 가능하시다면 제목과 목차를 정리하여 26일까지 보내주시면 우리 학회가 홍보하는 데 큰 도움이 될 것입니다.

감사합니다.

금융정책학회 회장 김동주 배상

가계부채 구조개선 대책 관련

현안업무처리와 피드백

■ 다음의 실제 현안업무처리 사례를 토대로 어떤 부분이 잘 되었고 어떤 부분이 개선되어야 할 점인지를 살펴보기로 한다.

■ 피드백 대상은 피평가자가 작성·제출한 보고서와 인터뷰 과정에서 언급한 발언내용이다. 다만, 인터뷰 시 발언내용은 보고서 내용을 수정·보완하는 것으로 정리되었음을 밝힌다.

■ 피드백 내용은 하단에 주석으로 정리한다.

피평가자 A[1] [2]

I. 가계부채 구조개선 대책[3] [4]

[현황]

　1997년 외환위기 이후 가계부채가 하향 안정화된 금리에 편승에 급증하고 있다. 특히 2003년 이후 연 3%대 금리에 진입 후부터 지난해까지 평균 56조 원이 늘면서 2~3배 그 규모가 커졌다. 또한 은행의 손쉬운 가계대출 확대, 카드대란 등 그 어느 때보다 빚내기 쉬운 환경이 조성되면서 가계부채는 한층 빠르게 늘어날 전망[5]

[문제점]

1. '14년 8월 LTV, 피평가자 DTI 규제합리화 이후 주택거래 증가 및 기준금리 인하 등 효과로 부채 부담을 높여 민간소비를 제약하고, 부문별 취약요인이 존재. 대출구조개선엔 진전이 있었으나, 변동금리·일시상환 대출비중은 여전히 높은 수준[6]
2. 또한 저소득층, 영세자영업자 등 취약계층의 상환능력이 약화되고, 제2금융권 대출, 전세대출 증가 등 잠재적 불안요인 잔존[7]

---

1) 주어진 과제 4개 모두를 처리한 점은 돋보인다. 기획보고서 1개와 소과제 3개 모두를 50~60분이라는 짧은 시간 내에 처리하기가 그리 쉬운 것은 아니다. 대다수 피평가자들이 기획보고서 1개를 처리하기 급급하다가 시간에 쫓겨 소과제 1~2개를 허겁지겁 처리하는 경우가 허다하기 때문이다.

2) 4개 과제를 어떤 순서로 처리하느냐 하는 우선순위가 잘 드러나지 않고 있다. 피평가자 A는 대상과제를 주어진 순서로 처리한 것으로 보인다. 과제 작성순서가 약간이라도 변경되어 있으면 나름 처리의 우선순위를 갖고 대처했다는 인상을 줄 수 있었을 텐데 그러지 못해 우선순위 없이 그저 과제기 주어진 순서대로 처리했다고 볼 수 있다. 따라서 현안업무처리를 제대로 실행하기 위해서는 과제별 처리방안을 별지에 각각 작성하고 제출할 시 각각의 종이에 번호를 적어 그 순서대로 제출하는 것이 좋다. 그리고 인터뷰과정에서 처리기준에 대한 질문을 받게 되면 시급성과 중요성 같은 기준을 갖고 이러이러한 순서로 과제를 처리했다고 응답하면 된다.

3) 이 제목도 괜찮으나 이왕이면 과장의 이메일 지시대로 "가계부채 구조개선 대책 기획안 또는 요약안"으로 하는 것이 더 나을 것이다.

4) 현황-문제점-대책-추진일정 순으로 보고서를 작성한 것은 적절해 보인다.

5) 2011대책 시행에도 불구, 추가적인 대책이 필요하다는 점을 강조하기 위해 가계부채 증가현황을 통계를 인용해 개조식으로 언급하면 된다. 통계가 없으면 설득력이 약해진다.

6) 문제점으로 변동금리·일시상환 대출비중이 높은 수준을 들고 있는데 높은 변동금리 대출비중은 문제점이라기보다는 현황에 가깝다. 문제점부분에서는 무엇 때문에 변동금리 대출비중이 여전히 높은지를 짚어 주어야 한다. 2011대책을 시행 중이나 고정금리로 유도하는 정책효과가 미미하여 변동금리 비중이 감소하지 않고 있다고 정리하는 것이 문제점으로 더 적합하다.

7) 취약계층의 상환능력이 약화되었다는 점은 문제점이라기보다 현황에 가깝다. 여기서는 취약계층에 대한 부채증가 억제대책-미소금융, 햇살론, 새희망홀씨-에도 불구하고 취약계층 상환능력이 호전되지 않고 있음을 강조하는 것이 필요하다. 그 후에 대책부분에서 문제점으로 지적한 취약계층의 상환능력 약화를 개선하는 방안을 언급하면 문제점과 대책을 연계시키는 정책기획 역량을 효과적으로 보여 주게 된다.

3. 2002년 이후 2013년까지 가계부채 비율이 증가, 이는 평균보다 높은 수준이며, 부동산 폭락으로 어려움을 겪었던 일본과 비교해도 높은 수준. 조사국 11개국 중 2013년 기준 노르웨이, 덴마크 다음으로 높은 수준[8]

4. 가계부채가 1,100조 원에 육박해 현 상황에서도 정부는 안심전환대출 상품출시 등으로 장기·분할 상환형 비중을 늘리는 정책을 내놨을 뿐, 신규대출 억제 등 근본적인 대책은 상환능력 심사 강화를 내세우며 은행에 떠밀고 있는 상황

[대책][9]

1. 가계부채는 단기간 해결이 어려운 문제이므로, 단기 대책과 중장기 구조개선 노력 병행 추진[10]

2. 가계부채가 우리 경제에 부담이 되지 않도록 적정수준으로 관리. 가계부채 조정과정에서 민간소비·주택시장 등 여타 경제부문에 악영향이 없도록 점진적 위험을 해소

3. 가계소득 증대 등 가계 건전성 제고를 위한 종합적 대응 병행 필요

4. 이를 위해 소득대비 부채비율을 핵심관리지표로 설정[11]

○ 만기상환 위험을 일시상환에서 분할상환으로 변경

○ 변동 금리에서 고정금리로 전환 촉진

○ 거치식에서 비거치식으로의 전환 유도 필요

   * 전세수요 쏠림 완화 위해 금융제도 정비

○ 서민중심으로 저리의 공적 보증부 전세대출 지원

○ 고위험·고금리 대출을 이용 중인 취약차주의 대출구조 개선·금리부담 경감방안도 강구

○ 주민행복기금의 채무조정·신용회복 지원지속 및 유기적 서민금융 지원체계로의 개편 필요

   * 상호금융 등 제2금융권의 가계대출 건전성 제고, 구조개선 추진

---

8) 가계대출 비율이 증가하고 있다는 내용은 현황에서 언급되어야 한다. 문제점부분은 가계대출 비율증가의 원인을 분석하는 과정이어야 한다. 그래야 대책과 자연스럽게 연결된다. 외국과 비교해도 과도하다는 내용은 문제점에 해당되며 이왕이면 외국의 대출비율과 비교하여 어느 정도 과도하다는 내용으로 정리하면 더욱 좋았을 것이다.

9) 대책은 문제점과 연계되어야 한다. 문제점으로 지적한 사안을 해결하는 대책이어야 한다는 뜻이다. 그리고 대책을 알맹이 없이 선언적·나열적으로 열거하는 것은 좋은 보고서라 할 수 없다.

10) 단기 대책과 중장기 노력 병행 추진한다지만 정작 본문에는 단기 대책과 중장기 대책이 구분되어 있지 않다. 선언적 표현은 가급적 하지 않도록 한다.

11) 소득대비 부채비율을 어떻게 관리할 것인지 구체적 설명이 없다. OECD 평균 수준을 목표로 관리한다는 식의 목표를 설정할 필요가 있다. 또한, 부채비율 관리를 위한 정책수단을 나열하고 있는데 선언적으로 정책방향만 제시하고 있을 뿐 구체적 수단이 결여되어 있다. 변동금리에서 고정금리로 전환시킨다고 되어 있지 어떤 방법을 활용하여 전환시키겠다는 알맹이가 없다는 뜻이다.

○ 대출시 차주의 상환능력 철저히 확인·관리하는 관행 정착유도

　　*미국 서브프라임 위기대책과 노르웨이의 부채상환법 제정 및 스웨덴의 부실화된 저축은행에 대

　　한 정부 출자, 국유화 조치등 해외 주요국가의 가계부채 대책을 참고[12]

[추진일정][13]

○ 10/28 정책홍보블로그 운영, 유명 포털사이트 자료 게시

○ 10월 하순부터 2주간 10대 일간지 신문광고기고, TV공익광고 주2회 3개 무가지 광고 주1회

○ 10/28~29 가계부채 대책 검토회의 및 홍보회의

○ 10/30 금융정책학회 심포지엄 참석

○ 11월 초 팜플렛 제작·배포

○ 11월 초 금융권 대상 설명회 전국단위 개최

II. 신승훈 주무관 e-mail 검토[14]

1. 현황과 문제점으로 인한 홍보 필요성 없음

2. 홍보 목표가 구체적이지 않음

　　- 수정의견: 가계부처 구조개선 종합대책에 따른 구체적인 홍보 목표 설정 및 기대효과

　　　나열[15]

3. 홍보타켓 중 단기적 문제

　　- 아파트 밀집지역 서민홍보 및 은행 등 금융권 우선 이행촉진

---

12) 열거한 외국의 가계부채 대책 중 어느 정책을 어떻게 참고하겠다는지가 없다. 단순히 외국의 사례를 나열하는 것은 별 의미가 없다.

13) 대부분이 가계부채 구조개선 종합대책 홍보일정으로 보여진다. 이는 대책 홍보계획이지 11월 중순에 발표예정인 종합대책을 잘 시행하기 위한 추진일정으로 볼 수는 없다. 따라서 이 부분에서는 대책에서 언급한 소득대비 부채비율을 핵심관리지표로 설정하기 위해서 범정부차원의 관리기구를 설치한다던가, 모니터링 위원회를 둔다던가 하는 내용의 조치계획이 포함되어야 하는 것이다. 또한, 전세수요 관련한 금융제도를 정비한다고 했으니 언제 어떤 식으로 금융제도를 정비할 것이라는 내용도 포함되어야 한다.

14) 제목만 보아도 내용을 어느 정도 짐작할 수 있도록 제목을 다는 것이 바람직하다. 가령 '홍보활용자료 검토의견 또는 홍보관계자 회의자료 검토'로 바꾸는 것이 나아 보인다.

15) 홍보목표와 관련하여 구체적이지 않다고 지적하면서 구체적인 목표 설정과 기대효과 나열을 주문하고 있다. 그런데 피평가자 A가 지시하는 내용도 구체적이지 않기는 매한가지다. 적어도 본인이 생각하는 방향을 한두 가지는 구체적으로 열거하면서 보완을 지시하는 것이 현안업무처리의 핵심임을 잊지 말자.

- 홍보방안 관련성 부족: 홍보타겟 설정과 방안이 상이[16)

4. 홍보방안 제안에 있어
   - 신문광고, TV광고, 무가지 광고가 가계부처 정책 검토회의, 홍보회의 등의 일정과 겹쳐 효과적인 홍보안 광고 어려워(일정 조정 필요)[17)

III. 김안정 사무관[18)

1. 금리인하에 따른 빚내기 쉬운 환경이 조성된 것은 사실이나, 정부는 2011. 2. 가계부채 연착륙대책 보고서를 통해 이미 은행권의 가계대출 관리를 강화함. 특히 햇살론, 미소금융 등 무담보 대출을 자금지원기준 등을 개선

2. 과다 허위 대부광고 방지방안 마련

3. 대출중개비용 경감

○ 신용회복 지원자 중 1년 이상 성실 상환자에 대한 긴급 재활자금(4%) 지원규모 확대 등 서민금융기반 강화방안 마련

4. 신규 대출 억제를 위해 은행권의 가계대출 관리를 강화
   * 차주 소득 등 상환능력 확인 관행 정착, 예대율 준수기간 단축, BIS 위험가중치 상향적용

5. 불필요한 신용 이용 억제: 체크카드 사용 활성화를 위한 세제지원

6. 향후 계획

○ 가계부채 적정 증가를 위한 관리방안 이미 시행중 (2011년 2월)

○ 15년 11월 중순 발표예정인 가계부채 구조개선 대책기준 이후 발견되는 미비점도 보완하

---

16) 홍보타겟과 홍보수단의 관련성이 부족하다는 지적은 잘했으나 그래서 어떻게 보완을 하라는 것인지가 잘 드러나지 않는 점은 아쉽다. 15)에서도 언급하였듯이 구체적으로 알맹이 있게 지시하는 것이 피평가자의 생각을 알 수 있고 그래야 평가하고자 하는 관련 역량을 갖추고 있는지 여부를 알 수 있으므로 막연히 보완하라거나, 잘 해 보라는 식의 지시는 곤란하다.

17) 정책검토일정이나 홍보회의 일정 등이 중복되니 일정조정이 필요하다는 지적도 일리 있는 지적이다. 앞서 홍보타겟과 홍보수단의 관련성을 언급했으니 이왕이면 홍보타겟별로 효과적인 홍보매체와 수단을 연계하고 홍보일정도 조정하도록 지시하면 더 설득력이 있었을 것으로 보인다.

18) 이런 유형의 제목은 맞지 않다. 제목만으로도 내용을 추정할 수 있도록 "연합뉴스 보도대응 또는 언론보도 대응조치" 정도로 정하면 될 것 같다.

여 관리해 나갈 것임[19]

IV. 금융정책학회장 심포지엄[20]

* 제목: 외환위기 이후 우리나라의 가계부채 정책 추진계획과 운영

* 목차:

1. 들어가며

  - 외환위기로 인한 가계부채 증가와 그 영향

2. 본론

  - 1997년 외환위기에서의 가계부채 억제 정책

  - 2005년 이후 서브프라임 위기에서의 정책

  - 2014년 가계부채 정책 추진계획

3. 결론

  - 2015년 11월 발표되는 우리나라 가계부채대책 추진계획[21]

---

19) 언론보도 관련 현안업무처리는 보도자료를 작성하는 것이 포인트가 아니다. 그런데 피평가자 A는 보도자료를 작성하는 것을 포인트로 생각하고 대응하고 있다. 언론보도에 대한 대응조치는 보도내용의 사실관계를 확인하여 사실이라면 정부 입장이나 계획을 밝히는 홍보자료를 제시하는 쪽으로 업무를 처리하고, 오보라면 해명자료를 내는 한편 오보의 정도에 따라 정정 보도 요청 등 표준절차에 따라 진행하는 쪽으로 업무를 처리하여야 한다. 현안업무처리에서는 홍보자료를 작성하는 경우에도 전문을 작성하지 말고 작성요지를 정리해서 과장에게 보고하고 대변인실과 협의하여 홍보자료를 어떻게 조치할 것인지를 결정하겠다고 처리하면 충분하다. 홍보자료 작성요지는 이 경우 가계부채 증가 문제를 정부도 심각하게 보고 11월 중순에 종합대책을 발표하기 위해 현재 관계부처와 협의 중이라는 사실을 밝히는 정도면 될 것이다.

20) 제목에 참석건이라는 단어을 첨가하여 "금융정책학회 심포지움 참석건" 정도로 하는 것이 더 적절할 것이다.

21) 피평가자 A는 학회장이 요청한 두 가지 즉, 국장 또는 단장의 심포지움 참석건과 발표할 제목과 목차 요청 건 중 제목과 목차를 정리하는 내용으로 과제를 처리하였다. 그러나 이 경우 더 중요하게 처리할 대상은 국장 또는 단장의 심포지움 참석 건이다. 흔히 외부에서 정부기관에 토론회나 세미나 참석요청이 들어오면 우선 그 단체의 성격이나 위상 등을 알아보고 참석여부를 정한 후 참석할 경우 어느 급에서 참여할 것이지를 검토한다. 금융정책학회의 참석 요구에 대해 추가 정보를 탐색하여 가계부채에 관한 학회 심포지움에 참석하는 것이 정부에 도움이 될 것이라고 판단하면 참석하는 쪽으로 결정을 하고, 어느 급에서 참석할 것인가는 학회의 위상, 심포지움 참석자 면면을 살펴보아 학회에서 국장 참석을 요청했다 할지라도 위원장이나 부위원장이 참석할 수도 있으므로 상황에 맞는 결정을 하면 된다. 또한, 제목과 목차는 이렇게 정리해서 대응할 수도 있지만 26일까지라는 시간적 여유도 있고 참석여부와 참석자 격도 정리되지 않은 상황이므로 신승훈 주무관에게 심포지움 참석문제가 정리되는 대로 제목과 목차를 학회에 보내주도록 지시하는 것으로 충분하다고 본다.

피평가자 B

I. 가계부채 구조개선 종합대책 요약안[22]

1. 현황[23]

○ 주택거래 증가 및 기준금리 인하 등의 효과로 가계대출 양적규모 빠르게 증가

   - 13년 상반기 대비 14년 상반기 0.6조 원 증가

   - 13년 하반기 대비 14년 하반기 18.1조 원 증가

○ 가계소득 대비 부채부담 높아 민간소비 제약

○ 변동금리·일시상환 대출비중 현재까지 높은 수준

○ 저소득층, 영세자영업자 등 취약계층 상환능력 악화

○ 제2금융권 대출, 전세대출 증가 추세로 불안요인 여전함

   - 가계부채 14년 9월 기준 개인금융부채가 1,265.6조 원으로 꾸준히 증가 추세

   - 국가별 소득대비 가계부채 비율 현황

     • 스웨덴, 헝가리, 프랑스, 미국, 스페인 일본: 2008~2010년 사이 최고치 갱신 후 하락세

     • 이태리, 그리스, 노르웨이, 덴마크의 경우 지속적으로 상승세

     • 한국은 2013년 기준 OECD 국가 평균 136.1을 뛰어넘은 160.3으로 지속적인 상승 추세 기록 중

2. 2011년 가계부채 연착률 대책[24]

○ 평가: 가계부채 적정증가를 위하여 은행권의 가계대출 강화 및 체크카드 활성화를 위한 세제 지원 우대 등의 대책은 중·장기적으로도 가계부채 절감을 위한 효율적인 방안으로 보임

---

22) 4과제를 모두 처리하였다는 점이 먼저 눈에 띄는데, 처리 우선순위에 대한 고민 없이 주어진 과제 순으로 처리한 것은 아쉽다. 인바스켓에서 업무처리 우선순위 설정은 중요한 평가요소 중 하나임을 명심하도록 한다. 과제별 제목 붙이기는 적절하게 되어있다.

23) 현황이 5가지로 나열되어 장황해 보이는 것이 흠이다. 현황은 왜 종합대책이 필요한지를 공감할 수 있도록 통계나 사례 중심으로 간단명료하게 작성하면 된다. 더군다나 이 보고서는 최종보고서가 아니라 요약안이라는 점도 감안할 필요가 있다.

24) 잘 정리되어 있다. 한 가지 착안사항은 문제점에서 지적한 포인트는 향후 대책에서 반드시 그 해결방안이 제시되어야 한다. 문제점과 대책이 '따로국밥' 같아서는 곤란하다.

○ 문제점
- 제2금융권 가계대출의 건전성 강화는 필요하나 차주상환능력에 대해 철저히 확인·관리하는 관행 정착에 대한 방안이 부족
- 서민 금융기반 강화를 위한 대책 역시 서민들을 위한 지원과 동시에 여타계층이 시중 전세대출 상품을 이용할 수 있도록 유도하는 방안이 병행 추진되어야 함. 그러나 여타계층에 대한 대안이 누락되어 있음

3. 부채 감소대책 주요방향[25]

단기적으로 해소하기 어려운 문제를 단기플랜과 중·장기적 플랜 병행 추진필요[26]

○ 가계소득과 성장률 격차 축소를 위해 만기상환 위험을 일시상환에서 분할상환으로 변경
○ 금리변동 영향 감소를 위해 변동금리에서 고정금리로 전환 촉진
○ 원리금 상환도 거치식에서 비거치식 전환 필요
○ 전세 수요 쏠림 완화를 위한 금융지원제도 정비 및 저리의 공적 보증부전세대출 서민중심 지원
○ 여타 계층의 시중 전세대출 상품 이용 증가를 위한 세제지원 등의 유인책 마련 필요
○ 국민행복기금의 채무조정, 신용회복 지원 지속 및 효율적 유기적 서민금융 지원 체계 개편 필요
○ 제2금융권 대출 시 차주의 상환 능력을 철저히 확인·관리하는 관행 정착을 위해 관리 프로세스 매뉴얼화 및 홍보강화 필요
○ 노르웨이 부채상환법 제정처럼 법으로 규제할 필요성도 있음[27]
○ 미국의 서브프라임 위기 대책의 벤치마킹과 스웨덴의 부실화 은행에 대한 정부 출자 국유화 조치도 대안으로 검토 필요[28]

---

25) 10가지나 되는 대책을 나열식으로 늘어놓은 것은 곤란하다. 10개의 대책 나열은 핵심 대책이 없는 것처럼 보여질 뿐이다. 이 경우 2~3개의 중분류 제목으로 범주화하고 중분류별로 2~3개 정도의 구체적 대안을 정리하는 것이 바람직하다.

26) 단기플랜과 중장기 플랜으로 구분할 필요가 있다고 피평가자가 강조한 이상 단기와 중장기 대책으로 구분하여 대책을 정리하여야 일관돼 보인다.

27) 법으로 규제할 필요성이 있다는 표현은 애매하다. 자발적 채무변제가 불가능할 경우 법으로 채무변제를 강제하는 노르웨이 방식을 우리도 채택하자고 확실하게 밝히는 것이 간명하다.

28) 검토한다는 표현은 대책으로서 확정되었다는 의미는 아니다. 이러한 애매모호한 입장을 견지하는 것이 현실 세계에서는 정부의 신중한 모습을 보이는 장점도 있지만 역량평가에서는 불리하다는 점을 유념하자. 평가에서는 본인의 생각이 잘 나타나는 명백한 의견 표명이 중요하다.

II. 홍보초안 검토사항

○ 홍보 대사를 신뢰 가는 인물로 선정하여 통일성 있게 광고에 활용할 수 있도록 방안 추가 필요(캐릭터)

○ TV 토론, 예능 프로그램을 편성하여 폭넓은 세대에 노출되어 파급력이 더 확대되도록 추진필요[29]

○ 종합대책 의미 및 기대효과 내용 추가[30]

III. 언론보도 대응[31]

○ 단기적으로 해소될 문제가 아니기 때문에 중·장기적인 대책으로 점진적 해결을 하고 있음

○ 은행과 금융권의 손쉬운 방법으로 수익을 늘리려 하는 가계대출 증가에 대해 정책적으로 제한을 둬 증가하는 가계부채를 잡을 것임

○ 서민들의 대출 지원에 대해서는 상환능력 향상을 위해 비거치식 분할상환을 적극 시행하며 고정금리로 정착되도록 유도할 것임

○ 체크카드 활용의 확대를 위한 홍보와 세제지원 역시 강화하여 가계부채가 점차 줄어드는 생활 습관의 기초 정착 대안도 병행 추진할 것임

---

29) 홍보대사 선정과 TV토론, 예능프로그램 활용을 추가 아이디어로 제시한 것은 신선한 느낌이 든다. 다만, 홍보타겟 설정과 홍보타겟과 홍보매체의 연계와 관련하여 신승훈 주무관의 초안이 갖고 있는 한계를 지적하고 이에 대한 보완지시를 하면서 추가적인 홍보수단으로 홍보대사 및 TV 프로그램을 검토하라고 지시하면 더 적절한 과제처리가 되었을 것이다.

30) 이 내용은 신주무관의 초안에 보면 홍보 목표로 들어있다. 굳이 추가할 필요는 없어 보인다. 김사무관이 할 일은 신주무관의 초안에서 수정이 필요한 사항이나 누락되어 있는 사항을 검토·보완해 주는 일이다. 초안을 보면 홍보시기가 종합대책 이전에 집중되어 있어 시기조정이 필요해 보이고, 홍보타겟으로 은행권이 들어있는 점도 부자연스럽다. 홍보타겟과 홍보매체의 적합성도 검토할 필요가 있어 보인다.

31) 언론보도 대응조치가 보도자료 작성에 그치고 있다. 자료 9에서 과장의 지시는 기사를 검토하고 다각적인 방안을 검토하여 보고해달라는 것인데 보도자료를 만들고 있는 것이다. 주어진 자료를 꼼꼼히 읽고 대처하는 습관을 가져야 한다. 보도 대응은 기본적으로 보도내용의 사실관계 검토에서 출발한다. 보도내용이 사실이라면 대변인실과 협조하여 관련한 정책이나 정부의 향후 계획을 설명하면서 언론의 이해를 구하는 형식으로 사후조치가 이루어져야 하고, 보도내용이 사실과 다르면 해명자료를 배포하는 방식으로 대응한다는 점을 감안하도록 한다.

IV. 2015년 학회 심포지엄[32]

* 제목: 가계부채 구조개선 종합대책과 운영현황

* 목차
1. 현황: 한국 가계부채 현황 및 구조, 한국 기존 5년간 가계부채 추이
2. 가계부채 대안의 문제점
3. 가계부채 구조개선 대책: 단기 대책, 중기대책, 장기대책
4. 국내 가계부채 대책 운영현황: 정부, 금융권
5. 향후 추진일정

---

32) 주어진 자료 10에서 금융정책학회장은 심포지움에 국장(또는 과장)의 참석과 발제문 제목과 목차를 26일까지 보내
   줄 것을 요청하였다. 그러나 피평가자 B는 피평가자 A와 마찬가지로 국장의 참석 건은 제외하고 제목과 목차를 보내
   는 내용으로 업무를 처리하였다. 피평가자 A에 대한 피드백 내용을 참고하기 바란다.

피평가자 C[33]

I. 가계부채 구조개선 종합대책[34]

[문제점][35]
  - 경기 부양만을 고려한 정책기조
    * 현금서비스 확대, 수수료 인하 등을 통한 소비 확대로 경기부양
  - 부채 확대 중심의 정책
    * 전세값 폭등에 따른 전세자금 대출, 대학등록금 문제는 학자금 대출, 실업률에 따른 햇살론, 미소금융

[부채감소를 위한 대책의 주요방향][36]
  - 가계 소득대비 부채비율을 핵심관리지표로 설정하여 관리: 가계부채 성장속도를 경제성장률과 고려하여 관리하여 가계소득과 성장률 격차 해소
  - 주택 담보 대출의 전환유도
    • 주택거래 증가에 따른 거래수요를 뒷받침하는 대출증가는 불가피

---

33) 피평가자 C는 4개 과제 중 언론보도대응을 제외한 3개 과제를 처리했다. 앞서도 언급했지만 현안업무처리는 상당수의 피평가자가 시간에 쫓기므로 모든 과제를 처리하지 못했다고 낙담할 필요는 없다. 다만, 인터뷰 직전에 처리 못 한 과제에 대한 대응방안을 정리하여 인터뷰과정에서 만회할 필요가 있다.

34) 문제점과 부채감소대책의 주요방향으로 목차를 잡았는데 간결한 것도 좋지만 대책 요약 안이므로 기본적인 보고서 틀은 지켜야 한다는 점을 잊지 말아야 한다. 따라서 일반 보고서 순서에 따라 현황-문제점-개선방안-세부계획 순으로 정리하도록 한다. 현황을 누락하지 말고 간명하게 언급하여야 한다.

35) 첫 번째 문제점으로 현금서비스 확대 등 활성화 대책을 예로 들면서 경기부양만을 고려한 정책기조를 지적하고 있다. 두 번째로 부채확대 중심의 정책 -전세자금 대출, 학자금 대출, 햇살론, 미소금융 등-을 들고 있다. 피평가자 C가 들고 있는 위의 두 가지 문제점은 필자에게는 문제점이라기보다 가계부채가 증가하게 된 여러 원인들 중 일부인 것으로 보여진다. 이외에도 저금리기조, 부동산 담보대출한도 증액, 금융권의 소매금융 강화 등 요인도 모두 가계부채를 증가시키는 원인들이다. 그러면 가계부채를 증가시키는 요소들은 모두 다 문제점인가? 바람직한 목표상태와 그렇지 못한 현실 간의 차이를 문제라고 한다. 가계부채 증가가 문제인가? 아니면 가계부채가 소득보다 더 많이 증가하는 것이 문제인가? 해결해야 할 정책과제를 무엇으로 설정하느냐에 따라 대책이나 문제해결방식은 달라지게 된다. 가계부채 대책을 수립하면서 경기부양정책을 문제라고 하면 그 문제를 해결하는 답으로는 경기부양을 약화시키는 정책을 펴야 한다고 해야 한다. 가계부채의 문제점과 가계부채 증가원인을 혼동해서는 안 된다.

36) 본 대책은 과제 자료로 주어진 금융전문가 기고내용을 정리해 놓은 듯한 느낌이다. 비전문가인 피평가자들이 처음 접하게 되는 다양한 이슈의 전문적 대책들을 짧은 시간 내에 생각해낼 수는 없지만 주어진 자료를 바탕으로 재구성하고 뼈대를 추리는 기획역량은 필요하다. 제시된 자료 중 어느 하나를 카피하듯이 나열하는 것은 곤란하다. 예컨대, 주택담보대출의 전환유도 방안이나 서민 대상 공적 보증부 전세대출 구체화방안이 전혀 없이 신문기고 내용을 그대로 옮겨놓는 것은 안 된다. 평가자가 피평가자의 정책기획 역량을 확인할 수 없기 때문이다.

- 따라서 만기일시상환→분할상환, 변동금리→고정금리, 거치식→비거치식으로 전환유도
- 전세에서 월세로 바뀌는 임대시장 구조변화에 대응
  - 서민층 중심의 저리 공적 보증부 전세대출, 타 계층은 시중 전세대출 상품이용 유도
- 기타
  - 고위험·고금리 대출 이용자의 대출구조 개선·금리부담 경감
  - 국민행복기금을 통한 채무조정·신용회복 지원제도 지속
  - 제2금융권의 가계대출 건전성 제고, 구조개선 추진 및 차주의 상환능력 확인·관리 관행정착 유도

II. 신승훈 주무관 e-mail 답신[37]

[보완사항]

1. 가계부채 구조개선 종합대책의 필요성 및 현 상황 포함

○ 가계부채 현황과 문제점

   - 소득 대비 부채부담이 높아 민간소비를 제약 등

○ 가계부채 증가추이 및 OECD 국가 소득대비 가계부채비율 비교

2. 주요 국가의 가계부채 대책 포함

○ 미국 서브프라임 위기대책 등

   - 경기활성화를 위한 재정대책, 금융시장 안정화 대책, 유동성 공급대책

   - 노르웨이 사례(부채상환법 제정하여 가계부채 조징)

   - 스웨덴 사례(부실 저축은행 정부출자 및 국유화조치 등)

---

37) 가계부채 현황과 문제점을 추가하고 주요국가의 가계부채 대책을 포함할 것을 검토의견으로 제시했다. 이러한 검토 의견은 신주무관의 요청과 전혀 동떨어진 내용이다. 자료 8에서 첨부한 자료는 홍보관계자회의에서 논의할 홍보활용 자료이지 종합대책을 수립하거나 검토하는 회의가 아니다. 따라서 홍보타겟 설정과 홍보타겟과 홍보매체의 연계와 관련하여 신승훈 주무관의 초안이 갖고 있는 한계를 지적하고 이에 대한 보완을 지시하고 홍보일정도 조정하도록 지시했어야 한다.

III. 금융정책학회장 이메일[38]

* 제목: 가계부채 대책 추진계획
* 목차
1. 기존 가계부채 구조개선 종합대책의 문제점
    - 국내외 사례분석 및 비교
2. 가계부채 대책의 주요 추진방향
    - 지표설정관리
    - 주택 담보 대출 전환 유도
    - 임대시장 구조변화 대응
    - 기타

---

38) 금융정책학회장은 심포지움에 국장(또는 과장)의 참석과 발제문 제목과 목차를 26일까지 보내줄 것을 요청하였다.
그러나 피평가자 C는 피평가자 A, 피평가자 B와 마찬가지로 국장의 참석 건은 제외하고 제목과 목차를 보내는 내용
으로 업무를 처리하였다. 피평가자 A에 대한 피드백 내용을 참고하기 바란다.

피평가자 D³⁹⁾

I. 가계부채 구조개선 대책⁴⁰⁾

○ 우리나라 가계부채는 OECD 국가 중 계속해서 그 비중이 증가하는 추세를 보이고 있다.

○ 부채비율이 높아짐에도 불구하고 변동금리 및 일시상환 비중이 높아 민간소비 제약, 취약계층의 상환능력 악화 등 위기감이 커지고 있다.⁴¹⁾

○ 이를 위한 대책 마련을 위해 2011년의 정책 평가를 통해 문제점을 파악하고 향후 종합개선안을 모색해 보고자 한다.

○ 2011년도 대책은 가계부채에 대한 중장기적인 대책 마련 없이 단기적인 가계부채 확대를 위한 지원을 강화하여 지금의 지속적인 부채증가 현상이 나타났다.

○ 정책적으로는 가계대출에 대한 관리를 강화했지만 실질적으로는 구조개선을 통해 대출 활성화를 유도하였고, 장기자금 조달을 지원하게 된 것으로 분석된다. 전반적으로 서민들이 부채에 대한 단순한 부담은 덜어 주고 장기적인 부채상환에 대한 심각성에 대해서는 고려하지 않았기에 지금의 가계부채는 엄청난 위험요소로 각 서민들의 가계에 걷잡을 수 없는 결과를 초래하게 되었다.⁴²⁾

○ 가계부채에 대한 실질적인 대책안을 위해서는 현재 직면해 있는 즉각적이고 단기적인 해결책만이 아니라 중장기적인 구조개선과 향후 결과에 대한 종합적인 대응방안 마련도 함께 이루어져야 한다.⁴³⁾

---

39) 피평가자 D도 피평가자 C와 마찬가지로 4개 과제 중 3개 과제를 처리하였는데 처리 못 한 과제의 제목을 적어놓은 점이 다르다. 피평가자 D처럼 제목이라도 적어놓는 것이 아무 조치도 안 하는 것보다는 나아 보인다. 과제 4개를 인식하고 있었는데 시간이 없어서 해당 과제를 처리하지 못했다는 정황을 그대로 보여 주고 있기 때문이다.

40) 피평가자 D의 특징은 목차를 정하지 않고 나열식으로 쭉 써 내려갔고 개조식 대신 완성된 문장형식으로 하였다는 점이다. 그런데 이런 식으로 현안업무처리를 하는 것은 곤란하다. 현안업무처리는 특정 상황에 대한 처리방식을 통해 관련역량을 평가하는 데 그 목적이 있기 때문에 개조식으로 핵심적 사항만 간결하고 명료하게 보여 주면 되기 때문이다. 현안업무처리 시 e-mail 조치할 때 "○○사무관님, 안녕하십니까? 다름이 아니오라 지난번에 지시하신 … (이하 생략)" 식으로 실제 e-mail 보낼 때처럼 하는 경우가 왕왕 있는데 그럴 필요는 없다. 개조식으로 작성하면 충분하다.

41) 현황은 비교적 간단하게 처리되어 있어 괜찮은 편이지만 부채관련 통계나 국제비교등 내용이 없어 아쉽다. 현황에는 추세를 보여 주는 통계나, 관련 사례를 들어주면 관련 이슈의 심각성이나 중요성을 설득력 있게 보여 주게 된다.

42) 정책적으로는 대출관리를 강화했지만 실질적으로는 대출활성화를 유도했다고 지적하고 있는데 그 근거가 명확하지 않아 보인다. 2011대책에도 불구하고 가계부채가 증가하고 있는 것은 맞지만 은행 장기자금조달 지원 등이 서민의 장기적 부채상환에 대한 심각성을 감안하지 않았다고 단정 짓는 것은 논리의 비약으로 보인다.

43) 단기적 대응책과 중장기적 구조개선이 필요하다는 주장은 합리적이지만 단기적 대응책에 관한 내용이 생략되어 있다.

○ 경제성장률을 고려하여 가계부채를 측정하고 이를 반영하여 변동금리보다는 장기적으로 고정금리를 촉진하고, 원금을 중간 상환할 수 있도록 장려하여 서민들의 부채에 대한 부담을 장기적으로 완화할 수 있는 대책을 마련해 주어야 한다.[44]

○ OECD 국가 중 가계부채 비율이 점차 감소하는 미국, 노르웨이, 스웨덴의 경우를 보면 단순히 부채에 대한 방안만을 생각하는 게 아니라 전화위복으로 역으로 경기를 활성화시키고, 금융시장을 안정화시키는 등 보다 적극적이고 긍정적인 계획을 마련한다.

○ 또한 획일화된 정책이 아닌 유동적인 정책조정으로 가계부채를 조정하고, 금융권에 대한 관리감독과 책임을 국가에서 보장하여 국민들의 심리적인 안정에도 긍정적인 영향을 미쳤다.

○ 이와 같이 우리정부는 가계부채 감소를 위한 대책 마련 시 중장기적이고, 유동성 있는 정책을 마련하고, 시민들의 심리적인 안정을 위해 이를 관리하고 감독하는 국가차원의 책임성을 강화해야 할 것이다.[45]

II. 홍보관계자 회의 검토[46]

○ 홍보타켓은 보다 세분화가 필요합니다. 가계부채는 지역별 특성과 연령대 별·가족형태별 등 여러 가지 다양한 형태로 나타납니다. 단순 수도권 및 광역도시로 지역별 홍보가 아닌, 가정 기업, 남녀, 연령별 등 그 대상에 따라 효율적인 홍보 매체나 홍보내용이 다양하게 이루어져야 합니다.[47]

○ 겉보기식 획일적인 홍보는 실질적인 대안을 마련하는데 영향력을 미칠 수가 없습니다. 종합대책에 대한 의미를 전달하고 기대효과를 설명하는 것은 서민들에게 해결방안을 마

---

44) 변동금리 대신 고정금리를 촉진하거나, 원금 중간상환 대책이 장기적 대책이어야 하는지 의문이 든다. 장단기 대책의 분류가 자의적인 것으로 보인다.

45) 해외사례에서 참고할 점을 언급하면서 우리도 중장기적이고 유동성 있는 정책을 마련하고 국가의 책임성을 강화해야 한다고 주장하고 있는데 중장기적이고 유동성 있는 정책이 무엇인지 잘 드러나지 않아 애매하다. 대책은 구체적이어야 한다.

46) 피평가자 D는 개조식 대신 완성된 문장형식으로 하였다. 이런 식으로 현안업무처리를 하는 것은 곤란하다.

47) 홍보타겟 세분화가 필요하다는 점을 강조하면서 지역별 홍보보다 가정, 기업, 남녀, 연령별로 효과적인 홍보매체, 홍보내용 다양화를 강구하라는 지시는 매우 적절해 보인다. 홍보는 홍보대상에 따라 홍보내용도 홍보수단도 달라야 홍보효과를 볼 수 있지 않은가? 이에 덧붙여 보다 구체적으로 예컨대, 가계채무 통계를 담당하는 기관과 협조하여 가계채무 가구의 부채규모, 채무주의 지역별 분포/소득수준/성별/연령별 특징 등을 파악해서 적합한 홍보매체를 선정하고 홍보전문가 협조를 얻어 대상별 홍보내용에 대한 초안도 마련토록 지시하면 더 좋았겠다.

련해 주기 위한 사전작업입니다.

○ 마지막으로 홍보는 그에 따른 사후관리와 피드백이 반드시 이루어져야 효과적인 홍보가 될 수 있습니다. 홍보계획에 사후 홍보매체를 통한 서민들의 피드백을 알기 위한 서포터즈 간담회, 파워블로그를 운영하는 지속적인 홍보계획이 추가되어야 할 것 같습니다.[48]

III. 언론보도 대응지시[49]

○ 우리정부는 중장기적인 가계부채 대책 마련을 위해 종합적인 대책안을 마련하고 있습니다. 단순히 부채를 장려하는 것이 아니라 은행권의 가계 대출관리를 강화하였고, 제2금융권의 가계대출 증가를 억제하였으며, 체크카드 사용 시 세제지원 및 금융소비자 보호 강화를 위한 방안 마련 등을 반영하고 있습니다.

○ 지금의 결론이 나온 것에 대해서는 향후 더욱 보완·반영하여 가계부채에 대한 서민 부담을 완화할 수 있도록 노력하겠습니다.

IV. 가계부채 정책방향[50]

---

48) 홍보 사후관리차원에서 서포터즈 간담회와 파워블로그 운영 등 지속적 홍보계획 추가를 지시한 점도 돋보이는 대목이다.

49) 자료 9에서 과장의 지시는 기사를 검토하고 다각적인 방안을 검토하여 보고해달라는 것인데 업무처리는 보도자료 작성위주로 되어있다. 보도 대응은 기본적으로 보도내용의 사실관계 검토에서 출발한다. 보도내용이 사실이라면 대변인실과 협조하여 관련한 정책이나 정부의 향후 계획을 설명하면서 언론의 이해를 구하는 형식으로 사후조치가 이루어져야 하고, 보도내용이 사실과 다르면 해명자료를 배포하는 방식으로 대응한다는 점을 감안하도록 한다.

50) 시간에 쫓겨 미처 처리하지 못하는 업무라도 이처럼 제목이라도 적어놓는 것이 낫다. 다만, 제목을 '가계부채 정책방향'으로 하면 1번으로 처리한 가계부채 구조개선 대책과 흡사한 것으로 오해될 소지가 있다. 단순하게 심포지움 참석 건으로 정리하여야 한다.

필자 답안

가계부채 관련 현안업무처리[51]

1. 언론보도 대응조치[52]

○ 연합뉴스 보도내용을 검토한 결과 보도내용이 사실이므로 과장님께 홍보자료 작성요지
  를 보고하고 신주무관에게 작성지시

  [홍보자료 작성 요지]

  * 보도내용대로 가계부채가 지속 증가하고 있는 점을 정부도 우려하여 현재 가계부채 구조개선
    종합대책을 수립 중에 있음

  * 가계부채 증가율을 경제성장률과 연계하는 종합대책을 11월 중순에 발표를 목표로 현재 관
    계부처 등과 정책협의 중에 있음을 밝히고 대책에는 상당한 대책이 포함될 것임도 일부 시사.

○ 홍보자료 활용문제를 대변인실과 협조하여 처리

  - 단순히 홍보자료를 배부할 것인지 국장님이나 과장님이 기자실 방문하여 설명할 것
    인지 협의하도록 신승훈 주무관에게 지시

○ 종합대책안이 마련 되는대로 위원장님 또는 국장님 주관 기자간담회를 개최하여 가계부
  채대책을 설명할 것임도 사전 예고

2. 가계부채 구조개선 종합대책 요약안

가. 배경: 2014.8 LTV, DTI 규제 합리화 이후 가계대출 급증하고 있어 특단의 대책이 필요

나. 현황

○ 우리 가계부채는 2000년대 들어 지속적으로 증가: 민간소비 제약

  - '07년 665조→14.9 1,060조

  - 소득대비 부채비율: '06년 137.5→'13년 160.3

    * OECD 평균 비율: '06년 127.2→'13년 136.1

○ 변동금리·일시상환비중 높고 취약계층 상환능력 악화

---

51) 현안업무처리도 각인각색이므로 한 개의 모범답안이 있을 수 없다. 그렇지만 독자의 편의를 위해 필자가 위에 주어진
  자료를 토대로 현안업무처리를 한다면 이런 식으로 처리해 보겠다는 차원에서 가계부채 관련 현안업무에 대한 처리
  내용을 정리해 보았다.

52) 언론대응은 촌각을 다투는 경우가 허다하므로 여러 처리하여야 할 업무 중 우선순위를 1번으로 하여 처리하였다.

- 이자만 상환 중인 주택담보대출: 약 70%

- 저소득층 부채증가율이 고소득층보다 높아

* 1소득분위: 24.6%, 2소득분위: 16.3%, 3소득분위: 9.7%

다. 문제점 및 2011 대책 평가

○ 가계대출 관리 대책의 미흡: 은행권 관리는 다소 효과거양, 풍선효과로 제2금융권 등 대출 증가 초래

- 가계대출 적정증가율에 대한 청사진 부재로 목표관리 실패

○ 가계대출을 고정금리, 비거치식 분할상환을 유도하는 데 미흡

- 이자상환액 소득공제 한도 차등화 정책의 효과 미미

○ 저소득층 부채증가 억제대책 효과 미흡: 미소금융. 햇살론. 새희망홀씨 등 대책불구, 부채 증가율 지속 높아

라. 구조개선 종합대책

○ 가계부채는 구조적 위험이므로 단기 대책과 중장기 대책 병행

○ 기본목표: 가계대출 증가속도를 경제성장률과 연계해 관리

[단기 대책]

- 가계대출 구조개선 대책 강화차원에서 대출구조의 분할상환, 고정금리, 비거치식으로의 전환 촉진

* 소득공제 시 비거치식 원리금 분할상환 등 대폭 우대 필요

- 기존 서민금융대책 재고하고 노르웨이식 부채상환법 제정하여 저소득층 자발적 채무변제 불능 대책 강구

[중장기 대책]

- 경기활성화 재정대책 강구

- LTV, DTI 규제합리화 대책 환원도 부동산 경기 등 상황 감안하여 종전 수준 환원여부도 검토

- 부실채권정리기구 등 설치하여 부실 제2금융권 감독 및 퇴출

마. 세부 실행계획

○ 경제성장률 이내에서 가계부채가 안정될 수 있도록 집중 관리

○ 가계대출 관리 범정부위원회 발족 추진

- 우리위원회 위원장을 팀장으로 하는 범 정부위원회를 구성하여 적정가계대출 증가율

초과사태에 대한 사회적 경고장치 마련

- 부실채권정리기구 및 부동산정책 주기 점검 및 대응조치 검토

○ 가계대출 구조개선 합동점검 T.F.를 구성하고 금융권에 대한 지속적 관리·감독 확행

- 소득공제제도 변경도 병행 추진

○ 부채상환법(안) 마련 및 내년 2월 임시국회 통과 추진

3. 홍보관계자회의 초안 검토의견

○ 출장 후 출근하는 28일 아침에 검토 가능하도록 신승훈 주무관이 아래 의견을 참고하여 초안을 완성하여 주기 바람

○ 홍보타겟 관련

- 먼저, 은행은 가계부채 대책 설명대상이므로 일반 홍보대상으로 보기보다는 정책설명회 대상으로 분류할 필요 있어 보임

- 도시권 아파트 밀집지역 등 지역단위로 홍보타겟을 설정하는 것도 방법이나, 금융권 협조를 얻어 가계부채 활용가구의 성별, 연령대별, 지역별 특징을 분석하고 이에 적합한 홍보수단을 강구할 필요

- 홍보시기는 종합대책 발표 후로 집중하고 일부 홍보는 상시홍보 체제도 강구할 필요

○ 홍보매체 관련

- 홍보매체의 특징과 비용 등은 잘 정리되어 있음

- 단, 홍보타겟에 따라 홍보매체 선정이 달라지므로 홍보타겟 분석이 매우 중요함. 29일 검토회의 전 가계부채 활용가구에 대한 특성 분석 완료토록 조치 요망

○ 사후관리 대책 보완

- 홍보내용에 대한 피드백을 위해 서포터즈 운영계획, 파워블로거 간담회 등 내용도 추가

4. 금융정책학회 심포지움 참석 건

○ 신승훈주무관에게 금융정책학회의 성격이나 회원 구성, 심포지움 참석자 등에 관한 추가 정보 탐색을 지시

○ 학회 성격 및 심포지움 참석하는 국내외 참가자 등에 관한 정보를 바탕으로 국장 또는 단장 참석여부 방침 결정토록 지시

○ 우리위원회 참석자 명단을 학회에 통보하고 26일까지 제목과 목차를 신주무관이 작성, 국장님 또는 단장님 보고 후 학회에 통보토록 지시

* 발표자료 작성은 본인이 귀국 후 작성예정임을 알림

기부 활성화 대책 관련
현안업무처리

기부 활성화 대책 관련 현안업무처리

과제 시행 방법

1단계 50분 동안 자료 검토 및 업무처리 내용을 개조식으로 작성함

* 기획(정책)보고서는 일반 보고서 형식을 (현황-문제점-개선대책-실행계획) 준용하여 A4 용지 1~2쪽 작성함

* 기타 소과제는 현황 및 조치사항을 A4 용지 1쪽 이내로 간결하게 정리함

2단계 20분간 인터뷰 실시

* 현안업무처리에서 평가자는 피평가자가 작성한 보고서를 중심으로 인터뷰를 진행하며, 보고서와 인터뷰 내용을 토대로 평가함

* 인터뷰 과정에서 제공된 자료와 작성한 보고서를 활용할 수 있음

배경상황

◆ 오늘은 2017년 1월 19일 화요일, 시간은 오후 4시입니다.

◆ 귀하는 보건복지부 사회복지정책실 나눔정책팀에 부임한 전기부 사무관이며, 잠시 후 5시에 2주간 해외출장을 위해 공항으로 출발해야 하며, 출장 중 업무공백이 발생하지 않도록 처리하여야 할 업무가 쌓여있는 상황입니다.

◆ 귀하는 앞으로 1시간 이내에 과장님께 보고할 기부활성화 대책에 관한 기획안을 마무리하는 등 현재 추진 중인 업무들에 대해 문서 또는 적정한 형식(e-mail 작성 등)으로 적절한 조치를 취해야 합니다.

팀장의 기부활성화 대책 요구 이메일

보낸 사람	나눔정책팀장
받는 사람	전기부 사무관
받은 시간	2017-01-18 09:27:23
제　　목	기부활성화 대책 마련

전사무관 수고 많습니다. 팀장입니다.

　지난 주말 실장님 주재 간부회의에서 소득양극화 등 최근 경제사회환경이 악화됨에 따라 취약계층이 증가하고 있는데 재정지원만으로 보호대책을 추진하는 데 한계가 있으므로 금년에는 나눔 분위기를 대대적으로 활성화할 필요가 있다는 데 의견이 일치되었습니다.

　이에 따라 우리 팀에서 기부활성화를 촉진하기 위한 기획요약서를 작성하여 이번 주 후반에 개최되는 실장주재 회의에 보고하기로 되어있습니다. 전사무관이 모레부터 해외출장을 가야 하니 내일 중으로 기부활성화 대책 기획보고서 요약분을 이메일로 보고하되, 기부활성화를 저해하는 주요원인과 손에 잡히는 실현 가능한 구체적인 활성화 방안 (외국사례 포함)을 포함하여 작성하기 바랍니다.

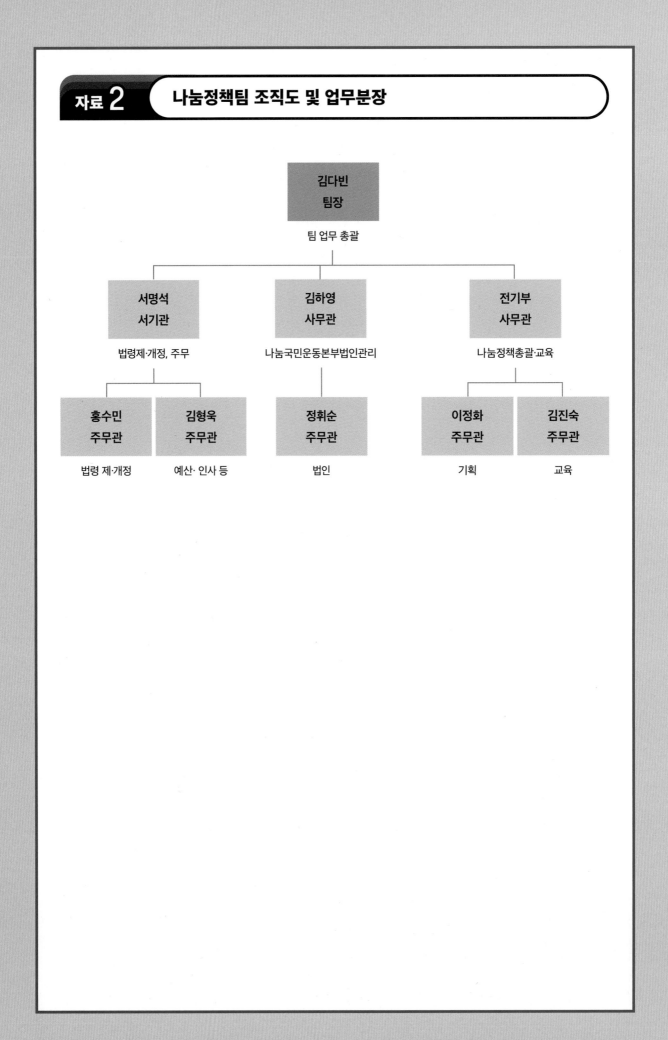

- 2013년 우리나라의 기부총액은 12조 4천 9백억 원으로 '06년 8조 1천 4백억 원에 비하여 1.5배 늘어난 수준
  - GDP대비 기부 총액도 06년 0.84%에서 13년 0.87%로 증가
  - 개인 기부는 7조 8천 3백억 원으로 전체의 62.7%이며, 06년 이후 1.5배 증가
  - 법인 기부는 4조 6천 5백억 원으로 전체의 37.2%이며, 06년 이후 1.7배 증가

(단위: 조원, %)

연도	개인				법인		총계	GDP 대비 비중
	근로소득자	종합소득자	소계					
				%		%		
2006	4.20	1.14	5.35	65.7	2.80	34.3	8.14	0.84
2007	4.15	1.28	5.44	62.1	3.33	37.9	8.76	0.84
2008	4.27	1.40	5.67	62.7	3.38	37.3	9.05	0.82
2009	4.64	1.51	6.15	64.0	3.46	36.0	9.61	0.83
2010	4.86	1.67	6.53	65.1	3.50	34.9	10.03	0.79
2011	5.18	1.90	7.09	63.5	4.07	36.5	11.15	0.84
2012	5.54	2.19	7.73	65.3	4.11	34.7	11.84	0.86
2013	5.58	2.25	7.83	62.7	4.65	37.2	12.49	0.87

주: 근로소득자의 기부금액은 연말정산 시 신고한 기부금액 중 소득공제를 실제로 받은 금액으로 신고금액과는 차이가 있음.

자료: 국세청, 국세통계연보, 각 년도

- 우리나라의 GDP대비 기부총액은 미국(2.0%), 영국(1.47%) 등 국가에 비하여 다소 낮게 나타남

(단위: %)

	한국	미국	영국	캐나다
GDP 대비 기부총액 비율 %	0.87 ('13)	2.0 ('13)	1.47 ('13)	1.35 ('13)

자료: 국세통계연보, Giving USA, Giving and Volunteering in Australia 2014, Giving Newzealand,

『稅 혜택 축소로 직장인 기부위축 현실로‥4월까지 11% 감소
세수 3천억 늘리려다 기부금 年 2조 날아갈 판』

2013년 정부는 세법을 개정하면서 소득공제 대상이던 기부금을 세액공제로 전환, 3,000만 원 이하 기부금에 대해선 일률적으로 15%, 3,000만 원 초과 기부금에 대해선 25% 세금을 공제해 주는 것으로 바뀌었다. 기부 참여자가 가장 많았던 중산층 직장인들은 기존엔 24% 세금감면을 받을 수 있었으나 세법 개정으로 15% 공제만 받게 됐다. 기부 금액이 3,000만 원보다 많은 고소득층 기부자 역시 기존 공제율은 최대 38%였으나 25%로 대폭 축소됐다. 연 1,200만 원 이하는 더 많은 세금공제를 받게 됐지만 이들 가운데 기부에 참여하는 사람은 소수에 불과하다. ○○ 서울시립대 경제학부 교수는 "미국·영국은 '기부가격 탄력성'(세금공제율 변화에 따른 기부행위 변화 정도)이 1이지만 한국은 '기부가격 탄력성'이 7~8로 나타났다."라고 밝혔다. 세금공제율이 1% 줄면 미국은 기부가 1% 감소하지만 우리나라는 7~8%나 감소한다는 뜻이다. 공제율 변화에 한국 직장인들이 얼마나 민감한지 알 수 있다. 한국재정학회 연구 결과는 보다 충격적이다. 최근 재정학회는 "세액공제 전환으로 기부금에서 걷는 세금은 연 3,057억 원 증가하겠지만 연간 기부금은 2조376억 원 감소할 것"이라는 내용의 보고서를 내놨다.

이 같은 전망은 실제 기부 감소로 점차 현실화하는 분위기다. 국내 대표적 법정기부단체인 사회복지공동모금회의 올해 1~4월 직장인 기부금액은 전년 대비 10% 이상 줄었다. 해마다 증가세를 보여 온 직장인 기부가 감소세로 돌아선 것은 이번이 사상 처음이다. 공동모금회는 직장인 기부를 '개인 기부의 근간이자 중심'이라고 의미를 부여해 왔다. 공동모금회뿐 아니라 다른 법정기부단체 직장인 기부도 감소 추세인 것으로 알려졌다. 공동모금회 관계자는 "2014년 귀속분 연말정산 환급이 이뤄졌던 올해 2월을 전후해 기부금에 대한 세제 혜택이 줄어든 것을 직장인들이 체감한 것으로 보인다"며 "세제 혜택이 감소하자 상당수 직장인들이 기존 정기 기부를 해지하거나 신규 기부에 참여하지 않고 있다"고 밝혔다. 그는 "지금까진 해마다 직장인 기부가 늘어왔으며 특히 연초에는 상당히 큰 폭으로 증가했는데, 올해는 연초인데도 두 자릿수 비율로 줄어 대책 마련이 절실하다"고 덧붙였다.

기부금에 대한 세금혜택을 줄인 한국과 달리 주요 선진국들은 높은 세금 지원을 해 주고 있다. 미국을 비롯해 영국 일본 대만 독일 등은 여전히 기부금이 소득공제 대상이다. 예컨대 미국은 개인들의 기부금에 대해 50% 소득공제율을 적용하고 있다. 영국은 기부금의 20% 또는 40%를 공제해준다.

기본적으로 기부금이 소득공제 대상에 포함된 경우, 기부금이 많으면 많을수록 세금 부과 기준이 되는 과세표준이 낮아지므로 낮은 세율을 적용받는다. 그만큼 기부금에 대한 세혜택이 많다고 볼 수 있다. 특히 영국은 기프트에이드(Gift Aid)란 제도를 운영해 기부문화를 촉진하는 것으로 유명하다. 기부금으로 감면받은 세금을 다시 비영리단체에 기부할 수 있도록 유도하는 제도다.

프랑스에선 기부금이 한국과 같이 세액공제 대상이지만 공제율이 매우 높다. 한국은 15% (3,000만 원 이상 고액 기부는 25%)를 공제해 주지만 프랑스는 66%를 공제한다.

소득공제 국가

미국	소득금액의 50% 한도 내 기부금 전액 소득공제
영국	기부금액의 20~40% 소득공제
일본	기부금에서 2천 엔 소득공제

세액공제 국가

프랑스	기부액의 66% 세액공제 (과세소득 20% 한도)
한국	기부액의 15% 세액공제 (3천만 원 이상 25%)

1. 기부문화 확산에 가장 필요한 선결조건에 대한 조사결과

사회지도층과 부유층의 모범적 기부증대가 54.6%로 가장 높고, 기부단체 투명성 19.9%, 나눔에 대한 인식개선 16.7% 순으로 나타남

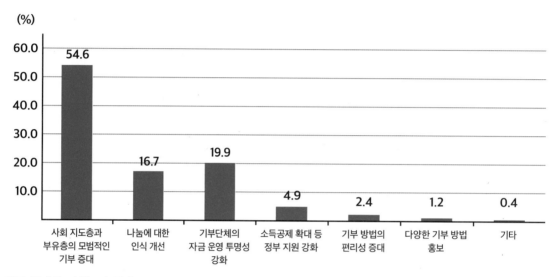

자료: 통계청, 사회조사 원자료, 2013

2. 기부단체 선정 시 고려사항에 대한 조사결과

○ 기부 유경험자는 단체의 투명성이 56.3%로 가장 높고, 기부 사업프로그램 23.0%, 단체의 인지도 8.9%, 단체의 적극적인 홍보활동이 6.4% 순이며

○ 기부 무경험자는 단체의 투명한 운영 52.3%로 가장 높고, 적극적인 홍보활동이 14.2%, 기부 사업프로그램 13.2%, 단체 인지도 7.3% 순

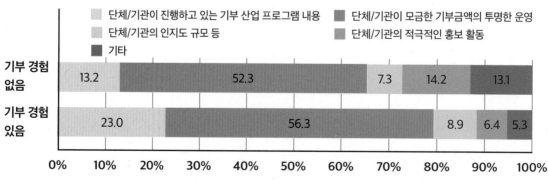

자료: 보건복지부·문화체육관광부, 나눔(모금)과정 윤리성과 투명성 요구에 대한 여론조사, 2014

3. 기부 단체 정보 공개 필요성에 대한 조사결과

○ 기부 유경험자는 81.3%가 매우 중요, 13.1%가 약간 중요,

○ 기부 무경험자는 66.8%가 매우 중요, 24.3%가 약간 중요하다고 응답

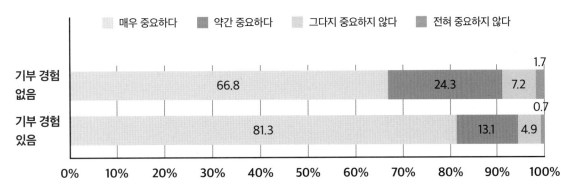

자료: 보건복지부·문화체육관광부, 나눔(모금)과정 윤리성과 투명성 요구에 대한 여론조사, 2014

1. 기부저변 확산

[나눔 가치 확산]

○ 대상별 홍보수단 및 메시지를 차별화, 단계별 연중 전략홍보 실시

  - 나눔대축제 개최 및 나눔과 연계한 지역축제 등을 통한 나눔가치 확산유도

  - 나눔국민대상, 행복나눔인 등 포상확대를 통한 명예감 제고 및 사례확산

  - 유산기부 캠페인 전개: 유력인사들이 유산의 일정부분을 기부토록 유도하는 사회적 실천 분위기 조성 (세미나, 컨퍼런스, 서약식 등)

[기업 사회공헌활동 강화]

○ 기업 사회공헌에 대한 사회적 인정 및 참여동기 강화

  - 기업 우수사례 발굴 '대한민국 사랑받는 기업 대상' 포상확대

  - 기업 나눔활동에 제약이 되는 규제현황 조사 및 장애요인 발굴, 사회공헌 정보제공

○ 민·관 협력을 위한 정부-기업-나눔단체 간 소통 강화

○ 공익 연계 마케팅 전개

  - 기업의 생산과 국민의 소비과정에서 나눔을 실천할 수 있는 '행복나눔 N 캠페인' 참여기업 확대

[나눔의 일상화]

○ 연말연시에 집중되는 나눔에 대한 관심을 일상생활 속에서 손쉽게 실천할 수 있는 나눔 금융상품 개발 보급

  - 예·적금 이자, 신용카드 포인트 일정 부분을 본인명의로 기부

2. 기부제도 다양화 및 세제지원 확대

○ 기부연금제도 도입: 기부액 일부를 연금형태로 받는 계획기부 유형

  - 기부자가 현금, 부동산 등을 공익법인 등에 기부하면 본인 또는 유족에게 기부액의 일정액을 연금 형태로 정기적으로 지급

○ 기부자 조언 기금 활성화

- 기부자가 재단의 기능을 수행하는 펀드에 기부하고, 기부금의 운영 및 배분에 대한 조언의 권리를 가지는 제도

- 금융기관 상품과 결합한 형태의 모델로 파일럿 프로젝트로 추진

○ 세제지원 확대

- 지정기부금 공제 한도 확대

- 공제 한도 초과 기부금 이월공제기간 확대

- 일정요건 충족 시 전문모금기관으로 지정, 법정기부금 세제혜택 부여

  * 전용계좌 개설, 관리운영비용이 기부금 수입금액의 10% 이하

  * 전문모금기관: 사회복지공동모금회, 바보의 나눔

○ 나눔 활동에 대한 정보제공 기능강화

- 나눔실태보고서 작성, 나눔포털 등 주요사이트 연계 등으로 나눔 실태와 흐름에 관한 통합정보 및 참여서비스 제공

- 공익법인의 공시자료(자산 5억 이상)를 활용, 분석·모니터링 실시

○ 나눔단체 투명성 강화

- 기부금품 사용행위까지 검사범위 확대, 나눔포털에 통합공개

- 공익법인 공시내용 상세화를 통한 나눔단체 투명성 공개

- 기부금단체의 기부금 모금, 활용실적 국세정보통신망에 추가 공개

보낸 사람	이정화 주무관
받는 사람	전기부 사무관
받은 시간	2017-01-18 13:25:25
제 목	애로사항

전사무관님! 이정화주무관입니다. 우리부에서 명성이 자자한 전사무관님과 같이 일하면서 많이 배울 수 있는 기회를 갖게 되어 매우 기쁘게 생각하고 있습니다.

다름 아니라 제가 나눔정책팀에서 근무한 지 1년이 넘었는데 애로사항이 있어 전사무관님께 도움을 요청드리고자 이메일을 보내게 되었습니다.

우리팀의 주무업무를 맡고 있는 홍수민 주무관과 근무평정, 팀업무 협조에 있어 힘든 부분이 많습니다. 홍주무관은 법령 제개정을 담당하고 저는 정책 기획업무를 하다 보니 자주 업무가 겹쳐지는 경우가 발생하곤 합니다. 어차피 기획파트의 주요 부분이 법령으로 구현되는 경우가 많으니까요. 그런데 홍주무관이 나이가 더 많은 저에게 이래라저래라 아랫사람 부리듯 하기도 하고 서명석 서기관님 지시라면서 법령 제개정 작업에 필요하지도 않은 정책검토사항을 요구하기도 합니다. 어린 후배가 이런 식으로 저를 대하는 것은 아닌 듯하여 몇 차례 홍주무관에게 지적하고 시정을 요구하였지만 전혀 반응이 없는 상황입니다. 그리고 저도 사무관 승진을 앞두고 근평관리가 절실한데 제가 우리팀에 늦게 합류하기는 하였지만 홍주무관이 지난 두 번의 근평에서 저보다 상위점수를 받았습니다. 홍주무관은 저보다 주사 승진 연도가 2년 늦습니다. 물론 근평이 경력순으로 되는 것은 아니지만 저도 지난 1년 동안 기획업무를 담당하면서 열심히 하고 또 여러 가지 성과도 내고 있으며 한편으로 많은 보람도 느끼고 있습니다. 전사무관님이 제 신상관리문제에 많은 관심과 지원해 주시기를 기대합니다.

보낸 사람	김진숙 주무관
받는 사람	전기부 사무관
받은 시간	2017-01-17 10:15:25
제 목	업무 애로사항

전사무관님! 김진숙 주무관입니다.

새로 부임하셔서 여러 가지로 바쁘신 줄은 알지만 긴히 말씀드릴 사항이 있어 이렇게 메일을 보냅니다.

저는 그동안 사회공동모금회에서 근무하다가 2개월 전에 팀장님 요청으로 나눔정책팀에 파견 근무 중에 있습니다. 제가 맡은 업무는 교육업무인데 사실 이 업무가 매우 생소할 뿐더러 우리 팀 업무 전반에 대한 기본지식이 있어야 다양한 수요가 있는 교육 프로그램을 맞춤형으로 개발할 수 있는데 이러한 업무를 담당하기에는 아직 역부족입니다. 나름 열심히 하고는 있으나 팀장님 보기에 매우 미흡할 것으로 생각됩니다. 그리고 같이 근무하는 이정화 주무관이 꽤 도와주기는 하지만 사사건건 물어 가면서 일을 처리할 수도 없어 제 나름대로는 고충이 이만저만이 아닙니다. 저는 옆의 정휘순 주무관이 담당하고 있는 법인 관리업무가 제가 잘할 수 있는 분야라고 생각합니다. 제가 사회공동모금회 소속이기도 하고 여러 민간단체와 네트워킹도 잘 되고 있기 때문에 그 업무를 하면 팀에도 저에게도 도움이 되리라고 봅니다.

전사무관님, 오시자마자 업무변경이라는 무거운 짐을 드리게 되어 죄송한 마음입니다. 그러나 제가 교육업무를 계속 맡게 되면 전사무관님에게도 누가 되고 짐이 될 것이므로 미리 이런 저의 속사정을 말씀드리고 해결책을 찾는 것이 낫겠다 싶어서 말씀드리는 것이니 팀장님과 상의하여 좋은 방법을 찾아주시면 감사하겠습니다.

김진숙 드림

기부 활성화 대책 관련

현안업무처리와
피드백

■ 다음의 실제 현안업무처리 사례를 토대로 어떤 부분이 잘 되었고 어떤
   부분이 개선되어야 할 점인지를 살펴보기로 한다.

■ 피드백 대상은 피평가자가 작성·제출한 보고서와 인터뷰 과정에서 언급
   한 발언내용이다. 다만, 인터뷰 시 발언내용은 보고서 내용을 수정·보완
   하는 것으로 정리되었음을 밝힌다.

■ 피드백 내용은 하단에 주석으로 정리한다.

피평가자 (가)

I. 기부활성화 방안

1. 배경
○ 소득 양극화 등 경제사회 환경 악화→취약계층 증가
○ 재정지원만으로 보호대책 추진 한계→나눔 분위기 활성화할 필요

2. 현황
○ 기부총액[1]
  - 총액: '13 (12조 4천) ← '06 (8조1천): 1.5배 증가
  - GDP 대비: '13 (0.87%) ← '06 (0.84%)
  - 소득공제→세액공제로 전환: 연 2조 376억 감소(추정)[2]

3. 기부활성화 저해요인[3]
○ 단체의 불투명성 (보사연 연구결과 56.3%)[4]
○ 세액 공제로 전환 (기부방식)[5]

---

1) 기부활성화 보고서를 작성하는 데 있어서 현황부분은 자료(3)에 정리되어 있으므로 이를 토대로 간단히 작성하면 된다. 현황을 작성함에 있어서 가장 유념할 것은 특징(핵심)을 잡아내야 한다는 것이다. 특징을 찾아내는 가장 간단한 방법은 증가/감소/정체와 같은 추세가 보이는지를 살펴보거나 제시된 통계자료를 비교해 보는 것이다. 본 자료(3)은 '우리나라의 기부는 지속 증가 중이지만 선진국에 비하여 아직은 낮은 수준'이라는 점을 통계로 보여 주고 있으므로 이를 정리하기만 하면 된다. 현황을 정리할 때, 이왕이면 보고서를 읽는 평가자를 고려하여 [기부총액]으로 하는 것보다는 [기부금이 증가 중]이라고 특징을 먼저 보여 주고 그 아래에 위 보고서와 같이 쓰면 좋을 것이다. (화살표를 본문에서처럼 역방향으로 하는 것이 필자에게는 어색하지만 그 나름대로 장점도 있어 보이므로 화살표의 순방향 채택여부는 독자의 판단에 맡기겠다)

2) 현황부분에 전망을 포함할 수도 있으나 세법개정으로 인한 기부금 감소는 제도변경으로 인한 것이므로 단순한 전망이라기보다 기부활성화를 저해하는 문제점으로 보아야 한다.

3) 자료(1)을 보면 팀장의 지시에 '기부 활성화 저해요인' 분석이 포함되어 있으므로 이 보고서에서 두 번째 소제목으로 '활성화 저해요인'을 잡은 것은 적절하다.

4) 기부활성화 저해요인은 자료(4)와 (6)을 참고하면 된다. 피평가자 (가)는 자료(6)의 두 번째 설문조사 내용을 인용하여 '단체의 불투명성'을 저해요인 첫 번째로 들고 있는데 이 설문은 기부단체 선정 시 고려사항에 관한 것이다. 이것보다는 1번 설문인 기부문화 확산의 선결조건에 관한 조사내용 중 압도적 1위로 응답한 '지도층과 부유층의 모범이 부족하다'는 내용을 저해요인으로 지적하는 것이 더 객관적이다.

5) 기부 활성화 저해요인으로 세액공제 전환을 지적하고 있는 것이 얼핏 보면 적절해 보일 수 있다. 그러나 기부가 줄어들 것으로 예상되는 이유는 세액 공제로의 전환이라기보다는 기부에 따른 감면규모가 종전의 소득공제방식보다 줄어드는 데 있다. 개정된 세법하에서도 세액공제율을 높이면 기부가 활성화할 수도 있으므로 세액공제로 전환된 것이 저해요인이라고 단정하는 것은 정확한 원인 진단이라고 할 수 없다. 만약 세액 공제로의 전환을 저해요인이라고 하게 되면 소득공제 방식으로의 환원을 그 개선 대책으로 들어야 한다.

○ 홍보 부족 (14.2%)[6]

4. 활성화 방안[7]

○ 나눔단체 투명성 강화[8]

　– 기부금품 사용행위 검사범위 확대

　– 공익법인 공시내용 상세화

　– 모금·활용실적 추가 공시

○ 세제지원 확대: 공제한도 확대[9], 초과기부금 이월공제기간 확대

○ 홍보 강화[10]

　– 대상별 홍보수단 및 메시지 차별화, 단계별 연중 홍보

　　* 지역축제 나눔 국민대상 등 사례 확산

　– 유산기부 캠페인 전개

　– 유력인사 유산 일정기부 유도

　– 기금연금제도 도입 등

　　* 기업우수사례 발굴, 공익연계 마케팅 전개

---

6) 피평가자 (가)는 자료(6)의 두 번째 설문조사 결과를 인용하여 '홍보 부족'을 세 번째 저해요인으로 들고 있는데 이 설문은 기부단체 선정 시 고려사항에 관한 것이므로 기부활성화와 전혀 관련이 없다고 할 수는 없지만 거리가 멀다.

7) 앞에서 저해요인으로 들고 있는 세 가지 내용과 여기 활성화 방안에 나와 있는 세 가지 내용의 소제목이 연계되어 있는 점은 잘 되어 있다. 문제점과 그 개선방안이 세트로 연결되어야 설득력이 있고, 체계적인 것으로 평가되기 때문이다. 그런데, 저해요인 자체가 제대로 정리되어 있지 못한 상태에서 이와 연계하여 활성화 방안을 언급하다 보니 활성화 방안의 설득력이 부족해졌다. 첫 단추를 잘 못 꿰맨 결과이다. 활성화 방안은 저해요인으로 지적한 사항들에 대해 자료(5)와 자료(7)을 중심으로 작성하면 된다. 자료에 없는 내용을 굳이 추가할 필요는 없다.

8) 기부단체 투명성 강화는 자료(7)의 맨 마지막부분에 들어있다. 활성화 방안의 마지막에 위치되어 있는 방안이 제일 중요한 대안일 수 없는데 이것이 제일 핵심적인 활성화 방안으로 취급되고 있어 이 보고서의 품질을 떨어뜨리고 있다.

9) 공제한도 확대는 소득공제로 환원하자는 것인지 세액공제의 공제율을 높이자는 것인지 불분명해 보인다. 세액공제의 공제율을 높이자는 주장이라면 예컨대 프랑스 사례를 인용하면서 현행 15~25%에서 ○○%로 올리자고 구체적으로 주장하는 것이 바람직하다.

10) 홍보부분에서 지적할 점은 2가지다. 하나는 홍보와 관련 없는 내용이 포함되어 있다. 예를 들어 기금연금제도 도입이나 기업 우수사례 발굴, 공익 연계 마케팅 등은 별도의 소제목으로 처리될 사항이지 홍보로 분류될 성질은 아니다. 홍보로 분류되는 내용 중 유산기부 캠페인이나 유력인사 유산기부 등 내용은 대상별 홍보수단과 병렬적으로 처리할 사안이 아니라 지역축제 나눔처럼 대상별 홍보 수단 및 메시지 차별화의 내용으로 분류해야 한다. 또한, '유력인사 유산기부'는 유산기부 캠페인의 내용으로 포함되어야지 별도로 뺄 성질은 아니다. 문제점이나 대책을 언급할 때 각 항목의 분류는 보고서의 품질에 매우 큰 영향을 주므로 유의해서 정리하도록 한다.

II. 이정화 주무관 고충[11]

○ 법령 제개정과 정책기획업무는 바늘과 실, 업무협조 절대적

    – 정책검토사항은 향후 사무관을 통해 협조

○ 서명석 서기관, 홍주무관과 직접 개인 미팅: 오해소지 제거 노력

    – 향후 4명이 주기적 업무 협의[12]

○ 과 내 업무성과가 좋아야 두 주무관 모두 근평 잘 받게 됨

    – 앞으로 기획업무 성과제고에 같이 동참·지원하겠음

    – 성과를 바탕으로 근평에 반영되도록 팀장께 건의[13]

III. 김진숙 주무관 고충

○ 먼저 법인관리 업무를 제대로 파악할 필요[14]

---

11) 이정화 주무관의 고충은 두 가지다. 따라서 두 가지 고충에 대한 피평가자의 업무처리 방향을 개조식으로 작성하면 된다. 두 가지 고충 중 더 의미 있는 고충은 6급 경력이 2년 짧은 홍주무관보다 근무평정을 못 받고 있다는 점이므로 두 가지 고충을 별도의 소제목으로 구분하여 작성하는 것이 더 일목요연해 보인다 (소제목 1. '근무평정 문제' 소제목 2. '홍주무관과의 업무처리 갈등').

12) 현실적으로도 업무추진과정에서 직원들 간에 발생하기 쉬운 갈등 유형이다. 특히 주무업무를 나이 어린 직원이 담당하는 경우에 이런 유형의 갈등이 종종 발생한다. 이런 경우 직속 상사는 어떤 입장과 원칙을 가지고 대처해야 하는가? 피평가자 (가)처럼 주무업무를 담당하는 서명석 서기관과 홍주무관을 직접 만나서 오해 소지를 없애도록 하는 것도 하나의 방법일 수 있다. 필자라면 먼저 이정화 주무관의 이메일 내용에 대한 사실 확인부터 할 것 같다. 이주무관으로부터 구체적인 사례를 확보한 다음에 홍주무관을 만나 사실을 확인하고 사실이라면 홍주무관에게 주의를 촉구하고 양자 간 업무협조의 의미와 중요성을 강조할 것이다. 두 주무관에게 업무갈등은 우리 팀의 업무성과에도 악영향을 주고 팀 근무 분위기도 해친다는 점 등 상호 '협조와 지원'의 중요성을 강조하여야 한다. 그 후 유사한 갈등상황이 재발되지 않도록 피평가자처럼 4명이 주기적으로 업무를 협의하던가 아니면 자료 협조 방식에 대해 서명석 서기관과 협의하면 될 것 같다.

13) 전사무관은 이주무관이 홍주무관보다 근평을 낮게 받은 이유를 모르는 상황이다. 즉, 근평권자인 팀장이 업무성과를 바탕으로 근무평정을 했는데 이주무관의 성과가 낮아서 홍주무관보다 낮은 평가를 받은 것인지 아니면 다른 원인으로 낮은 평가를 받았는지 정확히 알지 못하고 있다. 따라서 업무성과를 잘 내면 근평을 잘 받을 수 있으니 업무성과 제고를 도와주겠다고 언급하는 것이 효과적인지 아닌지 속단하기 곤란하다. 그보다는 먼저 팀장에게 근평 관련 사항을 문의하여 왜 이주무관의 근평이 낮은지를 파악하는 것이 나아 보인다. 그런 후에 낮은 업무성과가 문제였다면 같이 성과를 내서 근평을 잘 받도록 독려하는 한편 본인도 이주무관이 성과를 낼 수 있도록 적극 도와주겠다고 하면 동기부여가 될 것으로 보인다. 만약 낮은 근평의 주원인이 업무성과가 아니라 직원 간 업무갈등처럼 팀워크 등 다른 데 있다면 그에 상응하는 해결방안을 제시해야 한다.

14) 김진숙 주무관의 고충은 일하기 힘드니 다른 업무로 변경해달라는 내용이다. 이러한 내용의 고충을 해결하는 기본 방향은 업무수행이 어렵지 않도록 일하는 방식이나 환경을 전환시켜 주거나, 가능하다면 직원이 원하는 대로 업무를 변경해 주는 것이다. 이 현안을 처리함에 있어 맨 먼저 '법인관리 업무를 제대로 파악한다'고 하는 것은 순서가 맞지 않는 일처리다. 법인관리 업무를 파악하는 것은 김주무관의 업무를 변경시키고자 할 때 과연 그 업무가 김주무관에게 적합한지 여부를 알아보기 위해 해야 할 일이다.

○ 기획과 교육은 정책과 홍보처럼 하나의 업무→같이 하면 시너지[15]

○ 정휘순 주무관과 협조하여 법인과 연계한 교육으로 성과 제고[16]

 – 필요시 팀장, 김하영 사무관과 직접 협의 및 지원

○ 이후 일정기간 경과 후 성과를 재검토·논의[17]

---

15) 굳이 언급할 필요가 없는 내용이다.

16) 법인관리 업무와 교육업무를 연계하여 성과를 제고하겠다는 것은 본 현안의 처리와 관련이 적어 보인다. 김주무관이 제기하는 고충은 교육업무가 자기에게 맞지 않고 힘들다는 것일 뿐이지 법인관리와 연계하면 교육업무가 더 원활하게 될 것이라고 주장하는 것이 아니다. 더군다나, 이 문제를 팀장 및 담당 사무관과 협의한다는 것은 개인의 고충을 팀 내 업무구조 문제로 비화시키는 꼴이다.

17) 개인의 고충을 팀 내 업무성과를 제고하는 기회로 활용하는 자체는 괜찮은 발상이지만 그렇게 한다고 김주무관의 고충이 해결되는 것은 아니다. 김주무관의 고충이 법인관리 업무와 교육업무가 연계되지 않아서 생긴 문제가 아니기 때문이다.

피평가자 (나)

I. 나눔 활성화 대책

1. 현황
○ 우리나라 GDP 대비 기부총액은 낮은 편임 (0.87%)
- 미국 (2%), 영국 (1.4%), 캐나다 (1.35%)
- 다행히 '13년 기부총액은 '06 대비 증가: 개인 및 법인 모두[18]

2. 문제점
○ 소득공제 대상 기부금 세액공제 전환[19]
- 세혜택 축소로 직장인 기부 위축
  * 세액공제 전환 시 세금 연 3057억 증가, 기부금 2조 376억 감소
○ 선진국에 비해 낮은 세금 지원[20]
- 미국: 기부금의 50% 소득공제
- 영국: 기부금의 20~40% 소득공제
- 프랑스: 66% 세액공제 (우리나라 15% 세액공제)

3. 개선방안 (활성화 방안)[21]
○ 기부제도 다양화 및 세제지원

---

18) 기부에 관한 통계를 외국과 비교·인용한 것은 적절하다. 다만, 보고서에서 '다행히'라는 용어를 사용하는 것은 어색하다. 그리고 통계가 생략된 채 기부총액이 증가했다는 식으로 기술하는 것도 추상적이라는 느낌을 준다.

19) 기부금을 소득공제에서 세액공제로 전환한 것이 문제점인지, 아니면 세액공제율이 낮아 세금 혜택이 줄어든 것이 문제점인지를 정확하게 짚어야 핵심을 파악하는 역량이 있다고 평가받는다.

20) 우리나라의 낮은 세금 지원을 문제점으로 강조하려면 15% 세액공제를 (제대로 하려면 15~25%로 표기했어야 함) 맨 먼저 언급하고 미국 등 외국사례는 당구장 표시로 처리하는 것이 좋았을 것 같다. 그리고 영국의 20~40% 소득 공제와 우리나라 15~25% 세액공제 중 어느 나라가 세금혜택이 적은지는 확인이 필요할 것 같은데 영국보다 우리가 당연히 낮다고 표현한 것은 성급한 표현이 될 수도 있다.

21) 개선방안에 들어있는 내용과 앞서 문제점으로 지적한 내용이 아귀가 맞지 않는다. 문제점과 대책은 상호 연계되어야 한다. 그리고 피평가자가 판단해 볼 때 가장 핵심적인 문제점부터 서술한다. 그러면 대책도 자연스럽게 첫 번째 문제점에 대한 대안부터 서술하게 되어 논리적이고 일관된 느낌을 준다.

- 기부연금제도 도입, 세제지원 확대, 공제한도 확대 등[22]
○ 기부문화 저변확대[23]
　　- 나눔 가치 확산, 기업사회공헌활동 강화, 나눔 일상화
　　- 행복의 나눔 캠페인
○ 프랑스 등 주요 선진국 수준의 세금 지원 및 공제율 인상[24]
　　　* 영국의 기프트에이드제도 (기부문화촉진) 벤치마킹

II. 이정화 주무관 애로사항 해소

○ 홍주무관과의 업무중복 관련
　　- 해외출장 후에 검토하고,[25] 사무관으로 하여금 중복업무 업무분장 실시토록 지시[26]
○ 근평 문제는 시간을 두고 검토
　　- 좀 더 열심히 직무에 충실, 차기 근평 시 고려[27]

---

22) 개선방안은 알맹이 있는 구체적 대안 중심으로 작성하여야 한다. 세제 지원 확대나 공제한도 확대와 같은 일반적인 방향성만 주장하는 것은 구체적이지 못하다. 이왕이면 세액공제율을 프랑스 수준으로 높인다거나, 아니면 종전의 소득공제 방식으로 환원하자는 식으로 구체적으로 대안을 제시하도록 한다.

23) 이 개선방안은 문제점으로 전혀 언급하지 않은 것이기 때문에 왜 이러한 개선방안이 필요한지를 설명하지 못한다. 개선방안의 내용도 자료(7)에 들어 있는 소제목을 나열하고 있을 뿐이다. 제공된 자료를 토대로 핵심 문제점과 핵심 대책을 발굴하고 논리적으로 연결하는 훈련이 필요하다. 자료 (7)에 들어있는 내용을 그대로 옮겨 적지 말고 본인이 중요하다고 판단한 개선방안을 중심으로 작성하여야 한다.

24) 이 부분은 첫 번째 개선방안의 세제 지원과 중복되는 내용이므로 별도 방안으로 분리하지 말고 첫 번째 방안과 합쳐서 작성되어야 한다. 그리고 주요 선진국의 세금 지원 제도가 각각 상이한데 주요 선진국 수준으로 지원하자는 주장은 너무 막연할뿐더러 세액공제율을 높이자는 건지 아니면 소득공제 방식으로 전환하자는 건지도 알 수 없다. 이런 주장은 발표자가 문제의 핵심을 제대로 이해하고 있는지에 대해 의문을 갖게 한다.

25) 이정화 주무관의 고충을 업무중복과 근평 두 가지로 정리한 것은 깔끔하다. 그러나 현안업무처리 평가기법에서 '출장 후에 검토한다'는 태도를 취해서는 안 된다. 일반적으로 현안업무처리는 출장 등 상황을 전제로 짧은 검토시간만 부여하고 처리해야 될 여러 업무들을 어떻게 다루는가를 평가하는 기법이므로 출장 후 검토하겠다고 하면 평가 대상 역량을 평가할 수 없게 된다. 현실에서는 출장 후 검토하자고 하기 쉽지만 역량평가를 현실과 혼동해서는 안 된다.

26) 이정화 주무관의 고충을 처리해야 하는 사람이 바로 전기부 사무관인데 사무관으로 하여금 업무분장을 실시토록 지시한다는 것은 고충 처리자가 팀장이어야 가능하므로 발표자가 착각한 것 같다.

27) '근평을 시간을 두고 검토한다'는 입장은 방관자적 무책임한 모습으로 비쳐지기 쉽다. 고충을 제기한 이주무관 입장에서 '열심히 직무에 충실하면 차기 근평에서 고려한다'는 상사의 반응을 접하면 어떤 느낌이 들까? 상사가 부하 직원의 고충을 해결하고자 하는 진정성도 없고 동기부여도 시키지 않는 무책임한 상사로 보여질 수 있다. 근평이 기대보다 낮은 이유를 파악하여 좋은 근평을 받을 수 있는 방법을 모색하고 부하 직원의 승진문제를 진지하게 고민하고 도와주는 상사의 모습을 대부분의 부하직원들은 기대하고 있을 것이다.

III. 김진숙 주무관 애로사항

○ 업무 부적응 관련, 좀 더 시간을 두고 검토[28]

- 정휘순 주무관의 법인 업무 희망 건에 대해서는 업무 수행기간, 정주무관의 의견 등을 감안하여 결정[29]

- 다만, 경험이 적어 업무처리에 애로 호소하는 것이므로 이주무관에게 도움을 더 요청토록 하고, 출장 후 추가 논의[30]

---

28) 앞서의 지적과 동일하게 현안업무처리 시 '검토한다'는 태도는 지양해야 한다.

29) 팀 내 업무 분장의 변경과 인사 이동은 일방 당사자의 희망만으로 되는 것은 아니므로 법인업무를 담당하는 정주무관 관련사항도 당연히 감안하여 결정하겠다는 처리방식은 적절해 보인다.

30) 이정화 주무관에게 도움을 요청하기가 어렵다는데 이주무관에게 요청하라고 하는 것은 김진숙 주무관의 고충을 해결하는 방법이라고 하기 어렵다. 업무 분장을 바꾸는 방법외에 교육업무를 덜 어렵게 하는 환경을 조성해 주는 것도 고충해결 방법이므로 김주무관이 갖고 있는 교육업무 애로사항이 무엇인지를 정확히 파악하고 이에 따른 해결방법을 제시해야 한다.

피평가자 (다)

I. 기부활성화 대책 보고서

1. 추진배경
○ 소득 양극화 등 최근 경제사회환경 악화와 취약계층 증가
○ 재정지원 만으로는 한계가 있어 기부 활성화 필요

2. 기부현황[31]
○ '06년 8조 1천억에서 '13년 12조 4천억으로 1.5배 증가
   - 개인기부: 62.7%, 1.5배 증가
   - 법인기부: 37.2%, 1.7배 증가
○ GDP 대비 기부총액은 0.87%로 미국 (2%) 등에 비해 미약

3. 기부 활성화 저해요인
○ 소득공제에서 세액공제로의 세법개정(2013)으로 기부가격 고탄력성 영향[32]
   - 중산층은 기존 24% 세금감면에서 15%만 공제
   - 고소득자도 최대 38%에서 25%로 축소
○ 기부단체 투명성에 대한 신뢰 저조[33]
   - 설문조사 결과, 기부단체 선정 시 54% 정도가 투명성 고려
   - 기부단체의 정보공개가 필요 (기부 유경험자의 81%가 중요하다고 응답)

---

31) 통계를 인용하면서 핵심 위주로 간명하게 잘 정리하고 있다.

32) 세액공제로 변경된 것이 기부가격 고탄력성에 영향을 주고 있다는 지적은 논리적이지 못하다. 자료 (4)에 의하면 우리나라 직장인의 기부가격 탄력성이 세액공제 때문에 높아진 것은 아니기 때문이다. 세액공제로 세법을 개정하면서 공제율이 축소되어 기부금이 줄어들고 있는 것을 저해요인으로 지적하는 것이 더 타당할 것이다.

33) 기부단체에 대한 신뢰 저조를 기부 활성화 저해요인으로 들고 있는 점은 일리있다. 그러나 자료 (6)의 설문 1을 보면 기부단체 투명성보다는 사회지도층 등의 모범적 기부 증대가 두 배 이상 중요한 것으로 되어 있다. 기부단체의 투명성은 기부단체를 선정할 때 제 1의 요소로 고려하는 변수이므로 (설문 2 참고) 발표자가 세 번째로 들고 있는 내용을 두 번째 저해요인으로 지적하고 기부단체의 신뢰문제를 다음 문제점으로 제기하는 것이 더 설득력이 있을 것이다.

○ 사회지도층 모범적 기부활동 미흡 (→의식개선·홍보 노력 시사)[34]

　　- 기부문화 확산 선결조건 설문조사 결과 54.5%가 선정

4. 기부문화 활성화 방안[35]

○ 세제혜택 확대·강화 (세액공제 기조는 유지) [중장기][36]

　　- 프랑스 수준으로 기부액의 65% 공제

　　- 지정기부금 공제한도 확대

○ 기부단체 투명성 신뢰제고 [단기·중기][37]

　　- 감사범위 확대: 기부금품 사용행위 전반

　　- 정보공개 강화: 기부금품 사용행위와 공시내용 상세화 (공익법인), 모금내역 등을 나눔포탈과 국세인터넷에 공개 의무화

○ 의식개선 홍보노력 강화 [장기]

　　- 단계별 연중 전략홍보: 지역축제로 나눔가치 확산유도, 유산기부 캠페인 (서약식) 등으로 사회적 실천분위기 조성

　　- 기업사회공헌에 대한 참여동기 강화: 기업 우수사례 발굴·포상[38]

　　* 세제혜택, 지원금 대상 선정

---

34) 의식개선과 홍보노력을 시사한다는 괄호안 표현은 문제점에서 굳이 할 필요는 없다. 문제점에서 지적한 내용을 개선방안에서 매치해 서술하면 충분하다.

35) 팀장의 지시사항은 '기부 활성화 방안'을 작성하라는 것이므로 '기부문화 활성화 방안'으로 제목을 붙이는 것은 바람직하지 않다. 요구된 상황에 충실하게 작성하는 것이 좋다.

36) 개선방안을 1, 2, 3으로 나열하기보다는 단기 대책과 중장기 대책 등으로 범주화해서 정리하면 훨씬 구조화된 느낌을 준다. 피평가자 (다)가 이런 범주화 노력을 한 것은 잘 한 것이지만 이러한 범주화를 문단의 앞에서 시작하지 않고 후반부에 배치한 것은 아쉽다.

37) 기부단체의 투명성 제고방안도 제도개선 사항이므로 단기적으로 해결될 수 있는 사안이다. 굳이 중기대책으로 분류할 필요가 없어 보인다.

38) 의식을 개선하는 개선방안은 장기대책으로 추진할 사안이겠지만, 지역뒷부분에 배치한 것은 문제가 있다. 거기에다가 중장기, 단기/중기, 장기로 구분하고 있어 MECE 원칙에 위배될뿐더러 체계적이지도 못해 혼란스럽게 보여진다. 범주화 항목을 먼저 정하고 거기에 대책을 기간별로 구분하여 배치할 필요가 있다. 예컨대, 의식개선은 효과가 빨리 나타나지 않으므로 중장기 대책으로 위치시키고 제도개선이나 홍보대책은 비교적 짧은 시간 내에 효과를 볼 수 있으므로 단기 대책으로 정리하는 것이 상식적이다. 세제 혜택을 강화하는 방안은 정책의지만 있다면 1~2년 이내에 추진할 수 있으므로 이 방안을 중장기 대책으로 분류한 것은 이해되지 않는다. 축제, 유산기부 캠페인, 기업 우수사례 발굴 등의 대안은 손쉽게 추진 가능하므로 이를 장기대책으로 분류할 필요는 없다.

II. 업무분장 재조정[39)]

1. 원인: 나눔정책 총괄·교육부서 내 직원 고충

2. 방향
○ 업무 중복분야 재조정: 두 주무관 중복분야 파악 및 조정 등[40)]
○ 본인 희망부서 파악·실행: 김진숙 주무관의 법인관리 희망 등 수요 파악과 매칭 필요[41)]

3. 기한: 2016년 2월 중순[42)]

4. 사전 검토회의: 2016년 2월 초순

5. 요구사항: 팀 주무인 홍수민 주무관에게 사전검토회의 준비 요청
(서명석 서기관에게 필요성 설명)

III. 팀 내 인사관련 기준(설정)안

1. 배경: 팀 내 근무평정 불만 대두

---

39) 현안업무처리 평가기법에서 처리할 업무의 개수나 제목은 처리할 업무와 처리내용이 포함되어 있는 한 피평가자가 임의로 정할 수 있다. 피평가자 (다)는 처리업무를 다른 피평가자와 다르게 두 주무관의 고충을 내용으로 분류하고 있는 점이 독특하다.

40) 두 주무관 간의 갈등이 업무분장의 조정으로 해소될 수 있으면 이러한 처리방법이 효과적일 것이다. 그러나 법령 제·개정업무와 기획업무는 업무 재조정으로 분리하기 어려운 측면이 있어 하드웨어적 처방보다 소프트웨어적 처방이 더 효과적일 수도 있다. 이러한 가능성을 열어놓고 두 주무관의 갈등관계 원인을 파악하여 해결방안을 제시하는 접근방법이 필요하다.

41) 김진숙 주무관의 고충을 법인관리업무로 조정해 주는 방법으로 해결하는 경우에 필요한 처방이다. 김주무관의 고충은 본인 희망대로 업무 조정을 통해 해결할 수도 있지만, 현재 담당중인 교육업무를 용이하게 처리할 수 있도록 환경을 만들어 주는 방법을 통해서도 해결될 수도 있으므로 미리 처리방향을 한쪽으로 국한할 필요는 없다.

42) 현안업무처리에서 처리예정시기나 준비사항 등을 반드시 기재해야 되는 것은 아니다. 처리업무의 내용에 따라 필요한 경우에 하면 된다. 예를 들어 한 달 후 행사를 준비하는 현안업무처리라면 그에 맞춰 처리할 사안들에 대해 일정을 정하는 것이 필요하겠지만 본 현안처럼 처리기한을 정할 필요가 없는 경우에는 굳이 시기별 조치사항을 포함하지 않아도 무방하다.

2. 개선 대책(안)[43]

○ 근평기준 명확화: 인사권자의 전결사항이기는 하나, 팀원 불만해소 및 조직 몰입도 증대를 위해 세부 평정기준 공표

○ 근평이의제도 설정·운영: 이의제기를 허용하되, 제한적으로 운영 (비밀엄수, 확대위원회 운영 등)

○ 불만자 면담 실시: 팀장 등 인사권자가 근평주요 대상자와 근평기준이나 대상자의 부족한 점 등 설명하고 고충을 청취[44]

3. 구체화 내용

○ 사무관·서기관 회의: 월 1회

○ 팀장과의 대화: 월 1회

○ 팀 전체 화합행사: 반년 1회 이상

---

43) 발표자가 제안하는 근무평정 개선 대책은 전기부 사무관 차원에서 할 수 있는 일들이 아니다. 인사권자인 과장의 전결사항이므로 이러한 처리는 부적절하다. 두 번째 언급한 근평 이의제도 운영건도 나눔정책팀 차원에서 할 수 있는 것은 아니므로 전사무관이 할 수 있는 일은 이의제도 설정·운영을 건의하는 정도일 것이다. 그런다고 이정화 주무관의 고충이 해결되는 것은 아니므로 굳이 포함시킨다면 중장기 대책의 하나로 넣어야 할 것이다.

44) 면담 실시를 팀장에게 미루지 말고 전사무관이 직속 상사이므로 같이 일하는 주무관의 고충을 십분 이해하고 문제가 해결되도록 적극 지원하고 동기부여 시켜주는 모습을 보여 주는 것이 현실에서도 바람직한 모습이다.

피평가자 (라)

I. 기부활성화 방안

1. 검토배경
○ 소득 양극화 등 경제사회환경이 악화되어 취약계층이 증가→재정지원만으로는 한계
○ 따라서 '나눔 분위기'를 대대적으로 활성화할 필요 (실장님 주재 간부회의)

2. 현황 및 문제점
가. 현황
○ 2013년 우리나라 기부총액은 12조 4천 9백억으로 06년 8조 1천 4백억에 비해 1.5배 늘어난 수준
  - 개인기부 06년 이후 1.5배 증가, 법인기부 1.7배 증가
  - 다만, 미국(2.0%), 영국(1.4%)에 비해 GDP 기부총액은 낮음[45]
나. 문제점
○ 2013년 세법개정으로 (소득공제대상이던 기부금을 세액공제로 전환) 중산층·법정 기부단체 기부금이 감소할 것으로 예상[46]
○ 기부단체 투명성과 나눔에 대한 인식개선 부족[47]

3. 기부금 활성화 방안
가. 외국사례[48]
○ 주요 선진국들은 높은 세금지원을 해 주고 있음
  - 미·영·일·대만·독일은 여전히 기부금이 소득공제 대상

---

45) 우리나라 기부총액은 GDP의 0.87%로 미국 등에 비해 낮다고 해야 한다.
46) 중산층과 법정 기부단체의 기부금이 감소할 것이라고 구체적으로 분석한 점은 잘했으나, 왜 감소할 것이라는 (낮은 공제율 등의) 이유를 간단히 부연해서 설명하면 더 설득력이 커질 것이다.
47) 의견이나 주장을 할 때에는 그 근거를 밝히는 것이 필요하다. 여기서도 발표자가 이런 점들을 문제점으로 기술한 이유를 뒷받침하는 근거로 자료(6) 설문조사 내용을 인용하면서 강조하면 설득력이 높아진다.
48) 외국사례를 활성화 방안의 첫 소제목으로 정리하는 것은 어색하다. 외국사례는 세제상 지원을 강화해야 한다는 주장을 뒷받침하는 근거로 활용하면 충분하다.

- 영국은 기부금의 20%~40% 공제

- 영국은 기프트에이드 제도 운영→기부문화 촉진

- 프랑스는 세액공제 대상이지만 공제율이 매우 높음

4. 기부문화 활성화 방안[49]

가. 세액공제율 높임: 프랑스 수준 66%로 높임

나. 기프트에이드 운영: 기부금으로 감면받는 세금을 다시 비영리단체 기부 유도

다. 나눔의 일상화: 신용카드 포인트 등 본인 명의 기부 가능

라. 기업 사회공헌 활동 강화: 기부문화 우수기업 대상으로 정부포상실시

　　 * 나눔 대축제 등 행사에서 시상

마. 기부자 언론홍보 강화: 인터뷰 등을 통해 나눔의 기쁨 홍보[50]

II. 이정화 주무관 상담

(이메일 답장 형식)[51]

　이정화 주무관님 주사승진이 늦은 홍주무관보다 근평을 뒤에 받아 저도 몹시 안타깝습니다. 그러나 최근 근평추세가 연공서열보다 실적을 중시하는 방향으로 가는 것이 큰 흐름입니다.

　물론 이정화 주무관님이 일을 못 했다는 것은 결코 아닙니다. 다만, 윗분들이 보기에 홍

---

49) 문제점과 활성화 방안은 연계되어야 보고서가 논리적으로 된다. 그리고 활성화 방안을 범주화하지 않고 5가지를 밋밋하게 나열하는 것은 좋은 방법이 아니다. 제도적 장치 강화, 비제도적 장치 마련 등 범주화하고 그 밑에 활성화 방안을 배치하는 것이 비교적 깔끔해 보인다.

50) 문제점으로 기부단체의 투명성을 지적하고 활성화 방안에 이에 대해 아무런 언급이 없는데 이런 식으로 보고서를 작성하지 않도록 한다.

51) 현안업무처리 시 처리할 업무는 이메일로도, 전화상으로도, 구두로도 받을 수 있다. 이정화 주무관의 고충은 이메일로 받은 것이지만 이 업무에 대한 처리방법이 이메일 방식으로 진행될 필요는 없다. 그리고 현실적으로 메일에 대해 답장을 하는 형식을 취할 필요도 없고 또 그리 하여서도 곤란하다. 제기된 고충을 어떻게 처리해 나갈 것인지를 개조식으로 작성하여 보여 주면 된다.

주무관이 이주무관보다 상대적으로 실적이 더 좋았다고 생각할 수도 있습니다.[52] 따라서 이정화 주무관님이 앞으로 실적을 홍주무관보다 더 낼 수 있도록 노력해 주시고 저 또한 적극적으로 이주무관님을 돕도록 하겠습니다.[53]

III. 김진숙 주무관 상담

(이메일 답장 형식)[54]

　김주무관님. 파견 근무하느라 고생이 많습니다.

　업무는 자기가 하고 싶어 하는, 잘할 수 있는 업무만 하는 것은 아닙니다. 지금 맡고 있는 교육업무가 담당하기가 벅찰지라도 다양한 업무경험을 통해 본인 역량을 다양하게 향상시킬 수 있는 기회가 될 수 있습니다.

　지금 당장 힘이 들더라도 조금만 참고 분발해 주시기 바랍니다.[55] 미흡하게 업무처리를 하더라도 제게는 결코 부담이 되지 않습니다.[56] 저도 관심을 가지고 지켜보고 도와드릴 테니 열심히 하기 바랍니다. 그리고 모르는 것을 옆 사람에게 물어보는 것은 당연한 것이니 너무 미안해하지 마세요.[57]

---

52) 이정화 주무관의 근평이 낮은 이유를 알아보고 실적이 저조해서 그리 되었다면 답장에서 밝힌 대로 실적 제고를 적극 돕겠다고 하면 될 것이고, 실적은 비슷비슷했는데 다른 이유로 그랬다면 그 문제를 해결하는 방향으로 돕겠다고 하면 된다. 여기서는 근평이 실적에 기인한 것이라고 단정하고 그 문제에만 초점을 맞추고 있어 다소 아쉽다.

53) 홍수민 주무관과의 업무 갈등문제에 대한 언급이 누락되어 있다. 이런 경우 평가자가 평가대상 역량을 볼 수 없어 발표자가 실제 갖고 있는 역량 여부와 상관없이 과소평가할 수밖에 없다.

54) 굳이 이메일로 답장을 쓰지 말고 개조식으로 정리하도록 한다.

55) 맡고 있는 교육업무를 하기가 어렵다는데 참고 분발하라고 하는 것은 조금 부족한 조언인 것 같다. 직속 상사로서 전사무관은 김주무관이 맡고 있는 교육업무 중 어떤 부분이 어려운지, 덜 힘들게 일할 수 있는 방법은 있는지를 알아보고 같이 의논하는 노력을 해야 상사로서 신뢰를 얻을 수 있고 함께 일하는 시너지효과도 거둘 수 있을 것이다.

56) 이제 갓 나눔정책팀에 부임한 전사무관이 김주무관의 미흡한 업무처리를 부담이 되지 않는다고 말하는 것은 적절해 보이지 않는다.

57) 이주무관에게 미안해하지 말라는 표현보다는 전사무관이 이주무관에게 더 적극적으로 김주무관을 도와주도록 요청하겠다고 하는 것이 그나마 김주무관에게 위로가 될 것이다. 그리고 김주무관이 법인관리업무를 희망한다고 제기한 고충에 대해서는 일언반구 없이 교육업무 담당을 전제로 하는 내용만 언급하는 것은 김주무관의 요구를 사실상 묵살하고 있는 것이다.

필자 답안

기부 활성화 대책 관련 현안업무처리

1. 기부 활성화 대책 (요약분)

가. 현황

○ 우리나라 기부총액은 지속 증가중

　- (06년) 8조 1천억→(13년) 12조 4천억 원 (1.5배 증가)

○ GDP 대비 기부총액은 선진국에 비하여 낮은 수준

　- 우리나라 0.87%, 미국 2.0, 영국 1.47, 캐나다 1.35

나. 활성화 저해요인

○ 기부에 대한 제도적 지원 부족

　- 기부제도 다양성 부족: 기부연금제도 미도입, 기부자 조언 기금이나 나눔 금융상품
　　등 부재

　- 기부금에 대한 세금혜택이 미흡: 15·25%의 낮은 세액공제율로 종전 소득공제 때보다
　　기부금이 10% 이상 크게 위축될 우려

○ 기부에 대한 인식 부족

　- 사회지도층, 부유층의 기부 솔선 미흡

　　* 보사연 설문조사에 따르면 기부문화 확산의 선결조건으로 사회지도층 기부 증대가 54.6%, 기부
　　　단체 투명성 19.9%, 나눔 인식개선 16.7%순

　- 나눔가치 확산을 위한 전략적 홍보 부족

○ 기부단체 투명성 부족으로 나눔과 기부에 대한 불신 초래

다. 활성화 대책

○ 단기 대책

　- 기부제도 다양화: 기부연금제도 도입, 기부자 조언기금 활성화 적금이자나 신용카드
　　포인트를 기부하는 금융상품 개발

　- 세제 지원 확대: 세액공제율 프랑스 수준으로 대폭 인상, 지정기부금 공제 한도 확대 등

　- 기부단체 투명성 강화 대책 시행

　　• 기부금품 사용·행위까지 검사범위 확대, 나눔 포털에 공개

- 기부금단체의 기부금 모금, 활용실적을 국세정보통신망에 추가 공개
- 나눔실태보고서 작성, 나눔포털 등 주요사이트 연계하여 나눔실태에 관한 통합 정보 및 참여서비스 제공

○ 중장기 대책

  - 사회지도층, 부유층의 기부 솔선 촉진: 유산기부 캠페인 전개 (세미나, 컨퍼런스, 서약식 등 활용)
  - 나눔국민대상, 행복나눔인 등 포상확대: 명예감 제고와 사례 확산
  - 기업의 사회공헌활동에 대한 사회적 인정 강화와 공익 연계 마케팅 전개 촉진

라. 활성화 방안 추진을 위한 조치사항

○ 세제지원 및 기부단체 투명성 제고 장치 검토 실무단 설치·운영

  - 나눔정책팀을 중심으로 사회복지정책실 관계자를 추가 투입
  - 금년 상반기중 법개정안 및 기부단체 투명성 강화방안 확정

○ 나눔문화 확산과 인식개선을 위한 민관연 합동위원회 구성

  (15년 3월까지)

2. 이정화 주무관의 고충처리

가. 근무평정 문제

○ 팀장(또는 서명석 서기관)을 통해 이주무관 근무평정현황 파악

  - 근평 기준, 팀 내 홍주무관과 이주무관에 대한 평가 등

○ 낮은 근평 원인이 업무성과로 밝혀지면

  - 이주무관과 낮은 업무성과의 원인과 향후 성과제고 대책 협의
  - 이주무관의 업무성과 제고를 위해 적극 지원의사 표명

○ 낮은 근평 원인이 업무보다 팀 내 공헌도나 협조관계 등 다른 원인으로 밝혀지면

  - 알아낸 원인을 이주무관에게 알려주고 대책을 함께 논의

나. 홍주무관과의 업무갈등 문제

○ 이정화 주무관의 홍주무관 관련 이메일 사례 확인

○ 업무수행상 갈등은 일하는 방식의 개선 추진

  - 서명석 서기관과 협의를 통해 법령작업과 기획업무의 협업방식 구체화

○ 홍주무관과의 업무협조 태도와 관련한 고충에 대해서는 홍주무관 면담 실시: 주의 촉구 및 양자 협력의 중요성 강조

3. 김진숙 주무관의 고충처리

가. 1차적으로는 교육 업무 계속 수행토록 권고

○ 김주무관 면담을 통해 교육업무에서 어려운 부분 파악

○ 파악한 고충이 업무환경 개선을 통해 시정될 수 있는 것이라면 환경 개선을 약속하고
  자신감을 갖고 근무토록 권유

  - 이정화 주무관의 보다 적극적 협력도 3자가 모여 함께 보장

나. 업무 전환이 필요하다고 판단 시 조치사항

○ 팀장에게 김주무관 상황과 업무수행상 불가피한 어려움이 있다는 점을 보고

○ 팀장의 지시를 받아 김하영 사무관 및 정휘순 주무관의 입장과 근무 여건 등 관련 정보
  를 수집하고 협의를 진행

    * 김주무관과 협의진행 상황 공유

제5장

역할연기

제5장 역할연기

역할연기는 역할 수행이라고도 한다. 영어로는 Role Play이며, 약칭으로는 RP라고 한다. RP는 앞서 살펴본 개인발표나 현안업무처리와 달리 함께 일하기를 통해 역량을 평가하는 기법이다. 조직생활은 혼자서 할 수 있는 일이 있고 함께 해야 하는 일도 있기 마련이다. 사실 어느 조직이나 혼자하는 일보다 함께하는 일의 비중이 훨씬 크다. 따라서 동료나 상하직원, 고객 및 이해관계자와의 원만한 상호작용을 통해 조직이 목표로 하는 성과를 제대로 달성하는 역량은 아무리 중요성을 강조해도 지나치지 않는다. 제5장과 제6장에서는 함께 일하는 기법을 통해 역량을 제대로 발휘할 수 있는 방법을 고찰한다.

역할연기에는 두 가지 유형이 있다. 하나는 1:1형식이고 다른 하나는 1:2형식이다. 1:1은 상하직원 간 면담이나 기자 인터뷰 상황을 가정하며, 1:2는 부서 내지 조직 간 이해관계 조정 상황을 가정하는 경우가 일반적이다. 1:1에서 상하직원 면담 상황이면 피평가자가 상사역할을 하게 되고 기자인터뷰 상황이면 피평가자가 기자를 상대하는 공직자 역할을 하게 된다. 고위공무원후보자 과정에서는 1:1이 대부분 기자를 상대하는 국장으로서의 역할을 하도록 설계되어 있고, 과장후보자나 사무관과정은 부하직원을 면담하는 상사 역할을 하게 된다. 1:2는 고위공무원후보자과정에서만 채택하고 있는 평가기법으로 피평가자는 갈등관계에 있는 2개 부서(또는 부처)의 이해관계를 대변하는 2명을 상대로 조정·통합하는 역할을 하게 된다. 과장승진 또는 사무관 승진을 위한 역량평가는 1:2 대신 개인발표를 채택하고 있다.

1:1 역할연기의 본질은 무엇일까? 상대방에 대한 설득이 1:1 역할 연기의 핵심이다. 대화의 주제나 조직의 상황에 따라 평가대상 역량은 다르겠으나 역량을 구현하는 수단은 설득이다. 설득의 대상은 누구인가? 바로 피평가자와 같은 부서에서 일하고 있지만 공적/사적 이유로 문제가 있어 소기의 성과를 달성하지 못하고 있는 부하직원일 수도 있다. 또는 민원을 제기하는 주민이거나 이해관계집단의 대표일 수도 있고 때로는 부처를 출입하는 기자일 수도 있다.

만약에 부하 직원을 대상으로 하는 1:1 역할연기가 가상상황이 아니고 실제 상황이라면 어떻게 문제를 해결하여야 하나? 과거의 공직문화는 지시와 복종의 관계가 거의 대부분이었다. 왜 이 일을 해야 하는지에 대한 설명도 부족했고 업무 진행에 어떤 어려움이 있는지를 살펴보는 배려도 적었던 것 같다. 단지, 명령과 지시가 있을 뿐이었다. 권위주의적 조직문화에서 1:1 평가기법은 불필요할 수 있다.

그러나 이제 세상은 바뀌었고 부하직원의 부실한 성과는 상사의 무능으로 결론지어진다. 유능한 고성과자는 말 안 듣는 (혹은 비협조적인) 부하직원이 자발적으로 업무에 몰입해서 성과를 내도록 리더쉽을 발휘하여야 한다. 옛날처럼 지시하고 확인하는 업무스타일로는 부족하다. 권위주의적 성격의 공직문화에 익숙한 피평가자들은 부하직원과의 1:1 역할연기에서 부하직원 역할을 하는 상대방(실제로는 평가자임)의 이른바 까칠한 저항/반론 제기에 화를 참지 못하고 얼굴이 붉어지기도 한다. 이는 상명하복 문화에 익숙한 피평가자가 본인이 상사에게 순응하였듯이 부하직원도 '내가 옛 선배들과는 달리 좋은 말로 알아듣게 얘기했으면 정도껏 하고 지시에 순응해야지' 하는 생각으로 역할 연기를 하다가 끝내 평정심을 잃어버린 결과이다. 상황이 이 지경에 이르면 설사 본인이 설득력과 코칭 실력을 구비하고 있더라도 이를 보여 줄 수 없게 된다. 이런 점에서 1:1 역할연기라는 평가기법은 피평가자의 사고가 권위주의적인가를 점검하게 해 주며 다양한 사고방식의 구성원이 모여서 집단성과를 내야 하는 조직의 성과를 높이기 위해 필요한 리더쉽을 모색하게 해준다는 점에서 그 의의가 있다.

■1 면담 전 준비할 일

1) 면담과제 파악하기

직원과의 면담을 통해 해결해야 할 과제가 무엇인지를 파악하고 정리하여야 한다. 평가과정에서 주어지는 역할연기 자료를 정독하면 해결해야 할 과제가 무엇인지, 왜 그런 문제가 발생했는지 등에 관한 정보가 들어있기 마련이다. 자료를 숙지하는 시간에 맨 먼저 할 일은 면담과제를 파악하여 메모하는 일이다. 부하직원 면담 역할연기에 등장하는 단골 과제는 업무추진과정에서의 동료 간 갈등, 상사의 업무지시나 업무분장에 대한 불만, 승진이나 근무평정에 대한 애로 등등이다.

2) 면담전략 수립하기

면담을 하는 이유는 부하직원이 갖고 있는 애로사항이나 문제점을 확인하고 이를 해결하는 데 있다. 짧은 자료파악 시간에 면담과제의 핵심 원인을 이해하고 이를 해결할 수 있는 전략을 수립하는 것이 녹록지 않지만 이 단계가 면담의 성공 여부를 좌우하는 가장 중요한 때라는 점을 명심하여야 한다. 왜 그러한 문제가 발생했는지를 정확히 이해하는 것이 전략 수립의 첫 단추를 끼우는 일이다. 동료 간 갈등이라는 문제가 직원 간 성격상 차이에서 연유하는 것인지, 근무평가를 둘러싼 경쟁관계에서 비롯된 것인지, 상사의 편애에 기인하는 것인지 등 원인을 정확히 짚어야만 바른 해결책을 모색할 수 있는 것 아닌가?

전략수립단계에서 중요한 것은 상사가 생각하는 해결책이 '직원에 대한 동기부여'가 되느냐 여부이다. 업무가 과도하다고 불만을 갖는 직원에 대해 해외출장이라는 당근을 제시하는 것보다는 업무 분장의 재조정이나 추가 인력의 투입이 동기부여책으로 더 효과적일 것이고, 근무평가 기준이 불합리하여 능력에 비해 저평가받는다는 불만을 가진 직원에게 더 잘하면 평가를 잘 받을 것이라고 하기보다는 평가 기준을 수정하거나 불합리한 기준이 아니라고 이해시키는 것이 더 나은 해결책일 것이다.

다음으로 고려할 사항은 본인의 권한으로 할 수 있는 대안인지를 검토하여야 한다. 예컨대, 중앙행정부처 사무관이 부하직원의 업무분장에 대한 불만에 대해 내년에는 업무재조정을 해 줄 테니 몇 달만 참고 열심히 일해 달라고 한다면 이는 월권적 발언이다 (업무분장권한은 과장에게 있다). 이 경우 정답은 업무재조정 문제를 과장님께 적극적으로 건의해서 문제를 풀어 주겠다고 대응하는 것이다.

한 가지 더 언급할 사항은 직원 간 갈등을 해결하는 방안으로 '우리 셋이서 자주 보자', '셋이서 소주 한 잔 하면서 잘 지내보자'는 식 대안이 자주 등장하기도 한다. 이러한 해결책이 문제가 있는 것은 아니지만 단순히 스킨쉽만 제시하는 것으로는 부족하다. 직원 간 갈등의 원인을 본질적으로 해소하는 대안을 제시하면서 스킨쉽을 병행하는 것이 필요하다.

2 면담 진행기법

1) 면담 분위기 조성하기

부하직원의 요청에 의한 면담이건 상사 본인이 요청한 면담이건 부하직원이 찾아오면 먼저 날씨나 건강, 가족이나 취미 등을 화제로 삼아 잠시 대화를 진행하여 부하직원의 마음을 편안하게 해주는 이른바 '래뽀'를 조성하는 것이 좋다. 직원을 보자마자 왜 일 추진이 더디냐? 무슨 문제가 있냐?는 식으로 무겁게 시작하면 상사에게 하고 싶었던 말도 꺼내기 싫어질 수 있고 그리되면 상대방 직원의 속마음을 제대로 알지 못하게 되어 면담이 성과 없이 끝나기 십상이다.

2) 잘 질문하기

잘 질문하기는 상사에게는 매우 중요한 의사소통의 수단이다. 질문만 잘해도 면담의 소기 성과를 거둘 수 있다. 사전에 면담 분위기를 조성하여 부하직원이 마음을 편하게 갖고 하고 싶은 이야기를 할 수 있도록 준비되었다 하더라도 비판적이거나 공격적으로 질문하게 되면 상대방은 변명조로 대답하게 되고 결과적으로 대화 자체가 지리멸렬해지기 쉽다.

예컨대, '어떻게 그런 식으로 일을 처리합니까?', '왜 나에게 보고하지 않았지요? 식의 공격적인 질문보다 '이 일을 이렇게 처리하면 어떻게 될까요?',

'우리가 잘못하고 있는 것은 무엇일까요? 식의 정보를 구하는 질문은 대화를 보다 효과적으로 끌고 가기 쉽다. 질문은 폐쇄형 질문보다는 개방형 질문으로 상대방의 마음속 생각을 끌어내는 것이 필요하다.

가령, '지금 하는 일을 좋아합니까?' 라는 폐쇄형 질문 대신에 '지금 하는 일에 대해 어떻게 생각합니까?' 라는 개방형 질문을 던지는 것이 상대방의 속마음을 많이 알 수 있다. 개방형 질문에 대한 상대방 대답에 이어 추가적으로 '왜 그렇게 생각합니까?'라는 식의 추가 질문을 함으로써 추가 정보를 알아가는 것이 중요한 기법이다. 즉 단답식 폐쇄형 질문보다는 주관식 개방형 질문을, 일반적 질문에서 보다 구체적 질문으로 대화를 진전시켜 나가면 부하직원이 갖고 있는 문제의 본질에 쉽게 접근할 수 있다.

질문 내용은 장황하지 않고 간결해야 하며, 자료를 통해 부하직원의 애로나 문제점을 파악하고 있더라도 직원 입으로 스스로 얘기하도록 질문하는 노련함을 보여야 한다. 마치 부하직원의 고충을 다 알고 있고 그러한 고충이나 문제점을 훈계하듯이 설교조로 장황하게 타이르게 되면 이러한 면담은 실패할 수밖에 없다. 현실적으로도 질문 잘하는 습관을 들이는 것은 리더로 발돋움하는 데 매우 긴요하다.

『세계적 호텔기업 메리어트 인터내셔널의 빌 메리어트 회장은 '자네 생각은 어떤가?'라는 질문을 잘하기로 유명하다.

그는 "제가 말을 적게 할수록 회의분위기가 제게 덜 휘둘리거든요. 저는 사람들이 아무리 엉뚱한 주장도 마음껏 꺼낼 수 있게 만들고 싶어요. 주저하는 상대의 마음을 뚫고 들어가 문제의 핵심에 접근하기 위해서는 질문해야 합니다. 이것은 회장이나 CEO 같은 사람에게 특히 중요한 기술입니다. 그들의 높은 직책만으로도 직원들은 충분히 위축될 수 있거든요."

"태어나면서부터 남의 말을 잘 듣는 사람은 별로 없습니다. 잘 듣는 사람은 학습을 통해 남의 말에 귀를 기울이는 사람이 되었을 겁니다. 귀를 열면 마음도 열립니다. 그리고 경청은 배움을 얻을 기회입니다. 내가 떠들고 있는 동안에는 문제가 무엇인지 결코 알 수 없습니다. 문제를 모르는데 무슨 수로 해결책을 찾을까요?"』(조선일보 위클리비즈, 2015년 2월 7-8일 자 C 4면)

3) 잘 듣기 (경청하기)

직원과의 대화 시 필요한 내용을 메모하고 직원의 주장에 고개를 끄덕이면서 수긍하는 듯한 제스처를 보여 주는 등 직원의 발언을 경청하여야 한다. 그런 모습만으로도 부하직원은 상사가 본인 의견이나 생각을 존중하는 것으로 느끼게 된다. 존중받는 느낌을 주는 대화는 성공하는 대화이며 상호 간 친밀도도 높아져 인간관계도 좋아지는 다목적의 효과를 거두기도 한다. 상내방 발언이 길어지는 경우 발언 내용을 요약하여 확인하는 것도 잘 듣기의 좋은 방법이다.

4) 잘 말하기

역할연기에서 피평가자는 중간관리자로서의 상사 역할을 하는 경우가 많다. 원래 중간관리자는 이름 그대로 중간에 끼인 위치가 되어 자칫 위아래 눈치 보느라 리더쉽을 발휘하기 어려운 상황에 처하기 쉽다. 그렇기 때문에 위아래를 만족시키면서 업무의 성과를 내는 것이 어렵고 특히 부하직원이 윗사람에 대한 불만으로 업무추진에 애로가 있는 경우 더욱 그러하다. 면담 시 직원의 마음을 위로하고 동기를 부여한다는 차원에서 부하직원의 발언 내용에 동의하거나 맞장구치는 경우 상대방은 일시적으로 만족감을 느끼고 피평가자가 자기편이라는 생각을 가질 수도 있다. 그런데 그런 맞장구가 올바른 태도일까?

예를 하나 들어 보자. 피평가자가 ○○시청의 계장으로서 같이 일하는 부하직원의 애로사항을 해소하기 위한 면담을 하는데 그 직원은 과장이 근무평정기준을 종전의 연공서열에서 능력중심으로 일방적으로 변경한 것에 대하여 억울해하고 있는 상황이라고 가정하자. 면담 시 부하직원은 직상사인 계장 즉 피평가자에게 과장이 근평기준을 일방적으로 바꿔 평가를 잘 못 받고 있어 일할 기분이 안 나고 자기도 젊었을 때 선배들에게 평가를 양보하고 지냈는데 이제 또 후배에게 밀리게 되었다고 하소연한다.

그 때 피평가자가 '맞아요, 저도 과장님이 일방적으로 근평기준을 능력중심으로 바꾼 것은 잘못된 것이라고 봐요. 억울하겠네요' 라고 동의의 의견을 말하면 두 사람은 의기투합할지 모르겠지만 면담을 하는 당초 목적인 부하직원의 애로사항을 해결해 줄 수는 없게 된다.

이런 때에는 '과장님의 근평기준 변경으로 평가가 제대로 안 나와서 많이 힘드시겠어요. 승진도 하셔야 하는데… 그렇지만 과장님께서 근평기준을 능력중심으로 변경하는 것은 과 업무 활성화차원에서 많은 고민 끝에 하신 결정이라고 봐요. 제가 ○○주무관이 능력을 발휘해서 우수한 평가를 받을 수 있도록 최대한 돕겠습니다. 어떻게 도와드리면 좋을까요?'

이런 식으로 상대방의 억울해하는 마음에 공감도 하지만 상대방이 진정으로 원하는 좋은 근무평정을 받을 수 있도록 돕겠다고 하여 직원의 고충을 해결하는 방향으로 대화를 진전시키는 것이 면담 성과를 높이는 대화법이다.

상하 간 위계질서가 분명한 조직일수록 상사의 말 한마디의 영향력은 생각보다 훨씬 크다. 따라서 상사로서의 발언은 신중해야 하고 상대방을 존중하고 믿고 있다는 느낌을 줄 수 있어야 한다. 상대방의 단점이나 부족한 점을 지적할 경우에는 직설적으로 말하기보다 가급적 우회적으로 하되, 상대방을 배려한답시고 하고 싶은 말도 못 하는 것은 곤란하다.

피평가자의 발언은 총 면담시간의 1/3을 넘지 않는 것이 바람직하다. 말하기보다 잘 듣고 해결방안을 제시하는 역할에 충실하라는 뜻이다. 그리고 설교식 일방적 발언이나 장황한 발언, 횡설수설하는 발언은 듣는 사람의 기분만 나쁘게 할뿐더러 문제해결에도 결코 도움이 되지 않는다.

5) 이 밖에 주의할 사항

첫째, 주어진 역할을 제대로 연기하는 높은 몰입도가 필요하다. 참가자들이 역할연기를 할 때 연기하는 자체를 어색해하다 보니 상사로서의 역할 수행이 어설퍼져 부하직원과의 대화가 겉도는 장면이 종종 연출되기도 한다. 낮은 연기 몰입도는 본인의 역량을 제대로 발휘하는 데 커다란 장애요인일 뿐이다. 실제 역량평가과정에서는 그러하지 않겠지만 '연습을 실전같이 실전은 연습처럼'이라는 말을 기억할 필요가 있다.

둘째, 1:1 역할연기 시 경어 사용 여부에 관한 문제다. 결론부터 얘기하면 상사에게 대하듯 깍듯하게 존칭어를 사용할 것까지는 없지만 반말이나 하대하는 용어는 피하여야 한다. 반말이나 하대하는 용어는 그 발언 내용과 관계없이 지시조로 들리기도 쉽고 듣기에도 불편하다. 더군다나 역량평가에서 부하직원은 평가자이기도 하다.

셋째, 면담과정에서 부하직원의 페이스에 말려들어 해결과제에 대한 논의를 잊어버리거나 다른 길로 빠지지 않도록 유의해야 한다. 문제를 과소하거나 과장하는 부하직원의 역할연기에 휘둘리지 말고 부하직원의 문제점을 확인해가면서 해결방법을 모색해 나가는 냉정한 자세를 유지하여야 한다.

③ 역할연기 Q & A

1) 기자 인터뷰 형식

① 기자 역할을 하는 평가자는 사전에 제시된 질문 순서대로 묻는지?

평가자는 인터뷰 시 제시한 질문 요지를 중심으로 질문하게 되어있다. 따라서 질문 요지별로 답변자료를 준비해야 한다. 다만, 인터뷰 시간이 30분으로 총 질문 개수는 10개를 넘게 되므로 세 가지 질문 내용 외에 추가 질문이 나올 수밖에 없다. 추가 질문도 표준화되어 있기는 하나 답변내용에 따라 평가자의 재량성 질문도 있을 수 있다.

② 질문내용이 평가자에 따라 달라지는지?

기자인터뷰를 30분간 진행하므로 평가자의 모든 질문내용이 같을 수는 없지만 기본적으로 세 가지 질문 요지에 따른 표준 질문이 있어 대체로 유사하다고 할 수 있다. 다만, 질문에 대한 답변내용에 따라 추가 확인 질문이 있게 되므로 평가자에 따라 질문내용은 다르게 될 가능성도 상당하다.

③ 압박형 질문에 대한 대처방법은 무엇인지?

평가자는 피평가자의 답변내용이 역량을 확인하기에 미흡할 경우 답변과 관련한 추가 질문을 하게 된다. 이 경우 직전의 답변에서 부족한 부분을 언급하게 되므로 피평가자는 다소 압박감을 느낄 수 있다. 질문 의도를 정확하게 이해하고 이에 부응하는 답변을 두괄식으로 하는 것이 중요한 대응방안이다. 아울러, 질문에 즉답하지 말고 한 템포 늦추고 답변하도록 한다. 약간의 여유를 갖는 것이 도움이 된다. 또한 부정확한 내용을 지레짐작으로 발언하지 말고 평가자의 양해를 받아 자료를 살펴보고 정확한 내용으로 답변하는 것도 무방하다.

2) 직원 면담 형식

① 직원 면담 형식의 역할연기에서 가장 유념할 사항은 무엇인가?

면담하는 직원이 사실상 평가자이지만 면담 대상은 같은 부서에서 일하는 직원이고 피평가자는 상사 역할을 하므로 상사답게 여유를 가지고 면담을 주도하여야 한다.

② 직원(평가자)이 상사(피평가자)의 제안이나 충고를 거절할 경우 어떻게 대처하는 것이 좋은가?

평가자인 직원은 역할가이드에 따라 면담 중반까지는 상사(피평가자)의 제언이나 의견에 대해 할 수만 있으면 반대의견 등 부정적 반응을 보이도록 되어있다. 따라서, 면담 초중반까지는 직원이 갖고 있는 애로사항이 무엇인지, 애로사항의 원인이 무엇인지를 질문을 통해 확인하고 상사로서 문제해결을 도와줄 용의가 있음을 표명하면서 구체적 해결방법에 대해 협의하는 식으로 진행하는 것이 안전하다. 문제해결 방안을 일방적으로 제시하고 상대방이 이를 거부하면 그 문제를 해결하는 데 상호 간 만족한 결론에 도달하기 어렵게 되기 때문이다.

③ 면담하는 직원에게 따끔한 충고를 해도 되는지?

통상적으로 상대방 면전에서 듣기 싫은 소리를 하기는 쉽지 않다. 그러나 직원에 대한 동기부여 역량은 직원의 업무처리 방식 등 문제점에 대한 맞춤형 피드백을 제공할 때 제일 잘 관찰된다. 따라서, 야단을 치거나 비난하는 것은 곤란하지만 직원이 문제점을 개선할 수 있도록 그 방법을 권고하는 발언은 필요하다. 문제점을 해결하도록 조언하지 않고 에둘러 듣기 좋은 발언만 하는 것은 피하도록 한다.

④ 문제가 있는 직원이라고 생각하더라도 칭찬을 주로 해야 하는지?

문제의 원인을 해결하여 문제가 해소되도록 도와주는 것이 상사의 올바른 역할이다. 자존감이 떨어진 직원에게는 칭찬과 격려가 필요하겠지만 협업에 애로를 느끼는 직원에게 칭찬과 격려는 문제해결에 도움이 안 된다. 필자는 칭찬과 격려보다 관심과 지원이 더 효과적인 동기부여 방안이라고 본다.

⑤ 직원이 면담 시 타 부서 전보나 수행중인 주된 업무에 대한 조정을 요구하는 경우 대응방법은?

대부분의 과제는 피평가자가 면담을 통해 문제있는 직원이 앞으로 업무 추진을 원활하게 할 수 있도록 도움을 주어야 한다는 상황을 설정하고 있다. 따라서, 피평가자는 직원의 전보 요구를 수용하기보다는 현재 맡고 있는 업무를 잘 할 수 있도록 지원하는 방향으로 면담을 진행하는 것이 설정된 상황에 부합하는 대처방법이다. 그리고 직원이 업무 조정을 요구하는 경우 그러한 요구가 일응 수긍이 된다면 즉, 직원의 업무가 과중하다고 판단한다면 업무 조정을 제안하되 주된 업무를 변경하기보다는 종된 업무를 조정하여 전체 업무량을 경감해 주는 쪽으로 면담을 진행하는 것이 바람직하다.

3) 1:2 형식

① 시간 내에 양 당사자 간 합의를 끌어내지 못하면 실패한 조정인지?

합의를 끌어내는 것이 바람직하기는 하나 합의에 도달하지는 못했으나 약간의 시간만 더 있었다면 합의에 도달할 것으로 기대되는 모습을 보여 주는 것으로도 충분하다. 왜냐하면, 일반적으로 합의에 도달하기 위해서는 3~4가지 쟁점에 대한 논의가 필요한데, 한두 가지 쟁점에 대해 합의를 못 보더라도 쟁점을 하나씩 해결하는 과정에서 조정통합역량을 잘 보여 줄 수 있다고 생각되기 때문이다. 1:2 조정회의도 집단토론과 마찬가지로 합의여부가 중요한 것이 아니라 논의과정에서 이해관계를 파악하고 조정하는 행동특성을 보여 주는가 여부가 중요한 것이다.

② 조정자(피평가자)보다 역할 연기 당사자들(평가자)이 회의를 주도하는 경우 대처방안은 무엇인가?

평가자들에게 주도권을 빼앗길 경우 피평가자인 조정자는 회의를 주도하지 못하고 단지 사회자 역할에 그치기 쉽다. 조정자가 평가자들에게 휘둘리지 않고 회의를 주도하기 위해서는 무엇보다도 쟁점을 정확히 파악하고 쟁점 간 이견을 좁혀나갈 수 있는 방안을 갖고 있어야 한다. 그리고 평가자들을 콘트롤하고 제어하는 조정·중재자라는 점을 잊지 말고 평가자들의 발언을 정리하고 자제시키는 등 중재자로서의 모습을 보여 주어야 한다.

③ 합의를 도출할 수 있는 조정전략은 무엇인지?

조정자가 쟁점에 대한 본인 입장을 먼저 제시하고 이를 수용할 것을 상대방에게 종용하는 경우 합의에 이르지 못할 가능성이 높다. 조정 성공 확률을 높이기 위한 단계별 전략을 설명하면 다음과 같다. 먼저, 조정자가 회의 모두에 양 당사자의 기본 입장을 청취한 후 조정을 위한 쟁점을 확인한다. 다음으로, 여러 쟁점 중 풀기 쉬운 쟁점부터 하나씩 논의를 진행하도록 한다. 양 당사자의 양보를 얻어 내기가 어려운 쟁점은 마지막에 논의하도록 한다. 끝으로 쟁점별 논의 시 조정자가 본인 입장을 성급하게 제시하지 말고, 양 당사자에게 타협할 수 있는 방안을 내도록 촉구하되, 그런 방안을 제시하지 않는 경우 조정자의 조정방안을 제안하면서 양 당사자의 의견을 구하는 식으로 논의를 진행시킨다. 가급적 타 상대방을 통해 타협안이 제안되고 토론되도록 논의를 끌어가되 논의가 잘 진행되지 않을 경우 조정자가 타협안을 제시하는 것이 조정통합역량을 보다 효과적으로 보여주는 방법임을 유념할 필요가 있다.

원격의료서비스과의
업무관리

원격의료서비스과의 업무관리

과제 시행 방법

1단계 30분 동안 자료 검토

2단계 20분간 면담 실시

* 1:1 역할연기에서 피평가자는 상사의 역할을, 평가자는 부하직원의 역할을 담당함

* 면담 시 자료를 지참할 수 있으며, 면담에 필요한 사항을 간략하게 메모하고 이를 토대로 대화를 진행하는 것이 바람직함

배경상황

◆ 귀하는 원격의료서비스과로 최근에 부임한 나신임 사무관임

◆ 보건부 원격의료서비스과는 원격의료의 본격적 시행을 앞두고 원격의료 제도 설계 및 실시에 필요한 제반 사항을 총괄하는 부서로 2023년 임시조직인 추진단으로 발족 후 2024년 9월에 과로 승격됨

◆ 원격의료서비스과는 이원격과장 외에 서기관 1명, 사무관 3명, 주무관 5명 등 총 10명으로 구성되어 있으며 최근 원격의료서비스 기획 및 홍보업무를 담당하는 나신임 사무관이 발령받아 옴

◆ 2025년 10월 현재 원격의료서비스과는 기획 및 홍보업무를 담당하던 전임 사무관의 1개월 전 인사이동으로 공석이었던 자리에 나신임 사무관이 최근 이동하였는데 같이 업무를 수행하는 두 주무관은 성격 차이 등 원인으로 인하여 업무수행 과정에서 갈등을 빚게 되고 그 결과 업무 추진이 매우 부진한 상황임

◆ 3개월 전 부임한 이원격 과장은 전임 과장과는 달리 과 운영에 있어 연공서열보다 능력과 역량을 중시하고 이에 따른 근무평정을 실시하는 등 새로운 변화를 꾀하고 있어 고참 직원들 중심으로 불만이 커지고 있으나 이원격 과장은 오히려 신참 나신임 사무관에게 문제의 원만한 해결을 촉구하고 있음

◆ 이에 따라 나신임 사무관은 같이 일하고 있는 최우선 주무관에게 면담을 요구한 상태임

자료 1 원격의료서비스과 조직도 및 업무분장

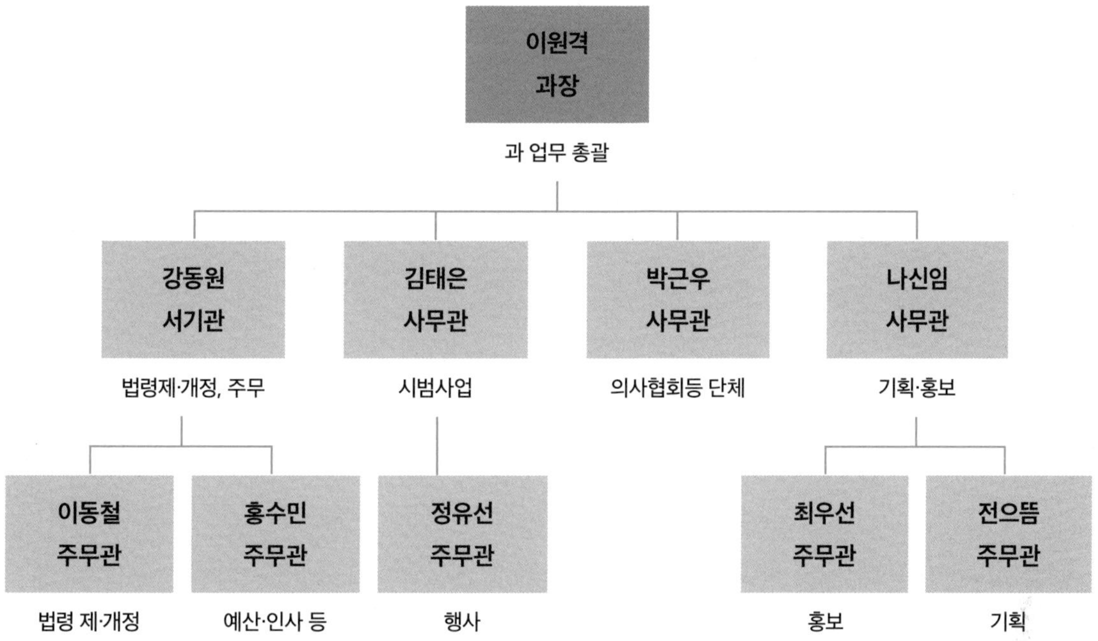

이원격 과장: 아, 어서 오세요 나신임 사무관, 나사무관이 우리 과에 온 지 며칠 안 되지요?

나신임 사무관: 예, 아직 채 일주일도 안 되었습니다.

이과장: 오자마자 복잡한 업무를 맡게 돼서 힘들겠네요. 전임자가 1개월이나 공석이어서 주무관들이 대신 맡았었고, 또 한창 진행 중인 업무들이라서 업무 파악하기도 만만치 않은 일일 거예요.

나사무관: 쉽지는 않지만 열심히 업무 파악 중입니다. 최선을 다해서 좋은 결과를 내도록 하겠습니다. 과장님께서 많이 가르쳐주시기 바랍니다.

이과장: 알겠습니다. 업무 파악 중이기는 하겠지만 애로사항은 없나요?

나사무관: 특별한 애로사항은 없습니다만 같이 업무를 하고 있는 두 주무관의 관계가 별로 좋지 않아서 걱정입니다.

이과장: 최우선 주무관과 전으뜸 주무관의 관계가 안 좋다는 건가요?

나사무관: 예, 며칠 보니까 두 주무관 간에 업무협조가 안 되고 있고 서로에 대한 불만이 있는 것으로 보입니다. 다른 직원들하고도 갈등이 있어 보이고요.

이과장: 그렇군요. 나도 이곳에 와서 보니 여러 문제점이 있어 보여서 변화를 주고 있는데 쉽지만은 않네요. 나는 우리 공직사회가 연공서열보다는 능력에 따라 평가받고 대접받는 문화로 바뀌지 않고는 발전할 수 없다고 봅니다. 공직근무 경험이 오래되었다고 능력 있는 후배보다 근무평가나 여러 가지 면에서 우대받아야 한다는 생각은 없어져야 해요. 그래서 지난 7월 근무평가에 이러한 나의 뜻을 반영하였지요. 전임 과장과 달리 변화를 추진하는 과정에서 직원들이 적응하기 쉽지 않다고 생각은 하지만, 근무평가 하나 가지고도 직원들이 동요하고 불화하고 있으니 갑갑하네요. 나사무관은 이점에 대해 어떻게 생각하세요?

나사무관: 과장님 말씀대로 능력도 부족하고 업무태도도 성실하지 않은데 선배라는 이유만으로 근무평가 등에서 역량 있는 후배보다 대접받는다면 조직관리나 성과관리 측면에서 더 큰 문제를 야기할 것으로 생각합니다.

이과장: 나사무관도 나와 같은 생각이네요. 든든한 우군을 만난 느낌입니다. 그럼 나사무관이 앞으로 이러한 점을 유의하여 직원들 문제도 원만히 해결해 주면 고맙겠네요.

나사무관: 예, 과장님 뜻을 잘 알겠습니다.

이과장: 참, 그리고 내가 기획업무를 전으뜸주무관으로 바꾼 것은 전주무관 전공이 기획업무에 더 적합하다는 판단 때문이지 최주무관 능력이 부족해서 그런 것은 아니었어요. 그런데 얼마 전 전주무관 기획보고서를 봤는데 기대 이상으로 잘 만들었더군요. 마음 든든하게 생각하고 있어요. 나사무관도 그렇게 이해해 주기 바래요. (이하 생략)

　정부는 관계부처 합동으로 '원격협진 활성화 및 원격의료 시범사업 확산 계획'을 마련해 내년부터 단계적으로 다양한 원격의료 서비스가 국민들에게 제공될 수 있도록 추진해 나갈 방침임을 밝혔다.

　이번 방안은 ▲현행 의료법상 가능한 '의료인 간 원격협진' 활성화 ▲원양선박/군부대/교정시설 등 의료사각지대 중심 원격의료 확산 ▲동네의원 중심 원격의료 시범사업 확산 및 모델 다양화 ▲해외환자 사전·사후 관리를 위한 원격협진 활성화 등 4대 핵심 과제를 중심으로 추진된다. 이번 계획은 2014년 의원·보건소 일부를 대상으로 하던 원격의료 시범사업에서 의료기관·군부대·원양선박·해외진출 의료기관 등 약 140여 개 기관으로 참여 대상을 확대하는 것으로 총 사업비는 약 90억 원이 투입될 계획이다.

　한편 대한의사협회는 원격의료 안전성 점검을 위해 보건복지부, 보건소 등에 공문 4회, 유선 19회로 총 23회 요청한 결과, 현장 확인 불가가 21건, 현장 확인 가능은 2건이라는 응답이 있었다고 설명했다. 그나마 현장을 점검할 수 있었던 B보건소는 의사-환자 간 원격의료가 아니고, 시스템을 구체적으로 확인하거나 연구에 필요한 자료에 대한 피드백의 부재로 인해, 사실상 원격의료 현장을 확인한 곳은 단 한 군데도 없다고 강조했다.

　대한의사협회 최○○ 의료정책연구소장은 "원격의료는 국민의 생명을 담보로 하는 국가 인프라임에도 불구하고 불안전한 운영과 안전성이 낮은 서비스를 제공함으로써 국민의 건강을 희생양으로 삼을 수 있을 뿐 아니라, 의료서비스 접근성에 따른 지역 격차를 심화시켜 빈익빈 부익부 현상을 가중시킬 수 있다"고 지적했다.

10월 12일 오전 10시

최우선 주무관 (이하 최주무관): 전주무관님 원격의료서비스를 비판하는 오늘 신문 기사 보셨습니까?

전으뜸 주무관 (이하 전주무관): 네 봤습니다.

최주무관: 보도 내용이 정부에 대해서 비판적으로 이야기하는 부분들이 많이 있습니다. 그런데 비판근거가 일부 왜곡된 것 같습니다. 보도된 내용들에 대한 정확한 입장을 정리하려면 의사협회와 지난 9월 합의내용 배경자료를 살펴보아야 할 것 같습니다. 전주무관이 그 당시 상황을 잘 아니까 자료 확인 좀 부탁드립니다.

전주무관: 네, 알겠습니다. 그런데 합의내용 배경자료는 현재 의료정책실에 물어봐야 합니다.

최주무관: 당시 논의되었던 내용들이 정리되어 있으면 전주무관도 보유하고 있는 것 아닙니까?

전주무관: 협상과 합의관련 사항은 다 의료정책실에서 진행해서 저희와 공유된 자료가 없습니다.

최주무관: 네, 그럼 의료정책실에 빠른 확인 부탁드립니다.

10월 13일 오전 10시

최주무관: 정주무관님 어제 부탁한 합의내용 관련자료 확인하셨습니까?

전주무관: 아직 못했습니다.

최주무관: 아, 주무관님 사안이 좀 급합니다. 보도된 내용이 계속 확산되고 있어서 원격의료서비스 추진사업에 대한 비판이 점점 거세지고 있습니다.

전주무관: 저도 급하다는 것은 알고 있는데 의사협회 파동 때문에 급하게 관련된 기획들을 하고 있어서 확인할 수 있는 시간이 없었습니다.

최주무관: 지금 상황에서는 빨리 확인하고 언론 대응이 되어야 우리에 대한 부정적인 시각도 완화시킬 수 있는데 이대로 지속되다 보면 왜곡된 내용들은 진실로 인식되어 실제 진실 그대로 받아들여지지 않을 가능성이 커집니다.

전주무관: 그럼 어떻게 합니까? 나도 당장 내 일이 급한데 내 일도 미루고 확인해 줄 수 있는 것은 아니지 않습니까? 그렇게 급하면 본인이 직접 확인해 볼 수도 있는 것 아닙니까?

최주무관: 이렇게 협조가 안 될거라 생각했으면 그렇게 했을 것입니다. 제가 직접 확인하는 것보다는 전주무관이 확인하는 것이 시간이 더 단축될 것이라고 판단해서 그렇게 부탁드린 것입니다.

전주무관: 그럼 직접 확인하십시오. 전 바빠서 확인 못 해 드리겠습니다.

최우선 주무관 (이하 최주무관): 요즘 젊은 직원들은 너무 이기적인 것 같지 않아?

이동철 주무관 (이하 이주무관): 그렇지? 요즘은 신세가 거꾸로 되어 선배가 후배 눈치를 보고 있으니…

최주무관: 이번 원격의료서비스 신문기사건도 그래. 전으뜸 주무관이 담당했던 일과 관련이 있어 자료 확인 좀 부탁했더니 바쁘다는 핑계로 전혀 안 도와주는 거야. 정말 바쁘면 처음부터 못 도와주겠다고 하던지… 내가 하던 기획일을 단장님 새로 오셔서 전주무관에게 맡기니까 저 혼자 잘난 걸로 착각하고 있는 것 같아.

이주무관: 전주무관 업무 수행태도는 옆에서 보아도 문제가 있어 보여. 독불장군식으로 공직생활을 할 수는 없는 것인데 말이지.

최주무관: 과장님이 문제야. 우리의 경력이나 경험보다는 젊은 사람들의 지식만 중요하다고 생각하시니…

이주무관: 참 과장님 얘기가 나와서 말인데, 공공연하게 경력이나 경험보다 능력위주로 근무 고과를 하겠다고 말씀하고 계시니까 스펙 좋은 젊은 후배들이 과장님 믿고 선배들을 우습게 알고 대하는 거 같아

최주무관: 자네는 근무평가 잘 받았나? 사실 나는 이번 하반기 근무평가 결과에 대해 불만이 많아. 그동안 근평이란 게 승진을 앞둔 고참들 위주로 높은 평정을 주는 게 관행처럼 되어왔었고 으레 그런 줄 알고 지내왔었는데, 이제 우리가 고참이 되니까 능력이네 객관성이네 공정성이네 하면서 바뀌는 건 또 뭐냐는 말이지.

이주무관: 그래 나도 같은 생각이네. 근무성적도 전보다 잘 못 받았고… 근무평정이란 게 결국은 과장님이 하시는 것이니까 주관적으로 평가할 수밖에 없고, 그러면 과장님한테 잘 보이는 사람은 잘 받고, 잘 못 보이는 사람은 낮은 평가를 받을 수밖에 없지 않은가. 능력이라는 게 객관적으로 확연하게 드러나는 게 아니잖아. 그러면 그게 더 불공평한 것 아닌가?

최주무관: 업무 분장 건도 그래. 지금 전주무관이 하고 있는 기획업무는 그 친구 오기 전에 내가 3년 넘게 담당하고 있지 않았나? 근데 전주무관 전공분야가 기획업무와 관련이 많다고 3년 넘게 OJT로 숙련을 쌓은 나를 홍보업무로 변경시킨 것도 내가 이해하기 힘들어. 홍보업무 자체가 허드렛일이라고 생각하는 것은 아니지만 별 설명도 없이 업무가 바뀌니까 마치 낙오자가 되는 느낌이야

이주무관: 근무평정이나 업무분장과 같이 민감한 사안을 그런 식으로 처리하는 것은 문제가 있어 보여. 이런 문제들은 과장님이 좀 깊게 고민해 보셔야 할 것 같은데…덥석 일부터 저질러 버렸으니…. 열정적으로 뭔가를 해 보려는 모습은 좋지만, 너무 급하게 밀어붙이려고 하시는 것 같아.

최주무관: 그러게나 말일세. 요즘은 일하는 재미가 안 나. 아침에 출근할 때면 오늘은 어떻게 지내야 하나라는 생각부터 든다니까.

이주무관: 나도 비슷한 느낌이야. 신참때 열심히 일한 것밖에 없는데 이제 와서 스펙 부족하다고 괄시받는 이런 분위기는 참기 힘들어… (이하 생략)

김형욱 주무관 (이하 김주무관): 최 주무관 요즘 무슨 일 있어? 요즘 자네가 담당하는 원격의료서비스 관련한 기사가 자주 뜨던데 일 때문에 많이 힘든가 보네. 얼굴도 많이 안 좋아 보이고…

전으뜸 주무관 (이하 전주무관): 아니야. 그냥 일이 생각대로 잘 안 풀려서 그렇지.

김주무관: 무슨 일이 있구만 뭘 그래. 속 시원하게 얘기해 봐. 무슨 일인데 그래?

전주무관: 큰일은 아니고, 요즘 같이 일하는 주무관 때문에 스트레스를 좀 받고 있어. 내 일도 정신없이 바쁘고 힘든데 선배랍시고 수시로 요구하는 것도 많고 자기 입맛대로 도와주지 않으면 괜히 서운해하고…

김주무관: 원래 동료 직원과의 관계가 쉽지 않은거지. 특히 고참들은 더 까다로운 것 같아. 아량도 없고…

전주무관: 선배 주무관들이 너무 안일하게 업무를 하는 것 같아. 일에 대한 자부심이 없는 것 같아. 특히 우리 과의 최우선 주무관은 요즘 들어 더 그런 것 같아. 과장님께 불만이 있는 것 같은데, 그렇다고 남에게 피해를 주거나, 자기 일을 등한시해서는 안 되는 것 아닌가?. 난 이런 분위기에 적응하는 게 쉽지 않은 것 같아. 자네 과도 그런가?

김주무관: 글쎄. 자네 일하는 과와 우리 과는 분위기가 많이 틀린 것 같네. 우리과는 과원들끼리 관계도 좋고, 협조도 잘 되는 편이야. 과장님께서 항상 과 내의 업무는 나 혹은 다른 사람의 업무가 아닌 우리과 공통의 업무라는 점을 강조하시는 것도 업무 협조가 잘 되는 이유 중의 하나인 것 같아.

전주무관: 나는 동료 주무관들과 잘 안 맞는 것 같아서 그런지 함께 일하는 게 힘들어. 지금까지 꾹 참고 한번 잘 해 보려고 했는데, 이제 그런 생각마저도 접었어. 여기에 계속 있는 것이 내 경력상 도움이 될 것이라 생각했는데, 있다 보니 그런 것 같지도 않고, 업무량도 너무 많아서 자기개발도 힘들고…

김주무관: 요즘 일이 너무 많아서 그런가?

전주무관: 요즘 일도 많은데다 최주무관님이 자신이 맡은 업무를 잘 못해 주니까 안 받아도 될 스트레스도 받고 그래. 자기 일 처리도 제대로 못하면서, 나이 좀 많다고 나보고 싸가지가 없네, 혼자 잘난 척 하네 이런 소리나 하고 말이지. 그리고 우리 과장님이 지난 7월 근평 때 평가방식을 능력중심으로 변경하는 바람에 선배들 보다 내가 좋은 평가를 받았거든. 어차피 지금 승진할 것도 아닌데 괜히 미움만 사서 직장생활만 어려워지는 것 아닌가하는 생각이야.

김주무관: 과장님이 근평기준을 변경한 것은 시대 흐름 아닌가? 당연히 그렇게 되어야 공직사회가 바뀌지 않겠어? 물론 과장님이 독단적으로 성급하게 추진한 것이라면 방법론상 아쉬운 점이겠지만 방향은 맞다고 봐.

전으뜸 주무관: 그렇지만 근평 잘 받는다고 당장 승진하는 것도 아닌데 주무관들 간 관계만 나빠지게 되면 후배인 나만 더 힘들어지잖아. 다면평가나 조직 내 평판도 잘 나올 수 없고 말이지… (이하 생략)

보낸 사람	최우선 주무관
받는 사람	나신임 사무관
받은 시간	2025-10-13 16:27:23
제　목	애로사항 건의

　　나신임 사무관님, 최우선 주무관입니다. 오신지 며칠 안 되셨는데 이런 말씀 드리는 것에 대해 신중 고민하였으나 나사무관님도 어차피 아셔야 할 것 같아서 이렇게 메일 보냅니다.

　　현재 저희가 추진하고 있는 원격의료서비스업무 중 전으뜸 주무관은 기획 및 보고서 작성을 담당하고 있고 저는 홍보업무를 맡고 있습니다. 과장님 오시기 전에는 제가 기획업무를 담당하였었는데 어느 날 별다른 설명 없이 갑자기 업무 분장이 변경되었지요. 제가 담당하고 있는 홍보업무가 중요하지 않다고 생각하는 것은 아니지만 납득하기는 어렵습니다.

　　전으뜸 주무관이 원격의료서비스분야의 전문가로서 우리부에 들어왔고, 그가 전문성을 가지고 있다는 것은 인정합니다. 하지만 저도 우리부에서 10년 이상 근무하였고, 최근 3년간 관련한 기획업무를 해 왔기 때문에 그에 못지않은 전문성을 가지고 있다고 자부합니다. 더군다나 전으뜸 주무관은 이제 갓 대학원을 졸업하여 현장 경험이 부족할 뿐만 아니라, 부 내 인맥도 없어 큰 틀에서 판을 보는 데에는 어려움이 있다고 봅니다.

　　제가 전으뜸 주무관에 비해 전문성이나 경력, 일을 추진하는 면에 있어서 전혀 뒤처지지 않음에도 불구하고 왜 담당하던 기획업무를 갑자기 뺏겨야 하는지 잘 이해가 되지 않습니다. 과장님이 보시기에 제 업무 능력이 떨어진다고 생각하시는 것 같아서 일을 할 기분이 나지 않습니다.

　　더군다나, 지난 7월 근무평정도 제대로 받지 못하여 승진을 앞두고 관리가 절실한 시점에 타격도 큰 상황입니다. 저는 신입 때 선배들 뒤치다꺼리 다 하고 근평도 희생하면서도 나도 때가 되면 대접받고 지내게 될 거라는 기대 하나로 버텨왔었는데 이제는 후배들에게 밀리는 뒷방늙은이 신세로 전락하고 있는 것 아닌가 하는 조바심도 납니다. 급작스러운 근평 방식의 변경도 문제라고 봅니다.

　사무관님께서 지금 당장 업무 분장이나 근평방식에 대해 고치기는 어려울 것이라는 것을 잘 알고 있습니다. 하지만 제 입장에서 보면 업무 분장이나 근평방식이 과장님 주관적으로 진행되어 불공정하다고 보며 앞으로도 계속 이런 형태로 지속된다면 도저히 일을 하지 못할 것 같습니다. 나사무관님 계신 동안 이런 점을 헤아려 주셨으면 좋겠습니다.

보낸 사람	홍수민 주무관
받는 사람	나신임 사무관
받은 시간	2025-10-12 10:20
제 목	인사자료 송부

홍수민 주무관입니다. 주말 즐겁게 보내셨어요?

지난 목요일에 요청하셨던 두 주무관 인사자료 보내드립니다.

참고하시기 바랍니다.

첨부 1: 최우선 주무관 인사자료

첨부 2: 전으뜸 주무관 인사자료

보낸 사람	나신임 사무관
받는 사람	홍수민 주무관
받은 시간	2025-10-8 15:35
제 목	자료 요청

나신임 사무관입니다.

최우선 주무관과 전으뜸 주무관의 인사 자료- 경력 사항 및 성격검사 결과를 보내 주시기 바랍니다.

월요일 오전까지 부탁드립니다.

즐거운 주말 되세요.

성명	최우선	생년월일	1984. 3. 21.
입부년도	2015. 10.	소속	원격의료 서비스과

학력	학교	전공	학위	비고
	xx대학교	행정학	학사	졸업

인사 평가

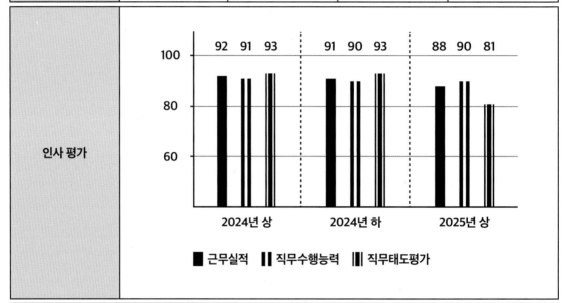

근무실적: 92 91 93 (2024년 상) / 91 90 93 (2024년 하) / 88 90 81 (2025년 상)

■ 근무실적 ▌▌ 직무수행능력 ▏▏▏ 직무태도평가

주변 평가	기본품성	• 활발하고 사교적임
	업무능력	• 꼼꼼하고 책임감 있게 맡은 일을 처리함 • 창의성과 적극성은 다소 부족한 편임
	조직관리	• 직원들과 원만한 관계를 유지하며 협조적임

주요업무경력	상사관찰결과
• 의료정책실 의료정책과 • 운영지원과 • 사회정책실 장애인복지과	• 장점: 책임감이 강해 어떠한 어려움이 있어도 맡은 소임을 감당 • 단점: 업무에 대한 열정이 다소 부족하여 간혹 업무수행이 늦어지는 경우가 발생

성격검사를 통한 개인성향분석 결과
강점 - 책임감 있게 맡은 일을 처리 - 동료 등 주위사람들과 원만한 관계를 유지하고 협조적 자세를 견지
의사소통 - 사교적 성격을 바탕으로 활발하게 교류하는 편임 - 표현력이 좋고 효과적으로 의사소통함
가족친구관계 - 활발하고 사교적이며 친화력이 있음 - 쉽게 사람을 사귀며 좋은 관계를 유지하는 편임
주의사항 - 자존심이 강해 다른 사람보다 돋보이는 업무를 수행하고 싶어 함 - 감성적인 성향으로 자기감정 통제가 약하고 신중해야 할 상황에서 감정적으로 일을 처리하기도 함
개발사항 - 감성보다 이성, 주관보다 객관에 입각한 사고 필요 - 일에 대한 열정과 새로운 업무에 대한 창의력 제고 필요

학력	성명	전으뜸	생년월일	1994. 9. 9.
	입부년도	2023. 10.	소속	원격의료 서비스과

학력	학교	전공	학위	비고
	xx대학교	경영학	학사	졸업
	xx대학 보건대학원	보건학	석사	졸업

인사 평가

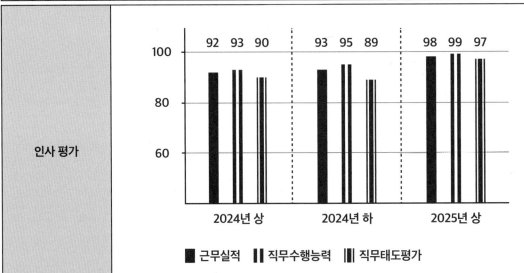

2024년 상	2024년 하	2025년 상
92 93 90	93 95 89	98 99 97

■ 근무실적 Ⅲ 직무수행능력 Ⅲ 직무태도평가

주변 평가	기본품성	• 조용하고 내성적임
	업무능력	• 전문성과 현실감각을 겸비하고 있으며 논리적임
	조직관리	• 직원과의 관계형성에 무관심하며 개인주의 성향임

주요업무경력	상사관찰결과
• 의료정책실 보건정책과	• 장점: 뛰어난 업무수행능력 • 단점: 개인주의 성향으로 친화력 부족하고 동료직원에 　　　　대한 배려심 부족

성격검사를 통한 개인성향분석 결과
강점 - 논리적이고 체계적으로 업무를 추진 - 사전계획에 따라 치밀하게 업무를 진행하고 책임감도 강함
의사소통 - 직설적으로 자기의견을 표현하는 경향 - 타인의견 경청보다 본인 의견을 고집하는 모습도 종종 관찰 - 토론 시 설득력 있음
가족친구관계 - 외향적이지는 않으나 진실된 관계형성을 중시함 - 모임의 중심적 역할을 담당하는 카리스마 보유
주의사항 - 대인관계에서 불필요한 오해와 갈등을 초래할 위험 상존 - 냉정하고 원칙적인 모습으로 친화력 부족
개발사항 - 타인에 대한 배려와 아량심 배양 - 본인 업무 외 동료직원 등 팀단위 사고하는 능력 필요

자료 9　이동철 주무관의 이메일

보낸 사람	이동철 주무관
받는 사람	나신임 사무관
받은 시간	2025-10-14 17:25
제　목	상황보고

　　나사무관님, 이동철 주무관입니다. 최근 전으뜸 주무관이 다른 직원들과 계속적으로 문제를 일으키고 있어 이렇게 메일을 보내게 되었습니다.

　　정확한 상황까지 알 수는 없지만, 최우선 주무관이 얼마 전 저에게 현재 진행하고 있는 일과 관련하여 하소연을 하더군요. 최주무관이 웬만해서 다른 사람들과 마찰을 일으킬 사람이 아닌데, 그렇게 서운해하는 것을 보면, 전으뜸 주무관과 많이 어긋나 있는 것 같습니다.

　　비단 최우선 주무관뿐만이 아닙니다. 전으뜸 주무관의 업무 능력에 대해서는 모두들 인정하면서도, 전주무관의 인간성에 대해서는 모두들 부정적으로 생각하는 것 같습니다. 전으뜸 주무관이 워낙 타인의 말을 듣기보다는 자신이 하고 싶은 말을 직선적으로 내뱉는 것도 있고, 자신의 의견이 관철되지 않을 때는 끝까지 자기주장을 굽히지 않아 다른 직원들과 얼굴을 붉히게 되는 일도 한두 번이 아닙니다. 지난번 회의 때도 다른 사람들의 아이디어를 폄하고, 끝까지 자기주장이 옳다고 우기는 바람에 다른 직원들과 심한 다툼으로 번질 뻔 했습니다.

　　모든 원인이 전으뜸 주무관에게만 있는 것은 아닐 겁니다. 손뼉도 마주쳐야 소리가 나듯이 전으뜸 주무관과 다른 직원들 간에 문제가 발생하는 것은 다른 직원들도 문제가 있는 것이겠지요. 하지만 유독 전으뜸 주무관을 중심으로 여러 잡음들이 발생하는 것을 보면, 전주무관의 태도에 문제가 있다고밖에 볼 수 없습니다. 나사무관님이 우리 과로 새로 오셨으니까 문제가 더 심각해지기 전에 원만하게 해결되길 바라는 마음에서 한 말씀 드렸습니다. 사무관님께서 잘 해결해 주시기를 부탁드립니다.

　　최우선 주무관 역할을 연기하는 자는 다음 각 입장을 참고하여 나신임 사무관과의 면담에 응하기 바랍니다. 주어진 스토리 외에 전체 흐름에 맞게 허구 상황을 가상하여 면담에 응하여도 무방합니다.

#1 업무분장에 대한 최우선 주무관의 불만문제
- 자신은 원격의료서비스 기획업무를 지난 3년간 담당해왔기 때문에 경험과 전문성을 갖추고 있다는 자신감을 보인다.
- 과장님이 새로 부임하여 별다른 설명도 없이 홍보업무를 맡도록 업무분장을 바꾼 것은 부당하다는 의견을 제시한다.
- 그렇다고 새로 맡은 홍보업무가 덜 중요하다고 생각하고 있지는 않다고 강조한다.

#2 근무평가에 대한 최우선 주무관의 불만문제
- 과장님의 근무평가가 공정하게 이뤄졌는지 확신이 가지 않으며, 근평이 과장님 판단에 따른 주관적 결과라고 본다고 강조한다.
- 자신도 과거에 업무 기여도보다는 신참이라는 이유만으로 선배들보다 근무평가를 제대로 받지 못한 때가 많았음을 밝힌다.

#3 전으뜸 주무관과의 비협조적 태도와 관련된 문제
- 전주무관의 비협조적 업무태도를 용납하기 어렵다고 강조한다.
- 나이도 어리고 경력도 한참 일천한 후배가 과장님 인정을 받는다고 안하무인격으로 선배를 무시하는 것은 어느 정도 과장님 업무분장 방식에 기인한 측면도 있음을 지적한다.
- 홍보업무는 직원 협조가 필수적인데 자료를 요청하더라도 몇 번 재촉해야만 겨우 확보할 수 있다는 애로사항을 호소한다.

#4 마무리 및 유의사항
- 제기한 불만사항에 대해 명확하지 않은 부분을 한번 더 문제 제기
- 면담 중반까지는 되도록 자신의 입장을 강하게 표현하되, 무조건적으로 강하게 나가가다 면담 후반에 갑자기 동의하는 일이 없도록 면담의 흐름을 잘 관리해야 한다.

역할연기와 피드백

■ 다음의 실제 역할연기사례를 토대로 어떤 부분이 잘 되었고 어떤 부분
   이 개선되어야 할 점인지를 살펴보기로 한다.

■ 피드백 대상은 나신임 사무관 역할을 하는 피평가자이다. 실제 평가에서
   는 평가자가 최우선 주무관 역할을 담당한다.

■ 나신임 사무관과 최우선 주무관의 약칭을 각각 '나'와 '최'로 표기한다.

■ 피드백 내용은 하단에 주석으로 정리한다.

역할연기 사례 1

나: 최우선 주무관, 회사 다닐만한가?[1] 제가 메일들을 받은 게 있는데 이동철 주무관과 친한 것 같군요. 최우선 주무관이 요즘 힘들어한다는 얘기를 들었는데 내가 해결해 줄 수 있는 문제이거나 들어줄 수 있는 부분이 있다면 들어 보고 최대한 일하는 데 도움을 주고 싶어서 면담요청을 했습니다.[2]

최: 지금 특별히 문제가 있는 상황이라고 생각하지 않습니다. 다만 전으뜸 주무관이 저에 대해 안 좋은 감정을 가지고 있는 것 같은데 이대로 지내도 상관은 없지만 기왕이면 같이 호흡해서 일하면 좋겠죠. 그런데 저에게 악감정이 있는 것 같다는 생각도 듭니다.

나: 악감정이 있다고 느꼈던 계기가 있었나요?[3]

최: 며칠 전 홍보관련해서 전주무관에게 자료 요청을 했었는데 부정적인 반응을 보여 많이 힘들었습니다.

나: 이번 보도자료와 관련된 건입니까? 구체적으로 어떤 방식으로 요청을 했기에 그런 문제가 발생했나요?[4]

최: 제가 가지고 있는 자료보다 상세한 자료를 전주무관이 가지고 있다고 생각해서 자료를 요청했는데 전주무관은 귀찮다고 생각한 것 같습니다. 끝내 자료를 주지 않았습니다.

나: 아무래도 전주무관이 나이도 어리고, 연공서열을 중심으로 생각하는 우리 조직의 관행도 있어서 경력과 연륜이 많은 최주무관이 나이 어린 전주무관의 태도를 받아들이

---

1) 1:1 역할연기에서 반말을 해서는 안 된다. 과도한 존칭표현도 거슬리지만 하급직원에 대한 하대는 더욱 해서는 안 된다는 점을 환기할 필요가 있다. (필자가 실제 역할연기 과정에서 나사무관 역할을 하는 연기자의 반말하는 모습을 보고 이를 지적하였다. 그 이후부터는 경어를 사용하였다.)

2) 나사무관의 최주무관 면담의 목적은 최주무관의 불만과 애로사항을 청취하고 해결대안을 제시하여 기획 및 홍보업무에 관한 성과를 내기 위함이다. 따라서 나사무관은 면담 초반에 불만이나 애로사항을 툭 터놓고 얘기할 수 있는 분위기를 만들어야 한다. 이동철주무관을 인용하면서 어떤 문제가 있냐고 단도직입적으로 시작하기보다는 최주무관의 마음을 열게 하는 대화를 통해 사전 정지작업을 하는 것이 효과적일 것으로 보인다.

3) 구체적이고 간결한 질문이다. 질문이 장황하면 질문의 요지를 파악하지 못하고 딴 말을 하기도 쉽고, 대답 자체가 장황해지기도 쉽다.

4) 요청한 자료를 못 받아 힘들었다는데 어떤 방식으로 자료를 요구했냐고 질문하기보다는 왜 자료협조가 안 되었다고 생각하느냐고 물어야 하지 않을까? 전자의 질문은 '자료 요청 시 고압적이거나 일방적으로 요구하여 상대방이 기분 나쁘게 생각한 것 아닌가' 라는 선입견을 갖고 하는 질문으로 보여질 수 있다.

기 힘들다는 점은 이해가 갑니다.[5]

최: 그 말씀은 제가 전주무관보다 현행 평가체계에서 낮은 점수를 받을 수밖에 없다는 의미로 들리는데…

나: 아, 그런 의미는 아니고요. 새로 오신 과장님의 평가방식 변경으로 연차가 높은 직원들이 불만을 갖고 있다고 듣고 있어요. 최주무관이 악감정을 느꼈다고 언급하는 것을 보면서, 승진을 앞둔 최주무관도 같은 상황이라 생각해서 한 이야기입니다.

최: 새로 오신 과장님이 고참인 저보다 신참인 전주무관을 더 좋게 평가한 것을 알고 마음이 아팠지만 전주무관에게 대놓고 감정을 표현했다고는 생각하지 않습니다. 업무적인 차원에서 접근했었는데 전주무관이 비협조적이니 기분도 안 좋고 어떤 식으로 일해야 할지 막막합니다.

나: 제가 보기에도 과장님의 급작스런 평가방식 변경으로 잡음과 불만이 많이 있다는 점에 공감하지만,[6] 변화를 위해서는 일부 잡음은 불가피한 측면도 있고 이 점을 직원들이 이해해야 한다고 봅니다. 이런 맥락에서 최주무관이 역량과 경험이 풍부하고 인맥도 강하므로 현재의 홍보업무에서 성과를 충분히 보여 주면 과장님께서 상응하는 평가를 할 것이라고 봅니다. 그래야 지난번 평가를 만회할 수 있을 거라고 봅니다.[7] 그리고 전주무관과의 관계에 있어서는 전주무관이 논리적이고 설득력도 있는 편이지만 독단적이고 의사소통에 서툴러서 상대방이 공격적으로 듣게 되는 면도 있다고 느끼고 있습니다. 그런 부분에 대해 저도 전주무관과의 면담을 통해 협업분위기를 강조하면서 업무추진 방식에 관하여도 당부할 생각입니다. 그런 후에도 전주무관이 변화를 보이지 않으면 저에게 말해 주기 바랍니다. 그럼 다시 생각해 볼게요.

최: 알겠습니다. 그러나 이번 발령과 평가로 인해 제가 자존심도 상한 것 같고, 이 부서의 업무를 계속해야 할지 고민이 됩니다. 제가 하던 기획업무를 뺏긴 점과 단지 능력이 좋다는 이유로 업무를 아무런 상의 없이 변경시킨 것에 대해 상처를 입었습니다. 또한 전주무관과 같이 협업하는 데 어려움도 있습니다.

나: 별다른 설명 없이 업무분장이 변경된 점에 대해서는 최주무관의 입장이 난처하고 자

---

5) 나사무관은 최주무관에 대해 부정적인 선입견을 갖고 있는 듯하다. 이런 생각을 갖고 면담에 임하면 아무래도 상대방의 마음을 얻고 설득하는 역량을 보여 주기 어렵다. 면담 시 가급적 본인의 주관적 의사를 피력하기보다는 상대방의 의중과 생각을 청취하고 대안을 제시하는 데 중점을 두어야 한다. 질문과 자기판단은 구별되어야 한다.

6) 나신임 사무관 입장에서 과장의 근평방식 변경에 대해 급진적이라고 판단하고 직원의 불만에 공감하는 태도를 보이는 것은 바람직하지 않다. 중간관리자가 직원 앞에서 상사를 비판하는 것은 일종의 편들기에 해당된다.

7) 최주무관에게 홍보업무의 중요성과 이 업무를 맡기에 적임자라는 느낌을 추가하여 언급하였으면 설득력이 더 있었을 것으로 보인다.

존심을 상할 수 있다고 생각합니다. 그러나 단지 최주무관이 능력이 부족하고 전주무관이 뛰어나서 이렇게 업무분장이 되었다고는 생각하지 않습니다. 아마도 전공에게 업무를 맡겨봤을 때 나타나는 효과에 대한 실험적인 측면에서의 업무분장 변경이라고 생각하고 있습니다. 전주무관 능력이 더 뛰어나서 그리된 것이 아니니까 이 점을 오해하지 않았으면 좋겠습니다.[8]

최: 원격의료서비스 기획업무를 전공한 전주무관에게 기획업무를 맡기는 것처럼 홍보업무 전문가에게 홍보업무를 맡겨야 하는데 저는 홍보업무가 생소하기도 하고 사전에 알려주셨다면 생각해 볼 시간도 있었을 텐데 그렇지 않은 상태에서 바로 홍보로 발령받은 심정을 헤아려주시면 합니다. 물론 나사무관께서 업무분장을 변경한 것은 아니라는 점을 알고는 있습니다만 제가 속이 많이 상하고요, 마치 제가 가지고 있던 업무를 빼앗겼다는 생각밖에 들지 않습니다.

나: 충분히 그렇게 생각할만한 상황이라는 점에 공감하고요. 홍보가 최주무관 전공은 아니지만 부서 내에서 경력이 많고 꼼꼼한 처리 능력이 있다고 과장님이 판단해서 맡긴 거라고 봅니다. 기획업무도 중요하지만 우리과 업무 상황에서 볼 때 홍보 업무가 매우 중요한 때이고 홍보업무의 원활한 추진을 위해 발령낸 부분도 있기 때문에 그리 이해해 주기 바랍니다.[9]

최: 알겠습니다. 이제 홍보로 왔고 제 업무에 책임도 져야 하는 상황이므로 업무분장문제를 다시 언급하는 일 없도록 하겠습니다. 다만 나사무관께서 업무협조에 대해 전주무관을 설득하는 것이 먼저라고 생각합니다.

나: 알겠습니다. 면담 후 전주무관과도 대화하겠습니다. 전주무관에게 공동 목표를 위해 일할 수 있는 공동체의식이 부족하다고 봅니다. 최주무관도 전주무관에게 공동체의식

---

8) 급작스러운 업무분장 변경에 대해 최주무관이 가졌을 감정에 대한 공감과 위로는 적절해 보인다. 다만, 과장의 업무변경에 대해 실험적 배치라고 주관적으로 판단하기보다는 홍보업무에서 최우선 주무관이 성과를 내는 것이 중요하다고 강조하는 것이 나을 것이다. 본인이 하지 않은 업무분장 건에 대해 굳이 잘잘못을 판단할 필요는 없기 때문이다.

9) 홍보업무 담당의 의미와 중요성을 강조한 점은 최주무관이 갖고 있는 업무분장 불만 건에 대해 적절한 해결책을 제시한 것으로 보여진다. 부하직원의 애로사항을 경청하고 해결해 주는 것은 의사소통과 동기부여 역량의 중요 포인트이다.

을 강조하고 팀워크를 잘 이뤘으면 합니다. 잘 부탁합니다.[10]

최: 독단적인 행동을 하는 전주무관을 제가 과연 포용하고 갈 수 있을지 의문입니다. 사무관께서 그리 말씀하시니까 저도 노력해 보겠습니다만… 전주무관 하는 태도 지켜보면서 노력해 보도록 하겠습니다.

---

10) 최우선 주무관과 전으뜸 주무관의 업무갈등에 대해서 부서중심 사고를 강조하고 공동체정신을 환기한 점은 나사무관의 팀워크지향역량을 잘 보여 주고 있다. 여기서 한 걸음 더 나아가 서로 협조하여 팀으로서 성과를 낼 때 최주무관의 근평에도 긍정적 영향을 주게 된다는 점을 추가하면 최주무관의 근평에 대한 불만문제를 일정부분 해결하는 효과도 거둘 수 있다. 나사무관으로서는 최주무관 불만의 근본원인은 전주무관 때문에 근평을 제대로 받지 못한다고 생각하는 데 있으므로 전주무관과의 협조를 얻어 내어 팀워크로 일을 해야 홍보업무에 있어서도 성과가 나게 된다는 점을 지적할 필요가 있다. 그리고 홍보업무에 있어 성과를 나타내야 과장의 평가를 잘 받게 되어 승진 등 신상문제에도 큰 도움이 된다는 점을 강조해야 한다. 직원들 간 협조는 상급자인 나사무관을 위해서가 아니라 본인 스스로를 위해서임을 주지시켜야 한다.

역할연기 사례 2

최: 안녕하십니까? 나사무관님.

나: 요즘 과내에 여러 가지 이야기들이 있어서 좀 뵙자고 했습니다.[11] 부임하고 처음 면담하는 것 같은데 요즘 일이 많으시죠? 하던 일도 바뀌어서 적응하는데 시간도 필요할 것 같고 요즘 어떠세요?

최: 업무가 기획업무에서 홍보로 바뀌다 보니 모르는 것이 많습니다. 사실 얼마 전 언론에 원격의료서비스에 관한 비판기사가 나와서 자료협조가 필요했었는데 주변 협조를 얻는 과정이 순탄치 않아서 힘들었습니다.

나: 순탄치 않았다는 게 구체적으로 무슨 문제인지요?

최: 이 자리에서 말씀드려도 되는지 모르겠지만, 의료서비스 관련 언론 대응자료가 필요해서 이전 담당자인 전주무관에게 자료를 요청하였습니다. 이 사안이 굉장히 큰 업무이고 우리 과 업무에 걸림돌이 될 수 있는 자료라 생각하여 부탁했는데 전주무관이 바빠서 하지 못한다고 했습니다. 긴급하니까 한 번 더 준비해달라고 요청드렸으나 급하면 직접 알아보라고 감정적으로 대응하더라고요. 업무적으로 해결해야 하는 일인데 바쁘다는 이유로 비협조적으로 나오니까 제 기분이 많이 상했습니다.

나: 협조에 어려움이 있었던 것 같네요. 평소에도 두 분이 그런 식으로 부딪쳐왔나요? 업무 협조면이나 관계적인 면에 있어서…

최: 그렇게 원만한 관계는 아니었습니다. 그동안 제가 담당했던 기획업무를 과장님이 갑작스럽게 변경하시는 바람에 저는 아무런 설명과 이해 없이 업무가 변경되었습니다. 그 과정에서 저는 소홀히 대해진 것 같았으며 그때부터 전주무관과의 관계가 조금 어색해졌습니다.

나: 업무변경이 되면서부터 전주무관과의 관계가 서먹해지셨군요.[12]

---

11) 나사무관이 먼저 면담요청을 했는데 최주무관이 먼저 인사를 하게 하는 것은 부자연스럽다. 최주무관과의 면담을 주도하면서 면담 분위기를 부드럽게 조성하는 것이 필요하다. 요즘 이야기들이 있어서 보자고 했다는 식으로 시작하기보다는 rapport(래뽀) 조성이 우선이다.

12) 나사무관의 질문은 구체적이고 간결하다. 그리고 최주무관의 답변내용을 재차 확인하면서 묻는다. (사례 1)에서와는 달리 과장의 업무분장 변경에 대해 본인의 판단을 배제하면서 사실관계 중심으로 대화를 이끌어 가고 있다. 의사소통 역량은 경청과 간결하면서도 구체적인 질문, 그리고 효과적 의사전달로 구성되는 데 나사무관의 대화법은 경청과 간결함, 그리고 구체적 질문 등 나무랄 데 없다. 그러나 최주무관이 업무분장과정에서 자존심이 상했다고 언급하는데 이에 대한 공감과 위로를 보여 주지 않고 있어 최주무관이 나사무관에게 마음을 열고 하고 싶은 말을 다 할지는 의문이 든다.

최: 제가 홍보를 덜 중요한 업무로 생각하는 것은 아닙니다. 기왕에 맡은 업무니까 열심히 하려고 하는데, 다만 전주무관이 항상 자료요청을 할 때 덜 협조적으로 하고 감정적으로 알아서 하라는 식으로 대하고 있어 관계는 좋지 않습니다.

나: 그런데 단순히 업무협조의 문제라면 최주무관의 경력이나 업무능력으로 보아 쉽게 해결할 수 있을 것 같은데 혹시 다른 문제가 있습니까?[13]

최: 사실 과장님이 오시면서 근무평가 방식을 예전의 관행에서 능력중심으로 개선하자 하는 것은 좋은 방향이긴 하지만 많은 직원들의 공감을 얻고 있는 것은 아닙니다. 열심히 일하던 직원들 입장에서는 갑자기 역량이나 전공 등에 치우쳐서 개선을 하려고 하시니까 공감이 덜 되는 거죠. 갑자기 젊은 직원들을 전공분야라는 이유로 업무에 배치하시니까 업무추진에 있어 잡음이 생겨도 문제해결이 잘 안 되는 것이라고 봅니다.

나: 이번에 전년도 대비해서 근무평가를 잘못 받으셨나 봐요?

최: 아 예… 이번에 별로 좋지 않게 받았습니다.

나: 제가 주무관님 오시기 전에 근무평가 자료를 봤습니다. 다른 평가는 전년도 대비 크게 떨어졌다고 생각하지는 않습니다. 다만 직무태도 평가에서 전년 대비 점수가 크게 떨어진 것 같습니다. 직무태도 평가는 주관적일 수는 있지만 조직 내 관계나 소통으로 평가하는 항목인데 이 부분에서 점수가 떨어진 것에 대해 어떻게 생각하세요?[14]

최: 근무태도평가는 객관성이 적다고 생각합니다. 과장님이 추진하시는 새로운 방식이 저의 기존 업무방식과 적합하지 않아서 생긴 일이겠지요. 과장님의 기준에 의한 주관적인 평가라고 생각합니다.

나: 기존의 평가방식이 더 좋았다는 말씀입니까?

최: 꼭 그렇다는 것은 아닙니다. 저는 신입 때부터 평가와 상관없이 뭐든 열심히 해왔었습니다만 과장님 나름대로 개인적으로 중시하는 기준이 정해져 있어서 그 기준에 적합하지 않아서 평가결과가 안 좋았다고 생각합니다. 과장님이 전주무관의 전공을 좋게 보시고 있어 상대적으로 제가 떨어진다고 생각하셨던 것 같습니다. 하지만 저는 제 나름 책임감을 갖고 열심히 했기 때문에 이런 평가는… (억울합니다)

나: 최주무관 얘기를 들어 보니 젊은 주무관과의 갈등문제 그리고 과장님 부임하시면서

---

13) 마음속의 하고 싶은 이야기를 끌어내는 좋은 질문이다.

14) 나사무관이 이 대목에서 처음 본인의 판단을 언급한다. 이왕이면 지금까지와 같이 왜 근평이 나빠졌는지를 최주무관이 직접 말하도록 하는 질문방식을 유지하는 것이 어떨까? 최주무관이 조직 내 소통이나 관계에서 문제가 있는 것처럼 지적하게 되면 최주무관 심리가 방어적으로 되기 때문에 원활한 소통이 안 될 우려가 있다.

근평방식 변경에 따른 불만도 있는 것 같네요. 하지만 예전에도 선후배 간에 이러저러한 갈등이 있었을 겁니다. 최주무관도 젊었을 때 선배들에 대한 갈등이나 불만 있지 않았겠어요? 근평의 경우 공직사회뿐만 아니라 큰 틀에서 이런 방향으로 변할 것이라고 봅니다. 전주무관 문제에 대해서는 과장님 입장에서 생각하는 것이 필요하다고 생각합니다. 과장님이 3개월밖에 안 되셔서 인사의 적정성을 기하기에는 직원들을 잘 모르기 때문에 스펙이나 전공에 많이 의지하지 않았나 생각합니다.[15] 최주무관 근평은 그렇게 나쁜 수준은 아닌 것 같고요. 다만, 직무태도평가 부분은 개선의 여지가 있기 때문에 바뀔 수 있다고 생각합니다. 지난 10년간 근무하신 경험이 있기 때문에 과장님도 약간 더 시간이 흘러가면 과장님의 최주무관에 대한 평가가 달라질 거라고 확신합니다. 너무 급하게 생각하지 마세요. 새로 오신 과장님께 그간 쌓아온 노하우나 경험을 짧은 시간에 다 보여드릴 수 없는 것 아닌가요? 부임하신 지 얼마 되지 않다 보니 전주무관의 스펙이나 학벌 등이 부각되어서 더 어필되었을 수 있지만 지속적으로 일하다 보면 과장님도 최주무관의 진가를 알게 되실 겁니다.[16] 최주무관이 젊은시절에 선배에 대해 불만이 있었듯이, 전주무관도 최주무관에 대해 막연한 불만이 있을 거예요. 왜 일을 저런 식으로 할까? 능력도 떨어지는 것 같은데, 일도 잘 못하는 것 같은데, 전문성도 별로 없어 보이는데, 옛날 방식만 고집하는 것 아닌가 등등. 그런 불만들에 대해 최주무관이 인간적으로 가까워지려고 하는 노력도 필요한 것 같은데, 스스로 젊은 친구들과 함께 보내려는 인간적인 노력도 해 봤습니까?[17]

최: 다른 직원들이 어떻게 생각하는지는 알고 있습니다만, 업무상 협조가 안 되는데 인간적으로 협조를 할 수는 없는 거 아닙니까. 사무관님의 말씀대로 제가 선배니 먼저 아량을 베푸는 것이 맞을 수 있지만. 전주무관이 본인이 하던 일이 타인에게 넘어갔다고

---

15) 나사무관이 과장이 부임한 지 얼마 안 된 상태에서 근무평정을 하면서 스펙이나 전공을 기준 삼았다고 단정적으로 말하는 것은 부적절하다. 내심으로 그렇게 생각하더라도 그런 식으로 직원에게 발언하는 것은 성급해 보인다.

16) 나사무관은 최주무관에게 업무분장변경과 낮은 근평 건에 대해 과장이 새로 부임하여 직원을 잘 몰라 스펙과 전공에 의존한 의사결정을 하였지만 시간이 지나면 최주무관의 경험과 능력을 알게 되어 평가가 달라질 것이라고 언급하고 있다. 그렇지만 나사무관이 최주무관을 위로한답시고 과장의 업무분장 변경조치를 직원파악이 덜 된데 기인한다고 언급하는 것은 위에서도 지적했듯이 지나치다. 과장은 전주무관의 기획보고서에 만족하고 있고 업무분장변경조치를 잘한 결정이라고 생각하고 있음을 자료에서 알 수 있지 않은가? 나사무관은 과장의 의중을 속단하는 대신 홍보업무의 중요성과 홍보분야 성과거양시 과장의 평가도 달라질 거라는 점을 강조하는 것이 최주무관에게 훨씬 설득력이 있을 것이다.

17) 최주무관과 전주무관 간의 갈등을 단순한 선배-후배 간 세대차이에 따른 불만과 사고방식으로 진단하고 있는 나사무관의 갈등해결방안은 최주무관의 대응발언에서도 알 수 있듯이 별로 효과적이지 못하다. 갈등의 원인으로 세대차이도 있겠으나 그것보다는 업무분장 변경과 근평문제에 따른 심리적인 측면이 훨씬 크므로 서로 협조하지 않으면 우리 모두에게 나쁜 결과가 미친다는 팀워크와 공동체정신을 강조할 필요가 있다.

사례로 풀어보는 공무원 역량평가 A to Z

생각하면 자료요청에 대한 업무협조는 적극적으로 해줘야 한다고 생각합니다. 그래서 사무관님도 그렇지만 과장님께서도 전주무관에게 적극 협조를 해야 하는 부분을 강조해서 말씀해 주시면 좋겠습니다.

나: 최주무관의 근무환경이나 어려움에 대해 충분히 이해할 수 있었던 시간이었습니다.[18] 나중에 전주무관님과의 면담 자리를 통해서 조직 내의 갈등을 해결할 수 있도록 저도 노력하겠습니다. 그러나 근본적으로는 제 역할은 한계가 있을 것이고 최주무관이 전주무관과 가까워지려는 노력이 더 필요할 것이라고 생각합니다.[19] 또한 근무평가에 대해서도 여유를 가지고 임한다면 앞으로 과장님의 평가도 더 좋아질 것이라고 생각합니다.[20] 혹시 언제든지 다른 어려움이 있다면 저와 더 상의합시다. 제가 더 도울 일 있으면 같이 찾아드리겠습니다.

최: 알겠습니다, 이렇게 갈등이 심화되는 것은 다른 직원들을 보기에도 좋지 않으므로 저도 고치도록 하겠지만 저만의 노력으로 되는 것은 아니라고 생각합니다.

---

18) 이런 표현은 최주무관과의 면담이 성공적으로 끝나갈 때 즉, 최주무관의 애로사항이 해결되어 최주무관이 나사무관, 전주무관과 같은 팀원으로서 열심히 근무하여 좋은 성과를 내야겠다고 다짐하고 있는 상황에서 나와야 하는데 과연 그러한가? 이런 말은 최주무관이 해야 제대로 된 면담이다. 나사무관은 자기 하고 싶은 이야기는 다 했으니 면담을 끝내도 무방하겠다는 판단을 한 것처럼 보인다. 최주무관의 애로사항을 듣고 적절한 대안을 제시하여 문제를 해결하고자 하는 조직관리 역량을 잘 보여 주지 못하고 있다.

19) 나사무관이 최주무관에게 전주무관과의 관계 개선에 적극 나서달라고 재차 주문하는 것은 두 직원 간 갈등을 부서의 구조적 상황으로 인식하기보다 두 직원 간 개인적·인간적 갈등으로 보고 있다는 점에서 문제의 핵심을 제대로 파악하지 못하고 있음을 보여 준다.

20) 나사무관은 최주무관의 근무태도 평가점수가 낮아진 원인을 과장이 최주무관의 경험과 노하우를 제대로 파악하지 못한 데 있다고 보고 시간이 지나면 최주무관을 알게 될 테니 최주무관에게 조급해하지 말고 열심히 일하라고 한다. 그런데 시간이 지나면 나사무관 예측대로 될까? 최주무관에게 필요한 것은 '홍보업무에 대한 자긍심과 노력 그리고 그에 따른 과장의 인정'이 아닐까? 나사무관은 최주무관에게 근평을 제대로 받고 정당한 대접을 받으려면 우리 과에서 점점 중요성이 커지고 있는 홍보업무에서 최대한의 성과를 내야겠다는 동기부여가 되도록 하여야 한다. 최주무관이 갖고 있는 불만의 원인을 제대로 파악하지 못하면 해결대안도 효과적일 수 없다.

역할연기 사례 3

최: 안녕하십니까.

나: 반갑습니다.[21]

최: 면담 요청하셔 가지고 저도 할 말이 많은데 자리 마련해 주셔서…

나: 예 저도 온 지가 얼마 안 되어서 업무파악도 조금 부족한데 우리 계가 3명이잖아요. 3명이서 잘해 보자는 마음가짐으로 시작하고 있어요. 면담 요구를 했는데 제가 들은 바로는 최우선 주무관님하고 전으뜸 주무관님하고 원만하지 않은 것 같아요. 무슨 문제가 있는지 들어 보고 싶어서 면담을 요구했어요.[22]

최: 들어서 아시겠지만 근래에 원격의료 시스템 언론보도와 관련해서, 사실 제가 전으뜸 주무관에게 자료요청을 했었는데 자기 일 아니라고 팽개쳐버리고 못하겠고 그러더라고요. 그래서 상당히 황당한 상황이 벌어졌습니다. 제가 전주무관보다 입사도 8년이나 고참이고, 제 입장에서 보면 전으뜸주무관은 신참직원입니다. 그리고 과장님께서 아무런 이유나 상황을 알려주시지도 않으면서 업무분장을 하셔서 제가 하던 기획업무를 전으뜸 주무관에게 맡기고 제 업무는 홍보업무로 바꿔놓으신 거예요… 그 점에 대해서도 상당히 황당하게 생각하고 있습니다. 어떤 이유 때문인지 들은 바가 전혀 없기 때문이죠.

나: 업무 분장하고 직원 간의 업무협조라는 두 가지 문제점인데…[23]

최: 또 있습니다. 근무평정과 관련된 문제입니다. 아까도 말씀드렸듯이 내가 8년이나 선배인데 입사 2년 밖에 안 된 신참 후배한테 근무평정에서 밀리게 받았다는 점입니다. 과거에 저도 선배들한테 근평을 양보하고 지냈었고 이제는 고참이라 승진을 앞두고 근평에서 후배의 양보를 받아야 하는 입장인데 제가 후순위로 바뀌어서 상당히 억울합니다. 근평에서 후순위로 밀린 점에 대해 반드시 어떤 설명을 들어야 될 필요가 있어요. 제가 납득할 수 있는 타당한 이유가 아니라면 정말 억울하지요.

---

21) 나사무관이 요청한 면담인데 최주무관이 먼저 인사를 한다. 공직사회가 직급사회임을 보여 주는 대목인데 면담의 성공을 위해서는 상급자라고 하더라도 먼저 반갑게 맞아주는 것이 더 낫다.

22) 앞에서도 언급했듯이 하급직원과의 면담임을 감안하여 단도직입적으로 면담목적을 밝히기보다는 대화를 부드럽게 이끌어 가는 것이 분위기 조성차원에서 필요하다.

23) 최주무관의 발언 내용을 요약·정리한 것은 대화 주제를 명확히 한다는 점에서 매우 적절한 태도이다. 이왕이면 상대방에게 확인하는 식으로, 예컨대 '두 가지 문제가 있습니까?' 로 물으면 더욱 좋을 것이다.

나: 업무분장, 업무협조 그리고 근무평정 이 세 가지 정도인가요?[24]

최: 그다음에 홍보업무라는 게 직원들의 협조가 상당히 필요합니다. 이번에 전으뜸 주무관의 협조 태도가 문제가 많다는 거 아시겠지만, 홍보업무에 대한 타 직원들의 협조태도가 낮아서 업무수행에 애로가 많습니다.

나: 업무분장, 근평이라든가, 서로 간의 업무 협조가 원만히 되지 않는 부분 이렇게 세 가지를 나눠서 한번 생각을 해 볼게요. 제가 보기에 최주무관께서 갑작스러운 업무분장 때문에 상당히 당황스러워하시는 거 같은데, 저도 지금 온 지가 얼마 안 되긴 했지만 업무분장 과정에서 과장님의 업무분장 변경에 대한 이유설명이 사전에 없었던 것 같아요. 그 부분에 대해 과장님하고 말씀을 나눈 바가 있는데 최주무관께서는 업무분장이 어떤 점에서 그렇게 됐다고 생각하시나요?[25]

최: 제가 기획업무를 오랫동안 하고 있었거든요. 관련분야 스펙은 없었지만 오랫동안 일하면서 어느 정도 전문성도 축적되어 있고 관련자들과의 네트워크도 잘 형성되어 있어 협조관계도 원만했었습니다. 제가 맡았을 때 원활하게 돌아가던 업무체계가 갑자기 신참 직원이 맡게 되어 어려움이 예상이 되지 않겠느냐는 생각이 듭니다.

나: 최우선주무관님은 지금의 업무분장에 대해 그렇게 생각한다는 거죠? 그런데, 과장님이 전으뜸주무관에게 업무분장을 하셨잖아요? 어떤 점에서 전으뜸주무관에게 기획업무를 맡겼다고 생각하시나요?

최: 글쎄요 전공이 그쪽에 가깝지 않았나라고 추정은 하는데요. 구체적으로 설명은 못 들었습니다. 왜 바꿨는지.

나: 최우선 주무관은 과장님이 여태까지 기획업무를 해오는 과정에서 최주무관의 업무능력이 떨어져서 지금 전으뜸 주무관하고 업무분장을 바꿨다고 생각하고 있나요?[26]

최: 업무능력이 떨어진다? 글쎄요…

---

24) '세 가지 정도인가요?' 중 '정도인가요'라는 표현은 다소 거슬린다. 최주무관이 갖고 있는 문제가 그 정도인가라는 부정적인 의미로 오해될 여지가 있기 때문이다. 면담 시 용어선택은 상대방이 불필요하게 오해하지 않도록 신중을 기하여야 한다.

25) 나사무관이 최주무관의 불만 사항을 세 가지로 정리하고 하나하나 풀어 보자고 말하는 모습은 부하직원의 불만을 해소하고 업무 성과를 높이고자 하는 면담의 취지에 부합하는 적절한 면담기법이다. 또한, 첫 번째 불만 사항인 분장 업무 변경 건에 대해 업무분장과정에서 과장의 사전 설명이 없었다는 점을 상기시키면서 이에 대한 최주무관의 심정을 알아보고자 질문형식을 취하는 것도 적절해 보인다. 본인의 생각을 먼저 나타내고 설득하기보다 상대방의 의중과 반응을 보고 대응하는 것이 보다 효과적인 설득방법이기 때문이다.

26) 일반적으로는 업무능력 부족문제를 언급하면서 이렇게 직설적으로 표현하는 것은 역효과를 일으킬 수 있는 위험한 방법이다. 그러나 나사무관은 능력부족으로 업무분장이 변경된 것은 아니라는 확신을 갖고 있었고 그 점을 명백하게 짚어 주고 싶었기 때문에 이렇게 대응한 것으로 보이며, 다음 대화에서 보듯이 깔끔하게 이 문제가 정리된다.

나: 아까 스펙말씀을 하셨길래. 제가 과장님한테 듣기로는 최우선 주무관의 업무능력이 떨어져서 홍보업무로 변경한 것은 아니라고 해요. 제가 인사자료를 봤는데 최우선 주무관의 최근 3번에 걸친 직무수행능력이 우수한 것으로 나오던데요. 결코 우리 최우선 주무관의 업무능력이 부족하거나 전으뜸 주무관보다 부족해서 업무분장이 변경된 것은 아니에요. 제가 봤을 때는 적어도 과장님 생각에 전으뜸 주무관이 기획업무에 좀 더 적합하지 않았나. 우리 최우선 주무관의 업무능력과는 관계없다는 점에 대해 동의를 하시나요 혹시?[27]

최: 글쎄요 업무 자체가 기획에서 홍보로 바뀌었다는 것 자체에서 업무의 우열을 따진다고 생각하지는 않고요. 하여튼 타당한 부연설명이 없이 업무분장이 되었다는 점에서…

나: 네 그 부분에서는 충분히 그럴 수 있을 것 같아요. 과에서 주무관님께 업무분장에 설명이 있었으면 좋았을 텐데… 아마 사무관도 없는 상황에서 공석이다 보니까 충분한 설명을 못 했던 것 같은데 앞으로 업무분장이라든가 이런 점에서 저도 중간에서 역할을 하겠습니다.[28] 오히려 저는 최우선 주무관이 기획업무를 하면서 충분한 역량을 발휘해왔고 홍보업무를 맡아 더 역량을 발휘하게 되면 여러 업무를 잘 수행하는 것이 되기 때문에 오히려 더 기회가 되지 않을까 개인적으로 생각합니다. 어떻습니까. 홍보업무로의 업무분장 건에 대해서는 주어진 여건에서 최선을 다해 보는 것이…[29]

최: 예, 알겠습니다. 노력해보겠습니다.

나: 그리고 근무평정 말씀하셨는데 온 지 얼마 안 되었기 때문에…

최: 과거 제가 신입 때 저보다 업무능력이 부족할 수 있었던 선배들을 챙겨주느라고 근평에서 제가 불이익을 많이 받았습니다. 저의 근무연수 보면 잘 아시겠지만 지금은 제가 상당히 고참이거든요. 이제 갓 입사 2년 밖에 안 된 신참한테 근평에서 밀렸다는 거 아니겠습니까? 아무리 인사기준이 바뀌었다고 하더라도 제가 지금까지 보냈던 많은 시간과 치렀던 희생의 결과가 너무 황당합니다. 대안도 없고 보상도 없이.

나: 그래요. 말씀하시는 것처럼 그동안 관례상으로 경력을 중시하고 고참 선배들 먼저 챙겨

---

27) 나사무관이 업무분장 건에 대한 불만을 과거 전주무관의 업무능력 평가결과를 인용하는 등 자존심을 건드리지 않으면서 누그러뜨리는 모습이 보기에 좋다.

28) 나사무관이 일방적인 지시나 말에 그치지 않고 본인도 중간에서 소통을 원활히 하겠다고 자기 역할을 명백히 밝히는 모습은 업무변경 과정에서 사전 설명이 없어 서운해하는 최주무관에게 공감을 표하면서 불만을 삭혀줄 뿐만 아니라 최주무관이 홍보업무를 잘 수행하도록 마음을 잡아주는 이중효과가 있음을 보여 주고 있다.

29) 업무분장 과정에서 불만은 있었지만 이왕 맡게 된 홍보업무를 최선을 다해 해 보겠다는 마음을 갖게끔 면담을 효과적으로 진행하고 있다.

쥐 왔었지만 이제는 트렌드라고 할까요 추세가 실적위주로 변화되고 있는 상황이지요. 최주무관은 이러한 변화를 알고 있나요?[30]

최: 물론 그런 부분, 그런데 전으뜸 주무관의 문제점은 파악을 하셨는지 모르겠지만 개인 플레이만 하는 사람을 근평을 잘 준다면 전체 실적이 어떻게 되나 묻고 싶습니다.

나: 네 아까 업무분장 얘기도 하셨지만 최우선 주무관의 업무실적이 낮아서 근평을 그렇게 주었다고 생각하지 않고, 실적부분에서 전으뜸 주무관이 높게 나와서 아마 과장님이 그렇게 평가하신 것 같은데 아까 업무분장 관련해서 제가 말씀드렸다시피 오히려 홍보업무로 담당 업무가 변경된 지금을 전화위복의 기회로 삼는 것이 좋을 것 같습니다. 최주무관이 그동안 기획업무를 하면서 실적이 좋게 평가되고 있었잖아요? 최우선 주무관 같은 경우 활동적이고 사교적이지 않습니까? 이번에 맡은 홍보업무를 그러한 최주무관의 성격을 충분히 발휘해서 적극적 태도로 진행하면 과장님의 의중에 제대로 부합하는 결과가 될 것이고 또 그래야만 다음 근평 때 잘 받을 수 있을 거예요. 그런 부분이 있으니 일단 지난번 근평 건은 다 잊으시고 다음 평가받을 때 잘 받아야 하는 거 아니겠습니까?

최: 잘 받으리란 보장이 없습니다. 이미 이렇게 방향이 바뀌었으니까…

나: 방향이 바뀌었다고 생각은 안 해요. 근평이라는 게 아시다시피 6개월 동안 실적을 평가하겠지만, 최근에 원격 의료 서비스 비판, 이런 기사들에 대한 대응을 충분히 하면 그 부분에서 성과를 낼 수 있고 근평을 얼마든지 더 잘 받을 수 있다고 봅니다.[31]

최: 저는 그 점에 대해서 얘기하고 싶네요. 전주무관의 비협조적인 태도 때문에 저의 실적이 부진해지는 악영향을 주고 있거든요. 그런데 이런 건 안 보고, 동료 간의 협조나 화합 같은 모습에 대해서는 전혀 고려하지 않고 개인의 실적만 감안하여 이루어지는 근평은 지나친 것 아닙니까?

---

30) 최주무관의 가장 큰 불만은 근평 평가 관행이 근속연수보다는 실적위주로 변경되고 있어 신참 후배보다 낮은 평가를 받은 데 있다. 최주무관의 고충을 파악하여 해결하고자 면담하는 나사무관 입장에서는 먼저 최주무관의 심정을 공감해주어야 하지 않을까? 근평관행이 실적위주로 변하고 있다는 추세를 아직 모르느냐고 냉정하게 잘라 이야기하기보다는 고참이 되어 근평관리를 해야 되는 상황에서 대접을 받지 못하는 최주무관의 심정에 대해 아파하는 모습을 보여야 최주무관이 마음을 열고 다가오지 않을까? 변화하는 관행에 대해 어떻게 적응하고 대처할 것인지는 그 후에 해도 늦지 않다.

31) 앞서의 발언이나 지금 발언에서 나사무관은 최주무관이 홍보업무를 잘 수행하면 근평에서 만회할 수 있다는 점을 강조하고 있다. 여기서 눈여겨 볼 것은 나사무관이 최주무관에게 구체적으로 어떻게 도와주겠다고는 말하지 않는다는 점이다. 단지 객관적으로 실적을 내면 잘 될 것이라고만 한다. 반면, 최주무관은 내심으로 홍보업무에서 실적을 잘 낼 자신이 없어 (전으뜸 주무관의 비협조 등 이유로…) 걱정하고 있다. 최주무관이 업무변경 불만을 해소하고 홍보업무를 잘할 수 있도록 동기부여시키려면 업무상 애로요인을 해결하고 지원하는 나사무관 나름대로의 구체적 방법을 제시하여야 한다. 제3자적 입장을 취하는 것은 바람직하지 않다.

나: 그런데 왜 비협조적이었다고 생각하세요, 전으뜸 주무관이?

최: 사무관님도 잘 아시겠지만 직접적으로 기획업무를 담당하다 보면 타부서와 업무 관련성이 크니까 그러한 관련기관의 협조를 얻어 내는 데 전주무관이 도움을 줄 수 있을 것으로 생각했고 또 전주무관이 그 정도 협조는 해 줄 수 있지 않겠나 싶어 요청한 겁니다. 사실.

나: 네, 상대적이긴 하겠지만 제가 들은 바로는 전으뜸 주무관이 기획업무에 매몰되어 쫓기고 힘들어하는 상황에 처하다 보니깐 본인이 여유가 없다고 생각이 들었던 거 같아요.[32] 제 생각에는 최우선 주무관도 의료정책실에 근무하셨잖습니까? 그쪽에 네트워크도 있을 것 같고 또 담당자들이 바뀌어서 협조받기가 다소 어렵다고 그래도, 현재 원격 시범 사업을 하고 있는 김태은 사무관도 있지 않습니까? 또 의사협회를 담당하는 박근우사무관도 있고… 어떻든 최주무관님은 네트워킹을 연결해서 그런 쪽에서 자료를 확보할 수도 있지 않았나? 꼭 전으뜸 주무관만 통해서 해야만 했었나하는 생각을 해 봤어요.

최: 그런 거도 있지만, 근데 평소에 전으뜸 주무관이 태도가 그렇습니다. 그런 점에서 사무관이나, 과장님도 고려를 해 주셔야 할 부분인데 그거하고 근평하고 맞물리다 보면 저는 진짜 억울한 면들이 많이 있습니다.

나: 전으뜸 주무관이 전문성도 있고 논리적이긴 하나, 관계형성에서 조금 그런 부분이 없지 않아 있는 것 같아요. 인사자료를 보면은…[33]

최: 그게 심각할 정도에요 대책을 좀 세워주세요.

나: 크게 보면 우리 과가 생긴 지 1년 정도 지났는데 원격의료 시범사업이 제대로 정착해야 한다는 큰 정책목표가 있잖아요. 우리 과에서 이 목표를 달성하기 위해서는 그런 부분들, 지엽적인 부분들은 일단 지양을 하고 큰 성과 부분에… 과의 목표 쪽만 생각

---

32) 두 주무관 간 사이가 안 좋은데 나사무관이 전으뜸 주무관을 변호하는 듯한 발언을 하는 것은 적절하지 않다. 한쪽 편을 들게 되면 상대방이 마음속 이야기를 털어놓지 않기 쉽다. 중립적 입장에서 전주무관이 협조하지 않는 이유에 대한 최주무관의 생각을 들어 보아야 한다. 그래야 두 주무관의 관계를 회복시키고 팀워크를 촉진할 수 있는 실마리가 찾아진다.

33) 최주무관의 주장처럼 전으뜸 주무관이 개인플레이만 하면서 동료 간 협조나 화합을 무시하는 성향이 있다 하더라도 이를 인정하는 발언은 주의해야 한다. 가령 '전주무관이 안 도와주어 힘들었겠다' 식으로 최주무관의 심정에 공감하는 것은 무방하나 이기적이라는 비판에 동의하고 같은 입장에 서는 것은 두 주무관과 함께 일해야 하는 상사로서 현명한 태도라고 볼 수 없다.

하다 보니까 전으뜸 주무관이 그런 거 같아요.[34] 최우선 주무관도 우리 과의 핵심업무인 원격의료 서비스가 제대로 제공될 수 있도록 해야 한다는 그 부분은 동의하시죠?

최: 예예.

나: 그 큰 목표라는 것을 두고 비판적인 기사에 잘 대응하면 오히려 전으뜸 주무관도 그런 부분에서는 조금 자료협조가 안 됐던 부분들에 대하여 나중에 시간이 지나면 미안해하지 않을까요?

최: 근본적인 대안을 제시 안 해 주시는 거 같습니다.

나: 일단 저는 우리 과의 목표라는 큰 틀에서 2주 단위로 세 명이서 만남을 가지면서 서로 간에 쌓인 것들을 풀 수 있는 기회를 가져보도록 할 생각입니다.[35] 다만, 저도 전주무관의 개인주의적 성향에 대해 개인적으로 얘기를 할 거고요, 셋이서 자주 보다 보면 성과가 있으리라 생각합니다.

최: 알겠습니다. 무슨 말씀인지는 알겠는데 기대하는 흡족한 답변은 못 받은 거 같습니다.

나: 더 자주 미팅을 같이 하면…(시간초과로 중단)[36]

---

34) 전주무관을 두둔하는 발언은 최주무관의 마음만 멀어지게 할 뿐 면담목적 달성에 전혀 도움이 안 된다. 원격의료시범사업의 성공은 우리 3명 모두에게 매우 중요하므로 이를 위해서도 팀워크를 구축할 필요가 있다는 점과 선배로서의 솔선이 필요하다는 점을 강조하는 한편 전주무관에게도 주무관 간의 팀워크에 대해 강조하겠다고 해야 한다.

35) 나사무관이 최주무관의 불만을 해결해 주지 않으면서 셋이서 주기적으로 만나 협조관계를 잘 유지하자는 당위론만 강조하는 것은 적절한 문제해결은 아니다. 나사무관의 도움으로 홍보 실적이 높아져 다음부터는 근평도 잘 받을 수 있고, 전주무관과도 팀워크를 형성할 수 있는 분위기도 만들어지겠다는 기대감을 갖도록 해야 성공적인 면담이 된다. 이런 의미에서 이번 면담은 3가지 사안 -업무분장, 근무평정, 업무협조-중 업무분장에 대한 불만을 해소하는 데는 소득이 있었고, 근무평정건은 최주무관이 내심 걱정하고 있는 홍보업무의 효과적 수행에 대해 나사무관의 적극적 업무지원 언급은 없었지만 최선을 다해 해 보겠다는 의지 표현이 있었으므로 제법 효과가 있었다. 그러나 업무협조 건은 주기적 미팅 외에 별다를 소득은 없었고 팀워크를 촉진하는 내용의 발전적 대화가 부족했던 아쉬움이 있다.

36) 나사무관은 과의 목표라는 큰 틀에서 팀원 간 친화력과 협조의 중요성을 강조한다. 이는 당위적으로 맞는 발언이지만 최주무관이 마음잡고 홍보실적을 내도록 하기에는 다소 부족하다. 자주 만나자는 이야기만으로는 더더욱 그러하다. 홍보 실적을 내는 데 필요한 자료 확보나 기타 사항을 직간접적으로 도와주겠다고 강조하고, 기획업무와 홍보업무가 같이 가지 않으면 시너지효과가 없어 홍보실적 내는 데도 불리하다는 점을 설명하면서 앞으로 나하고 그리고 우리 팀이 잘해 보자고 설득하는 모습을 보여야 한다.

역할연기 사례 4

나: 아 제가 여기 이제 온 지도 얼마 안 되었고 또 분위기도 아직은 정확히 파악을 못 했는데, 뭐 하여튼 이런 말씀 드리기 전에, 차 한 잔 드시죠. 날씨도 엄청 좋은데 건강은 좋으시죠?[37]

최: 아 네, 건강 괜찮습니다.

나: 저도 점이 많은데 좀 뺐으면 좋겠네요. 돈 많이 들어갑니까? (웃음) 하여튼 최근에 이 부서로 온 지 얼마 안 되었어요. 과장님하고도 또 얘기를 했었고. 또 우리 주무관들이 주고받은 메일도 봤고, 이동철 주무관이 나한테 보낸 메일, 그 메일을 보니까 전으뜸 주무관하고도 상당히 관계가 원활치 않고, 그러다 보니까 전체 과직원들에게도 많은 영향을 미치고 있습니다. 그 내용 중에 보니까 한 3년 동안 기획업무를 하다가 홍보 쪽으로 업무를 옮겼는데, 아무래도 3년 동안 하고 근평도 받아야 되고 그런 부분이 있는데, 또 새로운 과장님이 그 업무분장을 그렇게 한 거에 대해서 많이 서운하고, 서운해하는 부분에 대해 저도 공감을 하거든요. 근데 그 담당 업무를 변경한 이유라고 할까요? 그런 부분들에 대한 불만 사항을 들어 보면 좋겠습니다.[38]

최: 과장님이 왜 갑자기 아무런 언급도 없이 업무분장을 했는지 도저히 이해가 안 됩니다. 이 부처에 입사한 지 8년이 되고 기획업무를 한 지는 3년입니다. 제 나름대로 열심히 하고 있었는데 이제 갓 온 지 얼마 되지도 않은 신참직원에게 기획업무를 맡기고 저를 갑자기 홍보 쪽으로 업무를 분장한 것은 도저히 납득이 안갑니다. 미리 저한테 이러이러해서 기획보다는 홍보업무를 해 보는 게 괜찮지 않겠느냐 하는 얘기를 한 번 해 주셨어야 하는 것 아닙니까? 뭐, 과장님이 직접 얘기하시기가 그러면 사무관을 통해서라도 얘기를 해 주시고 제 의견도 들어 보고 결정했으면 좋았을 텐데, 그런 것도 전혀 없이 이거 해라라는 식이니까.

나: 그러면 본인은 기획업무를 더 하고 싶었다 그런 말씀이신가요?[39]

---

37) 상하직원 간 면담은 분위기가 경직되기 쉬운데 상급자가 이렇게 차를 권하면서 건강이나 날씨를 화제로 삼아 면담 분위기를 부드럽게 하는 모습이 매우 자연스러워 보인다. 바람직한 태도이다.

38) 면담 목적은 최주무관의 불만을 청취하고 애로사항을 해결하여 새로 맡은 홍보업무를 잘 하도록 하는 것이다. 물론 최주무관의 이메일을 사전에 읽었으므로 고충사항이 무엇인지 알고 있지만 직접 최주무관을 통해서 확인하고 대처할 필요가 있다. 그런데 나사무관은 면담초기부터 질문 중심으로 화제를 이끌어나가기보다 본인이 이런저런 상황을 다소 장황하게 말하고 있다. 문제를 해결하는 상사는 많이 듣고 잘 질문할 줄 알아야 한다. 상사의 발언시간이 가급적 면담 시간의 1/3을 넘지 않도록 유의하여야 한다.

39) 이렇게 상대방의 발언 내용을 요약하여 확인하는 것은 바람직한 경청의 방법이다.

최: 그렇죠

나: 꼭 더 하고 싶은 특별한 사유라도, 혹 근평관계 때문에?[40]

최: 그렇죠. 아무래도 기획 업무가 일이 더 많으니까 근평 받기에도 유리한 측면이 있고요.

나: 예 그런데 통상적으로 어느 부서든지 3년 정도 하면 순환전보 차원에서도 다른 업무를 맡아 역량을 키우는 것이 일반적이지요. 제가 이렇게 말씀드리면 또 서운하실지 모르겠지만 기획업무를 3년을 했는데 오로지 근평 때문에 기획업무를 더 하고 싶다 그렇게 말씀을 하시는 거지요?[41] 기획업무를 3년 잘하셨고, 전임 과장때도 나름 업무 실적이나 이런 것들이 상당히 좋더라고요. 최주무관이 홍보업무를 맡아서도 지난번처럼 또 열심히 하면 좋은 근평을 받고 승진할 수 있지 않나 저는 그렇게 생각하거든요.

최: 예 뭐 모든 업무가 강약은 있겠지만 중요하지 않은 업무는 없다고 봅니다. 홍보업무를 맡더라도, 다방면으로 이 업무도 하고 저 업무도 하면서 제 개인 역량을 향상시킬 수 있는 그런 기회로 볼 수도 있겠죠. 그런데 3년이나 맡았던 업무를 아무런 말도 없이 전격적으로 변경했다는 게 그게 좀 서운하다는 겁니다. 이렇게 하면 저로서는 오해가 생길 수 있는 거지요. 전으뜸 주무관과 과장님에 대해서 오해하게 되는…

나: 사전에 아무런 설명 없이 일방적으로 업무분장을 하다 보니까 서운하시다는, 그 부분 저도 공감이 갑니다.[42]

최: 갑자기 여기 앉아 있던 사람, 너 저리 가 이런 식이니까.

나: 근데 지금 우리 과가 맡고 있는 원격의료 서비스는 최근에 가장 큰 정책과제로 장관님도 관심이 많은 사항이지요. 그래서 과장님이 보시기에 전으뜸 주무관이 경력은 적지만, 보건학을 전공했고, 원격의료서비스 분야에 있어서는 전문가이기 때문에 기획업무를 맡기는 게 낫지 않겠는가 생각했다고 봅니다. 예를 들어서 보건학 전공한 사람에게 홍보업무를 맡기는 것은 어렵지 않겠는가. 그런 부분에 있어서는 최우선 주무관님도

---

40) 기획업무를 더 하고 싶은 이유를 물어보는 것은 적절했는데 근평 때문에 그런 것이냐고 추가 질문을 던진 것은 유도 질문성 발언으로 불필요해 보인다.

41) 사전예고 없는 업무분장 변경 건에 대해 최주무관이 서운해하고 있고 이에 대해 공감한다면서도 근평 때문에 기획업무를 계속 담당하고 싶었다는 발언에 대해서는 비판적으로 응대하고 있다. 상대방이 서운해 할지 모르는 사항을 굳이 짚어서 추궁하지 말고 기획업무를 오래 했으니까 업무를 바꿀 때도 되지 않았느냐고 에둘러 표현하는 것이 면담 성과를 내는 데 더 효과적일 것 같다.

42) 과장의 일방적 업무 변경에 대해 잘잘못을 언급하지 않고 최주무관의 서운한 감정에 공감하는 모습은 상사로서 매우 적절해 보인다. 이처럼 어느 한 편을 드는 듯한 발언 대신에 상대방의 심정을 달래주는 공감태도는 상하를 매개하거나 양쪽을 다 아울러야 하는 상황에서는 더욱 효과적이다.

조금 좀 양해를 하셔야 하지 않겠는가 생각합니다.[43]

최: 그럼 사무관님 말씀은 전으뜸 주무관보다 조금 더 우수한 사람, 기획업무를 조금 더 잘할 수 있는 사람이 만약에 오게 된다면, 전으뜸 주무관은 1년이 되든 6개월 되든 바로 바꿔야 한다는 말씀이십니까?

나: 그런데 전으뜸 주무관은 보건학을 전공했고 전공자로서 채용을 했기 때문에 그 부분에 대해서는 뭐 1년 있다가 보내고 그런 부분은 좀 어렵지 않겠는가, 사무관 입장에서는. 물론 인사부분은 과장님이 하시는 사항이지만. 그런 부분에서는 조금 양해를 해 주시면 좋겠다.

최: 업무 분장 됐으니까 조직에서 하라면 해야죠. 근데 그 과정에서 불만이 있다 그런 거니까.

나: 저도 그건 충분히 공감을 합니다. 저도 그런 경험이 과거에 있었고, 오래 근무하다 보니까. 그 부분은 이해를 해 주셨으면 좋겠다. 그런 생각을 해요. 그 부분에서 더 하실 말씀은?[44]

최: 아니 뭐 업무분장이 그렇게 하기로 했으니까. 그냥 그 과정에서 명확하게 안 된 것이 좀…

나: 어떻든 최주무관이 그렇게 이해해 주시니까 담당 사무관 입장에서 고맙다는 말씀을 드립니다. 그리고 최우선 주무관이 전으뜸 주무관한테 자료요청을 했는데 제때 자료를 안 받았다고 하는 그런 부분에 대해서…[45]

최: 자기가 원격의료 서비스 관련해서 기존에 했던 정보나 뭐 문제점에 대해서 신문에 났잖아요? 그거에 대응하기 위해서 전주무관이 그 업무를 했기 때문에 자료를 달라고 했더니 업무 자체가 다른 과로 넘어갔다 그러더라고요. 그래도 그 부분에 대해서 저보다 잘 알고 있을 테니까 그 과에 얘기를 해가지고 자료를 달라 했더니 그렇게 해 주겠다고 했어요. 그런데 하루인가 지나고 나서 자료 협조 건은 내 일 아니라는 식으로 그렇게 얘길 하니 저로서는 당혹스럽죠. 또 한참 후배가 그렇게 얘기를 하니까 더욱…

나: 나이 차이도 몇 살 차이 이상 나고, 또 후임이고, 또 온 지도 얼마 안됐는데, 협조가 안 되면 기분이 좀 나쁘겠죠.

최: 기분이 나쁜 정도가 아니고 한 대 때려 주고 싶은 마음이지요…

나: (웃음) 그렇게까지 하는 것은 좀 곤란하지요…

---

43) 업무 변경에 대한 과장의 생각을 언급하면서 최주무관의 양해를 구하는 모습은 중간관리자로서 적절한 대응이다. 사전 양해 없는 과장의 조치에 대해 서운해하는 최주무관에게 공감하는 것하고 업무변경 자체의 타당성을 설득하는 것은 다른 것이다.

44) 업무 변경에 따른 불만 사항을 정리하면서 혹시 추가로 미진한 부분이 있는지 확인하는 모습도 적절해 보인다.

45) 두 주무관 간의 업무 비협조문제는 본 면담의 또 다른 해결과제이다. 필자가 보기에는 나사무관이 둘 사이의 자료협조 건은 어떻게 된 것이냐고 질문하기보다는 둘 사이에 무엇이 문제인지 개괄적으로 질문을 던지고 순차적으로 구제적인 질문을 하는 개방형 질문 방식이 문제해결에 더 효과적일 것 같다.

최: 그리되면 사무관님이 커버해 주시겠죠 (웃음)

나: 당시 상황을 보니까 전으뜸 주무관이 그때 의사협회에서 파업이 있어서 바쁘다 보니까 자료를 못 구해 주는 그런 측면도 있었더라고요.[46]

최: 자료를 못 구해 주더라도 바로바로 즉각적으로 얘기를 했냐는 거죠. 바로바로. 신문기사 대응은 신속함이 생명 아닙니까? 하루가 지나고 그렇게 하면 어떻게 만회를 합니까.

나: 제가 만일 그런 상황이었다면 직접 그 부서에 가서 부탁을 해서 얻어오든지, 아니면 우리 과 직원 중 그쪽에서 근무했던 직원을 파악해서 인맥을 활용하여 자료를 구할 수도 있지 않았나…

최: 아니 그런 얘기를 전으뜸 주무관이 미리 얘기를 했으면 그렇게 했을겁니다. 그런데 그 친구가 하루나 끌어 버리니까…

나: 나로서는 최주무관 본인 스스로도 할 수 있지 않았나 그런 생각이 들거든요. 하여튼 그 부분은 그렇게 이해를 해 주시고…[47]

최: 지금 사무관님은 '상대방이 안 도와주면 본인이 하면 되지, 자료를 알아서 구하면 되지 않냐, 그러니까 제가 잘못했다' 그 말씀 하시는 거죠?

나: 해준다고 하면서도 바빠서 안 해 주니까.

최: 고참이 얘기했는데 하루 만에 생각해서 얘기하는 게 말이 안 되는 거지. 이 사람이 다른 사람에 대한 배려도 없이 자기 마음대로… 이런 상황에 대해서 근데 근평을 더 주겠다는 게 이해가 안 가는 거죠. 보고서 잘 쓰는 것만이 일을 잘하는 것은 아닌데, 근데 그거가지고 근평까지 잘 받으면 고참들이 일할 맛 나겠습니까? 처음 들어온 직원들이 빨리빨리 보고서를 만들기는 하지만 고참들도 나름 기여하는 게 많잖아요? 근데 그런 거 깡그리 무시해버리고 보고서 잘 쓰는 것만 가지고 근평을 주는 것은 심하죠…

나: 자료를 보니까 전으뜸 주무관이 아마 직원들과의 관계형성이 문제가 있던데… 동료들에게 무관심하고, 배려심도 없고 개인적이라는 평가더군요.[48]

---

46) 이 상황에서는 나사무관이 전주무관이 자료협조를 안한 이유에 대해 대신 변명해 주기보다 추가 질문을 통해 비협조 이유에 대한 최주무관의 생각을 끌어내는 것이 좋다. 그래야 둘 사이 문제에 대한 해결책도 강구할 수 있게 된다.

47) 나사무관 입장에서 볼 때 두 주무관 간 팀워크와 협조는 성과관리에 있어 중요한 부분이다. 전주무관이 바빠서 안 도와주면 최주무관이 알아서 다른 방식으로 일하면 된다고 말하면 팀워크지향 역량이 안보이게 된다. 최주무관을 비판하고 전주무관을 변호하는 식의 면담태도는 팀워크 달성에 도움이 안 된다. 최주무관에게 전주무관이 안 도와주는 이유가 무엇이라고 생각하는지 알아보고 나중 전주무관에게도 안 도와준 이유를 확인하여 업무협조를 둘러싼 둘의 관계를 해결하는 방안을 찾아보겠다고 강조할 필요가 있다.

48) 전주무관에 관한 인사자료를 다른 직원에게 언급하는 것은 상사로서 부적절한 행위다. 최주무관의 전주무관에 대한 느낌이나 평가에 대해 질문하는 것으로 충분하다.

최: 그런 부분을 근평에 반영을 해 주시라는 얘깁니다. 사무관님께서 과장님한테 그런 문제점을 적극 얘기를 해 주세요.

나: 알겠습니다. 그런 부분은 전달할 기회가 있으면 말씀드릴게요.[49]

최: 아니 전달할 기회라는 게, 매일 회의하고 그러는데, 바로바로 얘기하면 되는데, 기회가 있으면 이라는 게…

나: 7월 근평을 보니까 근평에 대해서도 상당히 불만이 많으신데.[50]

최: 아니 한참 후배를 보고서를 잘 쓴다는 이유로, 일을 좀 잘한다는 이유로 근평을 잘 주고 고참인 저에 대해서는 박하게 뒤바뀌어 버리면 어떻겠습니까? 이제 막 들어온 신참 직원이니까 기획력이나 보고서 작성은 뛰어날 수 있지만 근무평정이란 것이 그것만 가지고 하는 건 아니지 않습니까? 저는 승진도 얼마 안 남았는데 한번 근평에서 밀려버리면 2년은 지나야 겨우 회복이 되는데 제가 특별히 잘못한 것도 없이 이렇게 당하면 결국 나가란 얘기 아니겠습니까?

나: 아직 나갈 나이는 아니지 않습니까? (웃음) 저도 그런 경험도 있고… 공무원은 승진하는 재미로 아니 그런 목표를 가지고 일하는 것 잘 압니다. 그런 와중에 후임자한테 밀릴 때 그 심정에 대해서는 30여 년 공직 경험을 통해 저도 충분히 이해가 갑니다. 전임 과장님이 계실 때는 근평을 잘 받았다고 그렇게 알고 있거든요. 열심히 했고 책임감도 있고 또 사교적이고, 굉장히 친화적이다, 그런 식으로 들었어요. 그런 면에서 근평에서 들어온 지 얼마 안 된 직원한테 밀리니까 과장님이 미웠을 수도 있겠다 그런 생각이 들거든요.[51] 그런데 최우선 주무관은 근평에서 왜 본인이 밀렸다고 생각하고 있는지 얘기 좀 해 주실래요?

최: 특별한 이유는 잘 모르겠고요. 저는 주어진 업무를 충실히 해왔는데 과장님이 전으뜸 주무관이 보고서를 잘 쓴다는 측면만 보셨기 때문에 그리된 것이 아닌가… 아무래도 고참들은 보고서 작성에서는 젊은 직원에 비해 쳐질 수도 있지만 그 외에 과에 기여하는 그런 부분은 전혀 고려가 되지 않아서 근평에서 밀렸다고 봅니다.

나: 하여튼 인간사가 다 그렇지요. 자기 위주로 보면 자기가 다 잘했고 다른 사람들의 장점

---

49) 두 주무관 모두를 통솔하여야 하는 상황에서 둘 중 한 직원을 폄하하는 다른 직원의 견해에 동조하고 이를 과장 근평에 반영하도록 해 보겠다고까지 발언하는 것은 팀워크를 촉진하기보다 오히려 정반대로 가는 모양이 된다. 대화 중 엉겁결에 나온 내용이라고 보이기는 하나 상사로서 자제해야 할 부분이다.

50) 두 번째 이슈인 '직원 간 업무협조'에서 세 번째 이슈로 전환하는 대목인데 불만이 많다는 식으로 말문을 여는 것은 너무 직설적이다. 보다 부드러운 접근이 바람직하다.

51) 근평에 관한 불만을 과장에 대한 미운 감정으로 전환시킬 필요는 없다. 전임 과장과 현 과장을 비교하는 것도 적절하지 않다.

보다는 단점을 보는 경향이 있지요. 사무관 입장에서 이런 얘기를 하면 어떻게 받아들이실지 모르겠지만 원격 의료 서비스분야가 국가적으로 매우 중요한 프로젝트라서 전문가로 전으뜸 주무관을 채용한 것 아닙니까? 저로서는 과장님이 전주무관이 보고서만 잘 쓴다고 해서 근평을 잘 줬다고는 생각이 안 들어요. 전주무관이 전문성도 있고, 굉장히 논리적이고 그러니까 보고서를 잘 쓰겠지요. 그렇지만 또 연공서열, 경력만 가지고 근평을 줄 수 있는 부분도 아니지 않느냐 생각합니다.[52]

최: 그러면 나사무관님, 우리 과에 사무관님이 두 분이 더 계시잖아요? 예컨대, 10년 경력의 나사무관께서 열심히 업무하고 있는데 갑자기 5~6년 경력의 사무관이 배치되어 일을 좀 잘한다고 그 사무관에게 근평 잘 주어서 나사무관께서 승진이 한 2년 정도 늦어진다 그러면 일할 맛 나겠어요? 그게 나가란 얘기지.

나: 그렇게 되면 상당히 힘들겠지요. 그렇지만 내가 무엇 때문에 근평을 못 받는지 자기를 돌아볼 수 있는 시간이 되지 않겠어요? 그리고 그 부분을 보완하게 되면 다음에 기회가 오지 않겠는가 그런 생각이 드네요. 그리고 최우선 주무관님 자료를 보면 창의성과 적극성이 좀 부족하다, 그리고 근무에 대한 열정도 부족하고…[53]

최: 원래 고참되면 그런 부분이 떨어지게 되죠. 그걸 가지고 그렇게 지적하는 것은 너무하지 않나요?

나: 그런 부분은 단점이니까

최: 단점을 보완해야 되겠지만, 고참이 되어 가지고 그런 점이 떨어지는 건 당연하지 그걸 가지고 젊은 애들이랑 똑같이 비교하고 그런 점을 요구하는 것은…

나: 그렇게 주장하는 심정은 충분히 이해합니다만, 업무 지연이나 본인의 단점 때문에 아마 과장님이 근평을 조금 덜 주지 않았겠는가? 그리고 부족한 점을 보완하면 다음 기회는 충분히 있지 않겠나 생각합니다.[54]

최: 과장님께서 단점만 보시고 근평을 그렇게… 더군다나 한참 후배 때문에…

---

52) 현직 과장의 근평방침이 연공중심이 아니라 능력과 업적중심이라는 점을 강조해야 한다. 최주무관의 근평이 낮아진 원인이 전주무관의 보고서 능력 때문이거나, 기획담당에서 홍보업무로 변경된 데 있는 것이 아니라 홍보업무에서의 실적이 돋보이지 않았기 때문이라는 점을 주지시켜야 한다. 그런 연후에 홍보실적 높이는 데 무엇을 어떻게 도와주어야 할지를 의논해야 나사무관의 동기부여 역량과 성과관리 역량, 팀워크 지향 역량 등이 드러나게 된다.

53) 부하직원의 단점을 지적하고 보완하도록 요구하는 것은 상사의 할 일이다. 다만, 객관적 입장에서 지적하는 데 그치지 말고 멘토로서 보완방법을 알려주고 또 본인이 할 수 있는 부분은 적극 도와주겠다고 하면 더욱 동기부여 역량이 돋보이게 된다.

54) 근평이 낮은 이유로 업무 지연과 단점을 들고 있는데 단점은 고치기 어려운 성격상의 요소이므로 단점을 언급하는 것은 심리적 반발을 초래하기 쉽다. 적극성 결여와 같은 단점은 결과적으로 업무의 지연처리로 나타나므로 외형상으로 드러난 업무지연이나 실적 부진을 예로 들면서 적기 처리 필요성을 강조하는 것이 보다 효과적이다.

나: 많이 서운하셨겠네요. 아무튼 이 부분에 대해서는 제가 근평자는 아니지만, 다음 근평할 때는 과장님한테 전으뜸 주무관과 최주무관 간 경력차이가 너무 많다는 점을 강조하고 직원들의 사기 저하도 있고 하니 그런 점을 감안하시라고 말씀드리겠습니다.[55]

최: 건의 수준이 아니라 확답을 받아주시면 좋겠습니다.

나: 제가 확답받을 수만 있다면 그렇게 하겠는데, 제가 근평자가 아니라서 어렵지만 시도는 해 보겠습니다. 여하튼 최주무관이 잘할 수 있는 부분은 열심히 하시고 부족한 부분은 충분히 보완하면 좋겠습니다. 그리고 전으뜸 주무관처럼 관계가 어려운 직원들하고는 소주라도 한잔 하면서 관계 개선이나 관리를 해 나가면 어떨까요?

최: 전으뜸 주무관과의 술자리 자체가 싫어요.

나: 그래도 고참이 베풀어야지 다른 직원도 따라가는 게 아니겠습니까? 그런 부분은 내가 자리를 만들 테니까 같이 얘기도 해 보고…

최: 사무관님이 쏘시면 3차까지 쏜다고 직원들에게 알리겠습니다.(웃음)

나: 그런 부분을 보완하시면 홍보업무를 하더라도 기회는 반드시 주어진다는 말씀을 드리고 싶어요.

최: 저도 일을 안 한다는 게 아니라 홍보업무가 주어졌으니까 하겠지만, 근평문제는 사무관님도 확실히 해 주시면 좋겠습니다.

나: 저는 평소 제 주관이 분위기만 좋으면 일은 반은 했다 그런 식으로 생각을 하고 있고, 지금도 팀워크만 좋으면 아무리 어려움이 있더라도 충분히 해 나갈 수 있다 생각합니다. 조금 서운한 점이 있으시더라도 이해를 하시고 우리 과가 잘될 수 있도록 같이 협력해 나갔으면 좋겠습니다.[56](끝)

---

55) 과장의 근평원칙이 연공보다 능력과 업무실적이라는 점을 감안할 때 과장에게 연공을 감안하라고 건의하겠다는 발언은 과장에게 설득력도 없을뿐더러, 부하직원의 적극적 업무수행 의지도 꺾게 된다.

56) 이 면담에서 나사무관은 부하 직원의 고충과 불만에 대해 공감하는 역량을 잘 보여 주고 있지만, 직원 간 업무협조나 근무평정건에 대해서는 최주무관의 소극적 업무 수행, 업무처리 지연, 단점 등 요인을 들면서 최주무관 개인의 책임을 강조하고 있다. 면담의 목적은 최주무관의 애로요인을 파악하고 해결해 줌으로써 최주무관이 맡은 업무를 적극적으로 수행하도록 하는 데에 있다. 문제 발생의 원인을 최주무관 개인의 책임으로 돌리면 나사무관이 도와줄 일이 별로 없게 된다. 따라서, 보여 줄 역량도 없게 된다. 나사무관으로서는 두 주무관 간 업무협조가 안 되는 원인을 파악하고 둘 간의 업무협조가 업무성과를 달성하는 데 긴요하다는 점을 강조하면서 업무 비협조 문제를 해결해가는 면담을 진행했어야 한다. 또한, 근무평정 건도 최주무관이 부족해서 낮은 평가를 받았다고 직설적으로 언급하기보다는 성과 중심의 근무평정이 대세이고 과장의 과 운영방침이라는 점을 수용하고, 홍보업무에서 기대 이상의 성과를 내야 된다는 점을 강조하되, 나사무관도 이를 위해 적극 돕겠다고 설득하는 방법을 사용하는 것이 효과적이었을 것이다.

제6장

집단토론

제6장 **집단토론**

집단토론은 Group Discussion으로서 영어 약칭으로는 GD라고 한다. 집단토론은 역할연기와 마찬가지로 함께 일하기를 통해 역량을 평가하는 기법이다. 역할연기는 면담을 요구한 자와 피면담자가 특정 사안에 대하여 대화를 통해 문제를 해결하는 과정을 평가하지만 집단토론은 토론에 참가한 3~4명의 피평가자들이 특정 사안에 대하여 상호 논의를 통해 합의에 이르는 전 과정을 평가한다. 토론 참가자는 대체로 논의과제와 관련이 있는 부서를 대표하는 역할을 하게 된다. 집단토론의 논의주제는 다양하지만 대체로 예산의 증액이나 삭감, 조직 개편 방향 등 부서 간 이해관계나 갈등상황을 조정하는 내용이 주종을 이룬다.

실제 역량평가에서는 평가자 1명이 사회자 역할을 하며 토론에는 3명이 참가한다. 사회자가 있기는 하지만 사회자의 역할은 회의 진행을 형식적으로 주재하는 정도에 그치며 실제 논의과정이 제대로 진행되는지 여부는 전적으로 참가자에 달려있으므로 실제 토론에서의 사회자와는 다르다고 하겠다.

일반적으로 행정기관은 국가유지발전에 필요한 기능별로 부처를 정하고 그 부처별 업무를 부서 단위로 구분하여 분업화했기 때문에 태생적으로 모든 공직자는 소관업무의 관점에서 행정을 처리하게 되어있다. 그러다 보니 다른 부서의 입장이나 전체 환경을 고려한 의사결정을 하기보다는 소속된 부서의 이익을 극대화하는 방향으로 정책결정을 하게 된다. 따라서 부처 이기주의, 부서 이기주의가 필연적으로 형성되게 된다.

그러나 사회가 발전하고 다원화되면서 행정조직의 분업원리가 그 한계를 보이고 있다. 분업에 따른 행정조직과 업무분담의 문제점을 보완하기 위하여 협업의 중요성을 강조하고 공직자의 사고의 틀을 유연하게 변화시키는 일환으로 집단토론을 활용한다고 볼 수 있다. 조직 구성원들이 자기가 속해 있는 부서의 이익을 대변하면서도 상대 부서의 입장을 감안하여 조직 전체의 이익을 극대화하는 사고를 하도록 할 필요가 점점 더 커지고 있다. 이러한 역량을 잘 볼 수 있는 평가기법이 바로 집단토론이다. 집단토론은 관련부서의 이해관계를 대변하는 여러 토론자가 한자리에 모여 논의를 하게 되므로 토론자의 의사소통역량, 조정과 통합의 역량, 회의를 주도하는 리더쉽 등을 쉽게 관찰할 수 있기 때문이다.

1 토론 전 준비할 일

1) 토론쟁점 정리하기

최근에 실시되는 공무원 대상의 집단토론은 이해관계나 입장이 서로 다른 참가자 간 이견을 조율하여 쟁점에 대한 합의를 도출하는 방식으로 진행되는 경우가 대부분이다. 토론에는 조직 내의 특정 부서를 각각 대표하는 3명이 참가하며, 평가에 활용되는 토론자료는 공통자료와 개별자료 두 가지로 되어 있는 경우가 일반적인 형태다. 공통자료는 토론참가자 3명이 모두 공통으로 보게 되는 자료이며, 개별자료는 참가자 개인만이 별도로 보게 되어 있는 자료이다.

교육과정에서는 상대방의 개별자료도 볼 수 있게 되어 있지만 실제 평가 시에는 본인의 개별자료만 보게 하는 경우도 있고 상대방 자료도 볼 수 있는 경우도 있다. 본인의 개별자료만 보게 되는 경우에는 토론과정에서 상대방이 주장하는 내용을 경청할 필요가 그렇지 않은 경우보다 훨씬 크다고 하겠다. 그렇지만 공통자료만 제대로 숙지하여도 상대방의 입장이나 주장의 근거를 알 수 있으므로 공통자료를 꼼꼼히 검토하여야 한다.

최근에 나오는 집단토론의 주제는 이해관계가 대립하는 예산의 삭감이나 증액, 조직의 개편이나 인원 조정, 사업 개편이나 기준의 조정 등이 대부분이다. 주어지는 자료를 검토하면서 쟁점의 개수와 내용을 정확히 정리하여야 한다.

2) 토론전략 수립하기

쟁점에 대한 본인 주장의 근거와 이유를 체계적으로 정리한다. 본인이 대표하는 부서에서 추구하는 정책지향성이나 사업의 의미를 제대로 숙지하고 이를 구체적인 사례나 통계 등을 인용하면서 조리 있게 표현할 수 있는 논리를 구성하여야 한다. 특히 토론의 초반은 본인 입장을 간단명료하게 다른 토론 참가자들에게 이해시킬 수 있어야 하므로 자료를 본인 자기의 것으로 충분히 소화해서 자기의 목소리로 말할 수 있어야 설득력이 높아진다.

다음 단계는 상대방의 입장을 검토하면서 타협 가능한 조정대안을 고민해야 한다. 자기 입장만 고수해서는 서로가 만족할만한 의미 있는 합의에 이를 수 없는 것은 자명하다. 상호 보완적인 합의를 도출하도록 노력했다는 평가를 받는 것이 중요하다. 그러한 합의을 도출하기 위해서는 무엇보다도 서로에게 공통으로 적용할 수 있는 상위의 논의기준을 제시하고 이러한 기준에 입각해서 조정대안을 제시할 수 있어야 한다. 상위의 논의기준은 대체적으로 공통자료에 들어있으므로 자료를 제대로 이해하면 어려움 없이 찾을 수 있다.

예컨대, 조직개편 시 대원칙으로 미래지향적인 조직을 지향한다고 되어있으면 행정수요가 줄어들거나 정체되어 있는 부서가 개편 1순위가 되어야 대원칙에 부합하는 개편의 방향이 될 것이므로 이러한 기준을 상위기준으로 강조하면서 본인의 조정대안을 주장하면 조정·통합의 역량이 큰 것으로 평가받는다. 만약 상대방이 본인의 객관적인 조정대안을 무시하거나 수용하지 않아 의미 있는 합의에 도달하지 못했다고 하더라도 걱정할 필요가 없다. 평가의 불이익은 상대방에게 돌아갈 뿐이다.

집단토론에서 기존 입장을 최대한 고수하는 것이 잘하는 토론이라고 생각하는 토론참가자는 초지일관 같은 주장을 되풀이한다는 전략을 세우기도 한다. 그러다가 토론이 끝날 때 이르러 합의가 필요하다면서 통 크게 양보하면 원칙도 지키고 합의도 하였으므로 좋은 평가를 받을 것이라고 생각하기도 한다. 이러한 조정대안은 조정·통합역량을 관찰할 수 있는 대안은 아니기 때문에 좋은 전략이라고 할 수 없다.

2 토론 진행기법

1) 형식보다 내용으로 주도하라

토론을 주도한다는 것은 어떤 의미인가?

공직사회 역량평가는 사실상 사회자가 없기 때문에 사회자로서 토론을 진행하면 주도한다고 볼 수 있을까? 그러려면 먼저 발언하고 토론 진행방식 등을 제안하여야 한다. 그러나 역량을 평가하는 목적의 집단토론에서 단순한 사회자 역할을 누가 하느냐는 중요하지 않다. 의사소통역량, 조정과 통합의 역량, 회의를 주도하는 리더쉽 등은 진행자로서의 역할과 전혀 다르기 때문이다.

가령 토론을 시작할 때 하는 모두발언에서 맨 마지막에 발언하더라도 '앞에서 두 분은 각각 ○○을 말씀하셨는데 모두 중요한 내용들입니다. 두 분 말씀에 제 의견을 첨언하면 이번 토론에서 논의할 쟁점은 크게 ① ○○대책 실행방안, ② ○○제도의 기준 설정 여부 두 가지로 정리할 수 있을 것 같습니다. 토론의 효율적 진행을 위해 첫 15분은 쟁점 ①을 논의하고 그 후에 쟁점 ②를 논의하면 합니다. 이 점 어떻게 생각하십니까?' 이런 식으로 토론을 이끌어 가면 내용으로 토론을 주도한다고 할 수 있다.

쟁점사항에 관한 논의를 진행하다 보면 두세 번 돌아가면서 토론하더라도 조정이 안 되는 경우가 허다하다. 이런 상황에서 최악의 토론진행은 다른 쟁점은 다루지도 못한 채 끝나는 경우이다. 토론을 내용으로 주도하는 자는 해당 쟁점에 관한 논의시간이 경과하기 전에 시간이 촉박함을 환기시키면서, 자기주장만 되풀이해서 고집하지 말고 타협의 가능성을 높이는 대안을 제시하는 노력을 보여 주어야 한다.

2) 토론 참가자의 발언을 경청하라

상대의 발언을 집중해서 듣고 중요 발언에 대해서는 메모를 하거나 적절하게 공감하는 발언이나 제스쳐를 취하기도 하며 또 필요시 확인 질문을 하는 등 적극적 경청의 모습을 보이는 것이 바람직하다. 토론참가자의 발언 내용을 경청하는 모습을 보이면 그 자체만으로도 상대방은 자기 의견이나 생각을 존중하는 것으로 느끼게 되어 상호 간 친밀도도 커지게 된다. 그 결과 상호 간 우호적 협력관계 구축에도 도움이 되고 토론이 합의에 도달할 가능성이 커지게 된다. 일석이조의 효과가 있음을 잊지 말자.

집단토론 진행과정에서 종종 목격하게 되는 장면은 본인 발언 내용 준비차 다른 참가자의 발언 중 자료를 보느라고 고개를 숙이고 있는 모습이다. 그러다 보니 동문서답하는 등 토론의 흐름을 끊는 엉뚱한 발언을 하기도 한다. 어떨 때는 다른 토론자의 발언에 대해 고개를 끄덕이는 등 경청하는 모습을 보이나 발언하는 내용을 들어 보면 앞 사람의 발언과는 동떨어진 생뚱맞은 이야기를 하고 있는 경우도 있다. 이러한 모습들을 보이지 않도록 주의하여야 한다.

3) 효과적으로 의사를 표현하라

효과적 의사 표현의 요체는 간결하면서도 핵심 위주로 조리 있게 발언하는 것이다. 따라서 장황하게 또는 설교조로 상대방에게 훈계하듯이 하는 발언이나 상대방 의견에 대해 직설적으로 반대하거나 인신공격적으로 발언하는 것은 삼가야 한다. 상대방 발언을 반복하는 이른바 무임승차 발언은 곤란하며 상대방의 아이디어를 발전시켜 토론의 진전에 기여하는 내용 중심으로 하도록 한다.

논의되고 있는 주제와 동떨어진 내용을 언급하거나 옆길로 새는 발언, 중언부언하는 것은 발언의 논리성과 설득력을 저해하는 대표적 모습들이다.

일반적으로 토론 초기에는 쟁점에 대해 일관된 입장을 유지하는 것이 필요하다. 그러나 같은 내용의 발언을 되풀이하여 주장하면 상대방에 대한 설득력이 떨어진다. 같은 주장이라 하더라도 다양한 논거를 사례나 통계 등을 활용하면서 피력하는 것이 조리 있는 발언으로 높은 평가를 받는다. 토론의 합의도출을 위해 상대방 입장을 수용하거나 제3의 대안을 제시하는 때에도 ~한 이유로 본인의 기존 입장을 변경한다고 그 이유를 명백히 밝힐 필요가 있다. 무조건 자기 입장을 고수하거나, 상대방 의견을 받아들이는 태도는 논리적이고 효과적인 의사 표현이 아니다.

적절한 발언 기회를 확보하여 적극적으로 토론에 참여하는 모습을 보여야 한다. 물론, 외형적 모습보다 실질적인 토론 주도나 기여가 더 중요하지만 다른 참가자들보다 적게 발언하는 것은 자칫 소극적, 방어적 자세로 비쳐져 평가에 불리할 수 있다. 적극적으로 토론에 참여하되 상대방의 발언 기회를 차단하거나 발언할 기회를 얻기 위해 안달하는 것보다 때로는 발언 기회를 양보하는 것이 더 좋은 인상을 줄 수도 있다. 상황에 맞춰 유연하게 대응하도록 한다.

한 가지 첨언할 것은 역량평가 토론참가자는 3명이므로 어떤 경우 양자 간 열띤 논쟁이 붙게 되면 나머지 한 사람은 상당 시간 발언 기회도 갖지 못하고 소외될 때가 있다. 예산 삭감 토론의 경우 본인이 방어할 예산이 논쟁거리에서 제외되어 삭감될 걱정이 적게 되었다고 안도하면서 양자 간 논쟁을 불구경하듯 보는 토론참가자를 종종 보게 된다. 그런데 이런 경우 평가자는 해당 토론참가자를 관찰할 기회가 없게 되어 역량평가 차원에서는 오히려 그 사람에게 불리하다. 두 사람 간 논쟁에 대해 중간에 끼어들어 '~한 점을 고려할 때 ~하게 정리하는 것은 어떻겠습니까?' 식으로 중재자의 입장을 취하는 등 적극적 참여 모습을 보여야 한다. 이 경우 침묵은 금이 아니다.

4) 조정·통합 역량을 보여라

모든 집단토론이 그런 것은 아니지만 최근 공무원 대상의 역량평가에서 집단토론은 이해관계가 상충되는 토론참가자 간의 논쟁을 가정하는 경우가 대부분이다. 따라서 집단토론에서 조정/통합역량(또는 이해관계 조정역량)을 평가하는 것은 매우 자연스러운 상황이므로 집단토론에서 조정·통합역량을 잘 보여 주어야 좋은 평가를 받을 수 있다.

토론에 참가하기 전 전략을 수립하는 단계에서 상호 간에 받아들일 수 있는 대안들을 생각해야 한다는 점은 이미 강조한 바 있다. 미리 생각해둔 대안을 기초로 발언하겠지만 쟁점 논의과정에서 상대방 의견을 듣다 보면 생각이 달라질 수도 있고 새로운 대안을 떠올릴 수도 있다. 따라서 기존에 검토한 대안만을 고집할 것이 아니라 융통성 있게 토론과정에서 대응하는 것도 필요하다. 서로 윈윈할 수 있는 대안을 제시하는 것이 조정·통합 역량을 보여 주는 핵심요소이다.

조정안을 제시하여도 쟁점사항에 대한 합의가 이루어지지 않는 경우도 허다하다. 이러한 경우 논의 중간에 그동안 접근된 부분과 추가 논의가 필요한 부분을 정리하면서 쟁점을 좁혀나가는 노력을 하는 것은 조정안의 제시 못지않게 조정·통합 역량을 보여 주는 행동 특성이다. 이러한 모습은 토론을 보는 관찰자로 하여금 좀 더 많은 시간이 주어지면 논의쟁점이 점점 좁혀져서 합의에 이를 수 있겠다는 추정을 할 수 있게 하기 때문이다. 토론에서 쟁점을 확산시키는 발언은 삼가고 가급적 논의쟁점들이 깔때기처럼 수렴되도록 하는 발언에 집중하도록 한다. 그리고 다음 쟁점으로 전환하기 전에 그간의 논의결과를 정리하고 확인하는 것도 토론주관자로서 깔끔하게 토론을 진행하고 있다는 인상을 평가자에게 각인시킬 수 있다.

3 집단토론에 대한 잘못된 선입견 지우기

1) 집단토론은 반드시 합의에 도달하여야 하는가?

많은 피평가자들이 합의에 이르지 못한 토론은 실패한 토론으로 생각하는 경향이 있다. 그러나 사실은 완전하게 합의하지 못해도 괜찮다. 시간이 조금 더 있었더라면 완전한 합의에 이를 수 있었겠다고 판단된다면 그 토론은 잘 된 토론일 수 있다. 토론이 잘 진행되었는지 여부를 판단하는 기준은 합의여부보다는 토론이 이른바 '깔때기'식으로 논의 쟁점을 좁혀가면서 진행되었는지 여부이다. 깔때기식으로 쟁점을 좁혀가기 위해서는 토론주제에 대한 논의기준을 정하고 그 기준에 따라 논의하면 가능하다. 예컨대, 예산을 삭감하는 토론이라면 토론참가자들이 삭감기준을 먼저 논의하고 그 결과 정해진 기준에 따라 (그 기준이 어떤 기준이어야 한다는 미리 정해진 답은 없다) 각 부서의 예산을 조정해 나가면 비록 시간제약으로 완전한 합의에 이르지 못하였다 할지라도 그 토론은 깔때기식으로 잘 된 토론이다.

이런 맥락에서 볼 때, 토론 말미에 시간에 쫓겨 특정 기준 없이 무작정 합의한 토론은 성공적 토론이라고 할 수 없다. 예산 증액이나 삭감하는 토론에서 1/n 증액이나 삭감을 합의하는 경우는 합리적 기준에 따른 토론의 결과라고 할 수 없어 조정/통합역량을 보여 주지 못한 실패한 토론이다. 조직개편을 논의하는 집단토론에서 각자 부서의 존치만을 주장하다가 시간에 쫓겨 어느 참가자가 "다들 어렵다면 우리 부서가 양보하겠다. 대신 직원들은 원하는 대로 전보조치한다는 데 동의해 주기 바란다"라는 조정안을 제시하여 합의에 이르는 경우도 합리적 기준 없이 특정 부서를 개편대상으로 한 것이므로 비록 합의를 했다 하더라도 실패한 토론으로 평가된다.

2) 토론참가자가 대표하는 부서의 입장을 최대한 방어하거나 손해를 최소화하면 잘한 토론인가?

많은 공직자들이 예산 증액이나 삭감과 관련된 집단토론에서 예산을 많이 증액하거나 삭감을 덜 당한 토론으로 결론이 나면 그 참가자는 토론을 성공적으로 한 것으로 오해한다. 이런 생각 때문에 토론 진행 과정에서 본인 부서에 대한 공격이나 질문이 없으면 이를 다행으로 생각하고 토론 참여에 소극적인 모습을 보이기도 한다. 현실의 공직사회에서는 자기 부서의 이익을 최대한 지키면 업무를 잘 수행한 것으로 평가되지만 역량평가를 위한 집단토론에서는 자기 부서의 이익을 지켜내는 것이 미션을 잘 수행한 것이 아니라는 점을 유념하여야 한다.

집단토론에서 중요한 것은 피평가자가 대변하는 부서의 이익을 최대한 지켜내는 것이 아니라 부서의 입장을 대변하는 과정에서 다른 토론 참가자들과의 소통, 상대방의 제안에 대한 역제안이나 합리적 대안의 제시, 본인 부서와 상대방 부서의 이익을 골고루 배려하거나 타협하는 조정/통합안을 제시하는 등 토론의 원만한 진행과 합의에 도달하고자 노력하는 모습을 보여 주어야 한다는 것이다.

3) 집단토론의 진행방식이나 형식에 관한 정형화된 순서를 지켜야 한다는 압박감에서 벗어나야 한다

압박감의 예를 들면 다음과 같다.

① 집단토론은 여럿이 하니까 토론에서 좋은 평가를 받기 위해서는 상대방의 기선을 제압하여야 한다.
② 회의 초기에는 반드시 회의진행 방법을 제시하고 회의 말미에는 발언 내용을 정리하여야 한다.
③ 논의 쟁점을 도출하고 이를 쟁점별로 조정하여야 한다.
④ 발언 기회는 1/n 로 하더라도 발언시간은 좀 더 길게 끌어야 한다 등

그러나 토론의 진행은 참가자들에 따라 다양한 형태로 전개된다. 미리 예측한대로 진행되는 경우는 거의 없다고 보아 무방하다. 어떤 경우에는 회의진행방법에 관한 논의부터 시작하기도 하지만, 진행방법에 대한 언급도 없이 각자의 입장을 설명하는 모두발언을 하고 곧바로 상대방에 대한 공격을 하면서 티격태격하기도 한다. 또한, 논의쟁점을 정리해서 하나하나씩 조정하기도 하지만, 논의쟁점을 구분하지 않고 중구난방식으로 토론하기도 한다.

즉, 토론 진행에 있어 누구나 받아들이는 정해진 길은 없다. 따라서 무작정 토론의 순서나 형식에 얽매여서는 정작 논의과정에서 길을 잃고 당황할 수 있다. 결국, 형식이나 틀보다 더 중요한 것은 토론이 의미 있게 진전되어 합리적 합의에 도달하는 데 기여하는 것이다. 토론이 진행되는 상황에

맞게 그리고 정해진 시간 내에 유연하게 대처해야 하기 위해서는 미리 정해진 형식과 틀을 고집하여서는 안 된다.

4 집단토론 Q & A

1) 토론에서 합의를 도출하기 위해 논의기준을 설정해야 하는지?

집단토론 소재는 대체로 예산 조정, 사업 선정, 직원 배치나 차출 등인데 과제 내용에 따라 논의기준을 설정하는 것이 필요할 때도 있고 그렇지 않을 때도 있다. 일반적으로 예산 조정의 경우, 예산 조정 시 조정 사유나 지침 등 가이드라인이 제시될 경우가 많으므로 이럴 때에는 조정기준을 먼저 논의하고 협의된 논의기준에 입각하여 사업 예산을 조정하는 것이 바람직하다. 논의기준을 설정하기가 부적절한 경우에는 각 참가자의 사업에 대한 논리적 공방, 우선순위에 따른 조정 등으로 합의 노력을 진행하여야 한다. 무조건 논의기준이 필요하다는 선입견을 갖고 토론에 임하지 않도록 한다.

2) 누군가의 양보로 합의가 이루어졌다면 양보한 당사자는 긍정 평가를 받아야 하는 것 아닌가?

양보가 합리적 근거에 따라 이루어진 경우는 긍정적이지만, 아무런 이유없는 양보는 조정통합역량을 보여 주지 못하는 것으로 부정적 평가를 받게 된다. 이번에는 상대방이 양보하고 다음에는 본인이 양보하겠다는 발언은 이해관계 조정역량과는 무관한 내용으로 부정적으로 비쳐질 가능성이 농후하다.

3) 나에게 주어진 역할보다 다른 사람의 역할이 더 합리적이고 토론 시 입지가 우월할 것 같다고 생각될 때 대처방법은?

쉽게 본인 주장이나 논리를 포기하거나 무턱대고 본인 입장을 되풀이하여 주장하는 것은 곤란하다. 다만, 토론 초반이 아닌 중반 이후에 합리적 선에서 상대방 논리를 수용하여 본인 입장을 변경하는 것은 무방하며, 본인 사업을 양보하더라도 가능하면 상대방 사업과 연계 내지 공통부분을 극대화하는 방향으로 정리하는 것이 더욱 바람직한 토론 자세이다.

4) 토론이 주제와 동떨어진 내용으로 진행되는 경우 대처방법은?

토론 내용을 본래 주제로 돌아가도록 하는 것이 필요하지만, 섣부르게 발언을 중단시키는 것도 무례한 일이 되므로 "두 분 말씀 감사하지만 지금 논의 중인 내용이 이번 주제와 어떤 연관이 있는지 말씀해 주실 수 있을까요?" 또는 "토론 시간이 제한되어 있으므로 이쯤에서 주제에 더 집중하는 것이 좋을 듯싶은데 두 분 생각은 어떠신지요?" 등의 부드러운 발언으로 대처하도록 한다.

5) 두 사람이 합세하여 다른 한 사람을 집중적으로 공격할 때 대처방법은?

수적 공세에 밀려 상대방 의견을 무비판적으로 수용하는 것은 곤란하다. 상대방 주장을 수용하거나 본인의 입장을 철회하는 경우 항상 납득 할만한 이유가 있어야 하기 때문이다. 상대방 논점을 들어 보고 그 내용을 수용할 수 있으면 상대방 논리에 공감을 표하면서 받아들이고, 수용하기 어려우면 상대방에게 보다 구체적인 제안을 요청하면서 본인의 입장을 차분하게 피력하도록 한다.

6) 두 사람이 첨예하게 대립하는 경우 대처방법은?

어느 한쪽을 편들기보다 둘 사이의 갈등을 중재하고 조정하는 역할을 하여야 한다. 두 사람에게 핵심 이슈를 상기시키고 상호 공감할 수 있는 기준이나 목표를 제시하면 좋을 것이다.

7) 토론 분위기가 대립 등 사유로 서먹해지거나 부정적 분위기가 조성될 경우의 대처방법은?

다음의 대처방법도 하나의 솔루션이 되지 않을까 싶다. "토론의 열기가 너무 뜨겁네요. 적극적으로 토론에 임하는 모습은 보기 좋지만 이 진지함이 더 나은 결론을 내기 위한 것이지 서로 다투자는 것은 아니잖습니까? 그러니 이쯤에서 열기를 식히고 좀 더 차분하게 이야기를 풀어나가는 것이 어떨까요?"

사례로 풀어보는
공무원
역량평가
A to Z

사례로 풀어보는

공무원
역량평가
A to Z

초판 1쇄 발행 2022년 4월 29일
       2쇄 발행 2024년 8월 20일

지은이   엄현택
임프린트   이페이지
편집   이페이지 편집팀

펴낸곳   이페이지
출판등록   제2011-000082호
주소   서울특별시 마포구 양화로12길 26 지윌드빌딩 (서교동 395-7) 3층
홈페이지   www.epage.co.kr
이메일   help@epage.co.kr

ISBN   979-11-390-0401-4 (03350)